高等教育工程管理与工程造价"十三五"规划教材

施工企业会计

朱宾梅　主编

秦晓萌　杨　杨　副主编

化学工业出版社

·北京·

本书是工程管理、工程造价专业的主要专业课教材之一，全书共分12章，第一章介绍现代会计学基本原理，第二至第十一章详细介绍施工企业六大要素核算的基本知识，第十二章介绍会计财务报告的相关理论和内容。

本教材适用于高等学校工程造价专业、概预算专业、工程管理专业、投资管理专业、会计学专业的教学，还可作为施工企业会计人员业务培训、业务学习和自学用书。

图书在版编目（CIP）数据

施工企业会计/朱宾梅主编. —北京：化学工业出版社，2017.1（2025.2重印）
高等教育工程管理与工程造价"十三五"规划教材
ISBN 978-7-122-28623-9

Ⅰ.①施… Ⅱ.①朱… Ⅲ.①施工企业-工业会计-高等学校-教材 Ⅳ.①F407.967.2

中国版本图书馆 CIP 数据核字（2016）第 298101 号

责任编辑：满悦芝　　　　　　　　　　　　　文字编辑：刘丽菲
责任校对：宋　玮　　　　　　　　　　　　　装帧设计：刘亚婷

出版发行：化学工业出版社（北京市东城区青年湖南街 13 号　邮政编码 100011）
印　　装：北京盛通数码印刷有限公司
787mm×1092mm　1/16　印张 13¾　字数 332 千字　2025 年 2 月北京第 1 版第 5 次印刷

购书咨询：010-64518888　　售后服务：010-64518899
网　　址：http://www.cip.com.cn
凡购买本书，如有缺损质量问题，本社销售中心负责调换。

定　　价：32.00 元

施工企业会计是施工企业经济管理的重要组成部分。针对施工企业的经济活动，施工企业会计主要目标是通过全面、连续、系统的核算和监督施工生产过程，提供真实、可靠的会计信息，以帮助会计报表使用者了解施工企业财务状况和经营成果，进行相关的决策分析。

本书的编写紧密结合施工企业生产经营活动的特点，按照我国会计国际化趋同的改革目标，借鉴国际惯例，以施工企业会计工作中的主要经济业务为主要核算内容，全面、详细地阐述施工企业会计的基本理论和核算方法，详细地介绍了施工企业会计科目的设置和使用、会计政策的选择、财务报告信息的披露等内容，全书贯穿了《企业会计准则》提出的理念和方法。本书的编写在前次编写的《施工企业会计》（第2版），荣获普通高等教育"十一五"国家级规划教材的基础上，总结了参编者多年会计实务工作的教学经验和部分一线专业会计工作人员的实务操作工作经验，吸纳了相关专业教材及书籍的成熟精华，结合营改增实施办法及相关法规，力图做到内容新颖、核算全面、条理清晰、文字通俗、实用性强，注重实用性和可操作性教学理念，以体现工程造价和工程管理等相关专业的培养目标和培养要求。

本书在编写过程中主要体现以下四个特点。

一是内容新颖。本书依据全新的《企业会计准则》《营业税改征增值税试点实施办法》及相关法规编写。将《企业会计准则》《企业会计准则指南》《营业税改征增值税试点实施办法》《关于全面推开营业税改征增值税试点的通知（财税〔2016〕36号）》和《施工企业会计核算办法》的主要内容穿插其中。

二是突出施工企业会计核算的系统性和针对性。本书从施工企业会计核算的基础知识出发，按照会计六要素核心内容及资产负债表、利润表、现金流量表及报表附注的顺序展开，便于初学者按逻辑思维顺序学习；在会计核算方面，突出施工企业会计核算的特点，有效结合施工企业特殊的施工生产活动确认工程项目会计核算的内容和方法，使施工企业会计核算内容更有针对性。

三是可操作性强。本书编写实例紧密结合企业实际，举例翔实，具有较强的应用性和可操作性。课后每章均配套了系统的复习思考题及综合核算题练习，力求使学习者扎实掌握学习中的重点难点问题，有效检验学习效果。

四是简明实用，通俗易懂。本书注重基本理论、基本知识、基本方法、基本技能的结合，在阐明基本理论、方法的基础上，帮助学习者理解和掌握有关经济业务事项的处理方法和财务会计报告披露的要求。

参编人员的具体分工是：西安建筑科技大学管理学院朱宾梅编写第一、第八章；西部信托有限公司朱洛佳编写第二、第三章；西安建筑科技大学管理学院秦晓萌编写第四、第十二章；中国新兴建设开发总公司赵渭锋编写第五、第十章；西安建筑科技大学管理学院杨杨编写第六、第七章；西安城墙管理委员会（西安书法艺术博物馆）韩镕灿编写第九、第十一章。

按照知识教育与素质教育、能力教育、技术教育兼顾的原则，通过对本书的系统学习，不仅能掌握施工企业会计信息形成、处理和使用的全过程，而且还能训练其思维方式、操作能力与应变能力。

　　本教材适用于高等学校工程造价专业、概预算专业、工程管理专业、投资管理专业、会计学专业的教学，还可作为施工企业会计人员业务培训、业务学习和自学用书。

　　由于水平有限，本书编写中对有些问题讲解可能不尽完善，疏漏之处不可避免，敬请读者批评指正，衷心感谢！

朱宾梅

2017 年 2 月于西安

第四章　应收款项的核算　42

第五章　存货的核算　56

第六章　长期股权投资的核算　70

第七章　固定资产和无形资产的核算　84

第十一章　收入与利润的核算　　　148

第一章　总　论

【本章学习目标】
了解施工企业经营活动的特点。
熟悉施工企业会计的涵义、职能、会计目标和会计工作的规范体系。
掌握施工企业会计核算的特点和建筑企业会计科目体系。

第一节　施工企业会计概述

一、施工企业会计

会计是以货币为主要计量单位，采用一系列专门的方法和程序，对经济交易或事项进行连续、系统、综合的核算和监督，提供经济信息，参与预测决策的一种管理活动。

施工企业会计是以施工企业为核算主体的一门专业财务会计。它是以货币为主要计量单位，运用一套专门的核算方法，对施工企业的经济活动进行连续、系统、全面的核算和监督，真实、准确、及时地提供经济信息，参与预测决策的一种施工管理活动。

施工企业主要提供建筑服务，其会计核算对象主要是建筑服务项目，主要包括：房屋、建筑物、设备基础等的建筑工程，管道、输电线路、通信导线等的敷设工程，上下水道工程，道路工程，铁路工程，桥梁工程，隧道工程，水利工程，矿井开凿，钻井工程，各种特殊炉的砌筑工程等，以及生产、动力、起重、运输、传动、医疗、试验等各种需要安装设备的装配、装置工程等。

二、施工企业会计的职能

施工企业会计的基本职能是对经济活动的核算和监督，即：通过核算来反映施工生产活动的发生、发展及结果；通过监督来检查施工经济活动全过程的合法性、合理性和有效性。

1. 会计的核算职能

会计的核算职能是会计的最基本职能。会计核算是指以货币为主要计量单位，对施工企业的经济活动进行真实、准确、完整记录、计算和报告。

2. 会计的监督职能

会计的监督职能也是会计的基本职能。它是以现有法律、法规、制度和规定为依据，对企业、行政事业等单位的经济活动及其会计处理的合法性、合理性和有效性进行指导、控制和检查。

除以上两项基本职能之外，施工企业会计还包括以下扩展职能，如进行预测经济活动、参与决策经营方案、调节与控制经济过程、考核与评价经营成果等，这些职能是会计核算和监督职能的延续和发展。

三、施工企业会计的目标

会计目标也称会计目的，是指会计要完成的任务或达到的标准。会计主要通过提供有关经济活动的会计信息来发挥其在经济管理中的作用，会计信息使用者的需求决定着会计目标。包括以下三方面内容。

1. 提供符合国家宏观经济管理要求的会计信息

施工企业的会计信息是国家宏观经济管理所需资料的基础，国家宏观经济管理部门，通过对企业提供的会计信息进行汇总、分析，可以了解建筑业经济整体的运行情况，从中发现存在的问题，判断未来的发展趋势，为国家宏观经济管理和调控提供基础，使国民经济得以协调、有序地发展。

2. 提供满足企业外部利益相关者需求的会计信息

施工企业会计应当满足外部利益相关者的知情权，提供真实可靠、清晰明了、相关可比的会计信息。企业的投资者、债权人以及政府的财政、税务、审计、工商部门等外部利益相关者，为了自身的利益或履行监管职责，也需要及时、准确掌握企业的经营状况、偿债能力等会计信息。

3. 提供满足企业内部经营管理需要的会计信息

施工企业通过提供准确可靠的会计信息，有助于企业经营管理者进行合理的决策，加强企业内部的各项管理，增强企业在激烈的市场竞争中的能力，提高经济效益。

四、施工企业会计的特点

施工企业是指主要从事建筑、设备安装和其他专门工程的生产企业，它既担负着国民经济各产业部门所需房屋和构筑物的建造、改造和各种设备的安装，还承担非物质生产领域所需房屋、公共设施和民用住宅等施工建造任务。

施工企业包括各种土木建筑公司、设备安装公司、基础工程公司、冶金工程公司、电力建设公司、市政工程公司、装修和装饰工程公司等。

施工企业通过施工生产活动，把各种建筑材料建筑成为各类房屋和构筑物，把各种机械设备通过组装形成生产能力，对于改善和提高人民的物质文化生活水平，促进国民经济的发展，具有非常重要的作用。

（一）施工企业经营活动的特点

1. 工程的固定性和施工生产的流动性

从建筑产品本身具有的经济特点看，建筑工程地点固定不变。建筑工程结构复杂，形体庞大，一项建设工程，往往是按照一个总体设计建造出来，有许多单项工程组成的体系，建筑工程类型多样，每项工程事先都有明确的特定用途，都要按照建设单位或用户对建筑物和构筑物以及工艺流程的特点来兴建。施工企业的人员和施工机具，甚至基层组织机构，要随着施工对象所在地点而迁移流动，不断地变换操作场所。

2. 工程的多样性和施工生产的单件性

由于建筑物或构筑物的功能要求不同，所处地自然条件和社会经济条件各异，每个工程各有特殊的设计和施工条件。工料供应，施工方法，工程进度和现场布置都要因时、因地制宜，分别对待，相应地编制各不相同的施工组织设计，单独编制工程预算，以确定造价并进行成本核算。

3. 生产周期长，受自然条件的影响大

从建筑产品生产过程的技术经济特点看，建筑产品生产周期长，消耗人力、物力、财力多。较大的工程工期常用年计算，施工准备期长，施工中要长期占用大量的人力、物力和资金，因而加速工程进度和资金周转，提高效率，降低成本，就成为管理的重要任务。由于建筑安装工程体积庞大，需要露天作业，劳动条件艰苦，又受气候条件影响，存在雨季、冬季施工问题，使得施工机械设备等经常露天存放，受自然力侵蚀的影响很大。

4. 施工模式多样化

施工企业一般都是通过与建设单位（或投资主体之业主、合同中称甲方）签订专门的建设合同，按照建设单位提供的设计图纸、施工说明和相应的概算和预算造价进行承包施工。随着我国市场经济的深化，国际交流的广泛，在施工方面我国逐步借鉴外国施工经验，在生产中出现了 BT、BOT、PPP、EPC 等模式。

5. 工程的商品性和产权不完全性

建筑安装工程具有商品属性，但它不是一般商品，它的形体庞大，价值高昂，其价值中含有业主或用户直接投入的部分。所以，承包的施工企业不能对整个工程拥有所有权，而只能对其承包的部分工程享有交换权，以及为使业主或用户支付工程价款而暂时占有的留置权。建筑安装工程的交换是在签订承包合同时即开始成交，在合同执行中，以预付方式收回相应的进度款；合同执行完毕时，结清工程价款，工程全面转手，交换最终全面实现。

（二）施工企业会计核算的特点

1. 分级管理和分级核算

由于建筑安装工程的施工活动分散在各个工地上进行，针对工程的固定性和施工生产流动性的特点，施工企业在进行会计核算时大多采取分级管理、分级核算，充分调动各级施工单位生产的积极性。

2. 采用定单法核算每项工程的成本

由于建筑工程的多样性和施工生产的单件性，决定了施工企业必须按照各项建筑工程分别核算工程成本，即采用定单法核算每项工程的成本。凡是可以直接计入某项工程的生产费用，应直接计入该项工程成本。凡是不能直接计入某项工程的间接费用，要先按照各施工单位进行汇总登记，然后按照一定标准，定期分配计入有关工程成本，严格遵循收入与费用配比的会计原则。

3. 工程成本管理难度大

由于建筑工程具有固定性和多样性的特点，建筑安装工程实际成本具有纵向不可比的特点，即工程成本不能按其实物计量单位与上期同类工程进行对比，为此，在进行工程成本控制、考核和分析时，主要依据工程预算成本，用实际成本和预算成本进行比较，找出形成差异的原因，提出对应的控制方法和措施。随着施工不断推进，在过程中需根据实际情况对成本进行控制，需要耗费大量的人力、物力，管理难度大。

4. 分阶段进行工程成本核算

从建筑产品生产过程的技术经济特点看，建筑产品生产周期长。大型工程工期常用年计算，时间通常在 1 年以上；施工中要长期占用大量的人力、物力和资金。为了使工程耗费能

得到及时的补偿，施工企业需要及时对工程的成本进行核算，按月度归集、计算工程成本。

5. 施工机械设备和周转材料核算特殊

由于建筑工程受气候条件的影响，施工企业会计在计算施工机械设备和周转材料时，除了考虑正常磨损因素外，还要考虑受自然力侵蚀的影响，合理确定固定资产折旧方法和折旧年限、周转材料及低值易耗品摊销方法。

第二节 施工企业会计工作的规范体系

我国会计工作的规范体系主要是指会计法规体系，它是由会计法律、会计行政法规、会计规章制度和会计职业道德组成。见图1-1。

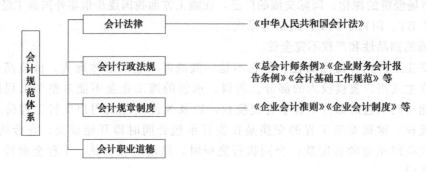

图 1-1 会计工作的规范体系

一、会计法律

《中华人民共和国会计法》（下简称《会计法》）是我国会计工作的根本大法，是以处理会计事务的各种经济关系为调整对象的法律规范的总称，也是制定各项会计法规的基本依据。其主要核心内容如下。

（1）总则。主要对《会计法》的立法宗旨、适用范围、基本原则以及会计工作的管理体制作出规定。

（2）会计核算部分。主要对会计核算的内容、程序，会计期间的划分，会计记账本位币，会计资料的保管等方面作出规定。

（3）会计监督部分。规定各单位的会计机构和会计人员对本单位实行会计监督；各单位必须依照法律和国家有关规定接受国家财政、税务、审计部门的监督；明确内部和外部监督的内容、方法和程序。

（4）会计机构和会计人员。主要对会计机构设置，会计机构的内部稽核制度，会计人员的配置、职责和任免作出规定。

（5）法律责任。主要对单位领导人、直接负责的主管人员、会计人员以及其他人员违反《会计法》所应承担的法律责任作出规定。

二、会计准则

会计准则是反映经济活动、确认产权关系、规范收益分配的会计技术标准，是生成和提供会计信息的重要依据，它的目的在于把会计处理建立在公允、合理的基础之上，并使不同时期、不同主体之间会计结果的比较成为可能。

2006 年 2 月 15 日财政部颁发《企业会计准则——基本准则》以及 38 项具体准则，2006 年 10 月 30 日财政部又发布了《企业会计准则——应用指南》。基本准则、具体准则和应用指南形成了我国目前的新企业会计准则体系，从而规范了中国会计统一核算标准，实现国际趋同，大大改善了我国上市公司的会计信息质量和企业财务状况的透明度，为企业经营机制的转换和证券市场的发展、国际间经济技术的交流起到了积极的推动作用。

三、施工企业内部会计核算办法

施工企业的会计核算工作必须在会计法则的规范下进行，同时，施工企业生产经营的特点和管理要求也对会计核算有着重要影响，因此制订施工企业内部会计核算办法是十分必要的。

施工企业内部会计核算办法的内容及繁简程度，应根据各企业自身的特点来确定，一般包括以下几方面内容。

（1）库存现金和银行存款的内部控制制度。包括现金和银行存款收入、支出、保管、核算的内部控制制度等。

（2）应收账款管理制度。包括应收账款的核算、催收制度以及坏账准备的计提比例、坏账损失的确认和核销制度等。

（3）费用、损失报销审批制度。包括各项经常性费用的开支标准和各项费用的审批和核销规定等。

（4）固定资产的管理制度。包括固定资产的入账、折旧计提、清理以及清查盘点制度等。

（5）工程项目成本核算管理制度。包括成本计算对象和计算方法的确定，成本核算账户和核算项目的设置，生产费用的归集和分配等。

另外，施工企业也应该制定其他的内部会计核算办法，如关于存货、对外投资等方面的有关规定，以保证各项经济活动的会计核算有序进行。

第三节 施工企业会计科目体系

一、会计科目

会计科目是为了满足会计确认、计量、报告的要求，符合企业内部会计管理和外部信息的需要，对会计要素的具体内容进行分类的项目。根据财务部颁布的《企业会计准则——应用指南》中规定："会计科目和主要账务处理依据企业会计准则中确认和计量规定制定，涵盖了各类企业的交易或者事项。企业在不违反会计准则中确认、计量和报告规定的前提下，可以根据本单位的实际情况自行增设、分拆、合并会计科目。企业不存在的交易或者事项，可不设置相关会计科目。"

施工企业的会计科目体系是根据有关会计科目的规定，结合建筑施工企业的特点制定的。见表 1-1。

表 1-1 建筑施工企业会计科目体系

编号	一级科目名称	二级科目名称	常用及明细科目设置
一、资产类			
1001	库存现金		
100101		人民币	
100102		外币	按币种设置明细科目核算
1002	银行存款		按银行名称设置明细科目核算
1012	其他货币资金		
101201		外埠存款	
101202		银行本票	
101203		银行汇票	
101204		信用卡	
101205		信用证保证金	
101206		存出投资款	
101207		在途资金	
1101	交易性金融资产		按品种和类别设置；成本、公允价值变动
110101		成本价值变动	
110102		公允价值变动	
1121	应收票据		按票据的明细设置台账管理
112101		银行承兑汇票	按工程名称、承兑单位设置
112102		商业承兑汇票	按工程名称、承兑单位设置
1122	应收账款		预收不多时可以不设置预收账款科目
112201		应收工程款	按工程名称、债务人单位设置
112202		应收销货款	
112203		应收劳务款	
112204		应收售房款	
1123	预付账款		按供货单位设置
1131	应收股利		
1132	应收利息		
1133	内部往来		按内部核算单位名称设置
1221	其他应收款		
122101		备用金	按照内部单位（或个人）设置
122102		职工欠款	
122103		投标保证金	
122104		履约保证金	
122105		其他存出保证金	
1231	坏账准备		
1401	材料采购		按工程项目及材料保管地、类别、品种等设置
1402	在途物资		按工程项目及供应单位设置
1403	原材料		
140301		主要材料	
140302		结构件	
140303		机械配件	
140304		其他材料	
1404	材料成本差异		按材料类别设置
1405	库存商品		
1406	发出商品		
1408	委托加工物资		
1411	周转材料		
141101		在库周转材料	
141102		在用周转材料	
141103		周转材料摊销	

编号	一级科目名称	二级科目名称	常用及明细科目设置
1413	低值易耗品		
141301		在库低值易耗品	
141302		在用低值易耗品	
141303		低值易耗品摊销	
1471	存货跌价准备		
147101		一般存货跌价准备	
147102		合同预计损失准备	
1501	持有至到期投资		
1502	持有至到期投资减值准备		
1503	可供出售金融资产		
1511	长期股权投资		
151101		投资成本	
151102		损益调整	
151103		其他权益变动	
1512	长期股权投资减值准备		
1521	投资性房地产		
152101		房屋及建筑物	
152102		土地使用权	
1522	投资性房地产累计折旧		
1523	投资性房地产累计摊销		
1524	投资性房地产减值准备		
152401		房屋及建筑物	
152402		土地使用权	
1531	长期应收款		按照承担人或购货单位(接受劳务单位)设置
1532	未实现融资收益		
1601	固定资产		按固定资产类别或项目设置
160101		房屋及建筑物	
160102		施工机械	
160103		运输设备	
160104		生产设备	
160105		测量及试验设备	
160106		其他固定资产	
160107		土地	
1602	累计折旧		
1603	固定资产减值准备		按固定资产类别或项目设置
1604	在建工程		
1605	工程物资		
1606	固定资产清理		按被清理的固定资产项目设置
1607	在建工程减值准备		按在建工程的项目设置
1608	工程物资减值准备		
1616	临时设施		按工程项目、分公司等设置
161601		临时房屋设施	
161602		临时水电热管线	
161603		临时道路	
161609		其他临时设施	
1617	临时设施摊销		
1618	临时设施清理		
1619	临时设施减值准备		
1701	无形资产		按无形资产项目设置
1702	累计摊销		

编号	一级科目名称	二级科目名称	常用及明细科目设置
1703	无形资产减值准备		
1711	商誉		
1712	商誉减值准备		
1801	长期待摊费用		按费用项目设置
180101		固定资产大修理	
180102		经营租入固定资产改良支出	
1811	递延所得税资产		按可抵扣暂时性差异等项目设置
1901	待处理财产损益		按盘盈盘亏的资产种类和项目设置
190101		待处理流动资产损溢	
190102		待处理固定资产损溢	
	二、负债类		
2001	短期借款		可按借款种类、借款人和币种设置
2102	交易性金融负债		按交易性金融负债类别设置
2203	应付票据		
220301		银行承兑汇票	
220302		商业承兑汇票	
2204	应付账款		企业在预付项目不多的时候可不设置预付账款科目
220401		应付工程款	
220402		应付购货款	
220403		应付劳务款	
2205	预收账款		见应收账款
2211	应付职工薪酬		
221101		工资、薪金	
221102		职工福利费	
221103		社会保险费	
221104		住房公积金	
221105		工会经费	
221106		职工教育经费	
2221	应交税费		按应交税费的税种设置
222101		增值税	按增值税科目设置明细
222102		应交城建税	
222103		应交教育费附加	
222104		应交所得税	
2231	应付股利		
2232	应付利息		按存款人或债权人设置
2241	其他应付款		按项目和对方单位或者个人设置
2401	递延收益		
2501	长期借款		按贷款单位和贷款种类设置
2502	应付债券		
2701	长期应付款		按种类和债权人设置
2702	未确认融资费用		
2711	专项应付款		
2801	预计负债		按形成预计负债的交易或事项设置
2901	递延所得税负债		
	三、所有者权益类		
4001	实收资本		按投资者设置
4002	资本公积		
400201		资本溢价	
400202		其他资本公积	
4101	盈余公积		

编号	一级科目名称	二级科目名称	常用及明细科目设置
410401		法定盈余公积	
410402		任意盈余公积	
4103	本年利润		
4104	利润分配		
410401		提取法定盈余公积	
410402		提取任意盈余公积	
410403		未分配利润	
4201	库存股		
	四、成本类		
5003	辅助生产		
5101	制造费用(施工间接费用)		按费用项目设置
5201	劳务成本		按提供劳务种类设置
520101		合同成本	
520102		辅助劳务成本	
520103		合同毛利	
5301	研发支出		按研究开发项目设置
530101		费用化支出	
530102		资本化支出	
5401	工程施工		
540101		合同成本	按成本明细项目设置,人工费、材料费等
540102		合同毛利	
5402	工程结算		按建造合同设置
5403	机械作业		按施工机械或运输设备的种类设置
	五、损益类		
6001	主营业务收入		按主营业务种类设置
6051	其他业务收入		按其他收入业务种类设置
6101	公允价值变动损益		
6111	投资收益		按投资项目设置
6301	营业外收入		按营业外收入项目设置
6401	主营业务成本		
6402	其他业务成本		
6403	税金及附加		按税目或项目设置
6601	销售费用		按费用项目设置
6602	管理费用		按费用项目设置
6603	财务费用		按费用项目设置
6701	资产减值损失		按资产减值项目设置
6711	营业外支出		按营业外支出项目设置
6801	所得税费用		
680101		当期所得税费用	
680102		递延所得税费用	
6901	以前年度损益调整		

二、会计科目设置的原则

(1)合法性原则,符合国家现行会计法规的要求。国家的会计法规体现了国家管理经济和对财会工作的总体要求,设置时最主要和最直接的依据是财政部颁布的《企业会计准则》。

(2)适应性和实用性原则,即满足宏观管理和微观管理的需要,既要符合国家科技法规统一要求,又要适应本单位的具体情况,比如《企业会计准则》规定,企业对外赊销应设置

"应收账款"科目,而当企业预收款方式业务不多时,可以将其他并入"应收账款"科目,不需要单独设置"预收账款"科目。

三、会计科目设置说明

在实务中,施工企业常常根据自身特点选择、使用和设置一些会计科目。

(1)对某些科目设置的具体要求 "应收账款——应收工程款"在预收账款业务不是很多的情况下可以按工程项目设置三级明细科目,可以设置"应收账款——应收工程款——××工程——应收""应收账款——应收工程款——××工程——预收"四级明细来核算预收账款。

"其他应收款——职工欠款""其他应收款——备用金"按个人、单位设置三级明细科目;"其他应收款——投标保证金"等保证金性质科目按单位或部门设置三级明细科目。

"长期股权投资减值准备"科目,在二级科目下按被投资单位设置三级明细科目。

"其他应付款"可以根据实际发生的经济业务设置"其他应付款——投标保证金""其他应付款——履约保证金""其他应付款——租赁费""其他应付款——水电费""其他应付款——押金""其他应付款——维修金""其他应付款——暂收其他单位款""其他应付款——暂收个人款""其他应付款——投标安全生产费用""其他应付款——其他"明细科目。

"工程施工"科目设置"合同成本""合同毛利"二级明细科目,二级科目下按成本明细或部门设置三级明细科目;例如:"工程施工——合同成本——人工费""工程施工——合同成本——材料费""工程施工——合同成本——机械使用费"等。

"生产成本"科目下"基本生产成本""辅助生产成本"明细科目为生产制造单位专用。

(2)某些会计科目在账务处理中的注意事项 "主营业务收入"科目发生收入冲减时,必须用红字在贷方登记,借方发生额为月末结转额;"工程施工""生产成本""主营业务成本""管理费用"发生成本费用冲减时,必须用红字在借方登记,贷方发生额为月末结转额。

━━━━━━━━━━ 复习思考题 ━━━━━━━━━━

1. 施工企业会计、会计职能和会计目标有哪些?
2. 我国会计法规的组成?《会计法》的主要内容包括哪些?
3. 施工企业会计核算的特点是什么?
4. 建筑企业会计科目体系包括的内容有哪些?

第二章　施工企业会计核算基础

【本章学习目标】

了解会计核算方法。

熟悉常用的账务处理程序。

掌握借贷复式记账法的基本内容和记账规则，熟练应用借贷复式记账法编制会计分录。

第一节　会计核算方法

一、会计核算方法概述

会计方法主要由会计的核算方法、分析方法和检查方法所组成。会计核算方法是对会计主体的经济活动进行连续、系统、全面、综合的核算和监督，提供必需的数据资料所采用的方法。会计核算方法由一系列相互关联的各个环节构成，其中包括设置账户、复式记账、填制凭证、登记账簿、成本计算、财产清查、编制财务会计报告等。

会计核算方法体系的各个环节并不是相互独立的，而是相互关联、相互制约，有机联系在一起的，构成一个完整的会计核算方法体系，见图 2-1 所示。

一般来说，对日常发生的每一项经济业务，都要对取得的原始凭证进行审核，根据审核无误的原始凭证填制记账凭证，然后根据记账凭证登记账簿（包括总分类账和明细分类账），对于施工生产过程中发生的各种费用，应按照成本核算

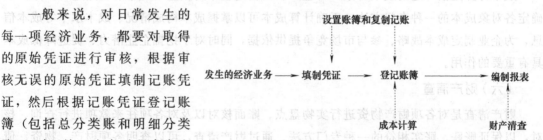

图 2-1　会计核算方法体系各环节相互关系

对象，应用一定的计算方法进行分配和汇总、计算成本，月末、季末和年末，还要对财产进行清查。成本计算和财产清查的结果也要填制凭证，并按照规定的账户和复式记账法在有关账簿中进行登记，最后达到账账、账证和账实相符。会计期末，还要以账簿为依据编制会计报表，向会计信息使用者提供客观、公正的会计信息。

二、会计核算方法体系的各个环节

会计核算方法体系是由设置账户、复式记账、填制凭证、登记账簿、成本计算、财产清查和编制财务会计报告等环节构成。

（一）设置账户

设置账户是对会计对象的具体内容进行归类、反映和监督的一种专门方法。它可以对会计对象复杂多样的具体经济内容进行科学的分类和记录，以便取得经营管理和决策所需的信息，并对经济活动随时加以分析、检查和监督。

（二）复式记账

复式记账是对每一项交易、事项通过两个或两个以上相互联系的账户进行登记的一种专门方法。任何一项经济活动都会引起资金的增减或财务收支的变动，例如：以银行存款购买原料，一方面引起原料的增加，另一方面引起银行存款的减少；以现金支付费用，一方面引起费用的增加，另一方面引起现金的减少。采用复式记账，可以全面地、相互联系地反映资金增减变化和财务收支变化情况，掌握它的来源与去向。

（三）填制凭证

填制会计凭证是为了保证会计记录完整、真实和可靠，便于记账、减少差错，保证记账质量而采用的一种专门方法。会计凭证是交易、事项的书面证明，是登记账簿的依据。对每一项交易、事项，必须根据审核无误的原始凭证和有关资料填制记账凭证，以保证会计信息的质量，并明确经济责任。

（四）登记账簿

登记账簿是根据会计凭证，在账簿上连续、系统、完整地记录交易、事项的一种专门方法。按照记账的方法和程序登记账簿并定期进行对账、结账，可以提供完整的、系统的会计资料，也是准确、完整地编制会计报表的依据。

（五）成本计算

成本计算是按一定的成本对象，对生产、经营过程中所发生的成本、费用进行归集，以确定各对象成本的一种专门方法。正确计算成本可以掌握成本构成情况、成本水平等成本信息，为企业制定成本战略、参与市场竞争提供依据，同时对于挖掘企业潜力、促进降低成本具有重要的作用。

（六）财产清查

财产清查是对各项财产物资进行实物盘点、账面核对以及对各项往来款项进行查询、核对，以保证账账、账实相符的一种专门方法。通过财产清查，可以查明各项财产、物资、债权债务、所有者权益情况，加强物资管理，监督财产的完整，并为编制会计报表提供正确的资料。

（七）编制财务会计报告

编制财务会计报告是定期总括地反映财务状况、经营成果和现金流量的一种专门方法。通过编制会计报表、会计报表附注和财务情况说明书，集中向财务会计信息的使用者提供决策参考资料，有利于企业和相关主体正确决策，改善生产经营管理，增加盈利，维护各方经济利益。

以上各种专门方法是相互联系、紧密结合、环环扣紧的完整体系，若某一环节发生错误，则必然影响整个会计信息的质量。

第二节　会计账户及记账方法

一、会计账户

　　会计科目是指对会计要素的具体内容进行分类核算的类目。会计要素是对会计对象的基本分类。设置会计科目就是对会计对象的具体内容加以科学分类、进行分类核算和监督的一种方法。为了应用会计科目反映和监督资金运动情况，应根据会计科目在账簿中开设账户，以便提供日常管理所需会计资料。账户是具有一定结构，用来系统、连续地记录各项经济业务的一种手段。每一个账户都有一个名称，用以说明该账户的经济内容。会计科目就是账户的名称。根据一级会计科目设置的账户，称为总分类账户；根据二级会计科目和三级会计科目（或称明细科目）设置的账户，称为明细分类账户。

　　为了在账户中记录各项经济业务，账户要有一定的结构。虽然由于各项经济业务的发生而引起的各项会计要素的变化错综复杂，但从数量方面看，不外乎增加和减少两种情况，所以，账户的基本结构要相应地分为两部分，形成左右两方，分别记录各项会计要素的增加数和减少数。账户基本结构的格式如表 2-1 所示。

表 2-1　账户基本结构、格式表

会计科目（账户名称）

年		凭证号	摘要	借方	贷方	借或贷	余额
月	日						

　　为了说明方便，账户的基本结构可以简化为 T 形账户，如图 2-2 所示。

左方　　　　　　　　　　　会计科目（账户名称）　　　　　　　　　　　右方

图 2-2　T 形账户（账户基本结构的简化模式）

　　上列账户左右两方的金额栏分别记录增加额和减少额。在账户中所记录的金额分为期初余额、本期增加额、本期减少额和期末余额，其登记格式如图 2-3、图 2-4 所示。

左方	资产、成本费用会计科目（账户名称）		右方
期初余额	×××	本期减少额	×××
本期增加额	×××	…	
…			
本期发生额	×××	本期发生额	×××
期末余额	×××		

图 2-3　账户登记格式之一

左方	负债、所有者权益、收入会计科目（账户名称）		右方
本期减少额	×××	期初余额	×××
…		本期增加额	×××
		…	
本期发生额	×××	本期发生额	×××
		期末余额	×××

图 2-4　账户登记格式之二

本期增加发生额和本期减少发生额，是指一定时期（如月、季、年）内所增加或减少的金额合计，也称本期发生额；本期增加发生额和本期减少发生额相抵后的差额加上期初余额，即为本期的期末余额；本期的期末余额转入下期时，即为下期的期初余额。四者的关系可以由以下公式表示。

$$期末余额＝期初余额＋本期增加发生额－本期减少发生额$$

在上述账户格式中，如在左方记增加额，则在右方记减少额，余额必在左方；如在右方记增加额，则在左方记减少额，余额必在右方。至于哪方登记增加，哪方登记减少要根据它所反映的经济内容来决定。

二、复式记账法与借贷记账法

（一）复式记账法

复式记账法是会计核算的一种专门方法。所谓复式记账法，就是对于每一项经济业务所引起的资金运动都要以相等的金额，同时在两个或两个以上相互联系的账户中进行登记。

任何一笔经济业务的发生，都会引起资产、负债及所有者权益等会计要素至少两个项目发生增减变动，而且增减的金额相等。因此要反映资金运动的这种双重变化，就应当以相等的金额作为双重记录，即复式记账。这个方法的理论依据就是"资产＝负债＋所有者权益"这一会计恒等关系。复式记账法不仅能够分别观察资金运动的来龙去脉，而且联系经济业务的记录能够说明资金运动的前因后果，全面展现企业的经营过程，从而加强对企业经济活动的监督和控制。

复式记账法是在长期的会计实践中逐步形成的，有"借贷记账法""增减记账法"和"收付记账法"等多种形式，我国的《企业会计准则》规定，所有企业一律采用借贷记账法。

（二）借贷记账法

借贷记账法是以"资产＝负债＋所有者权益"为理论依据，以"借"和"贷"为记账符号，以"有借必有贷，借贷必相等"为记账规则的一种复式记账法。

1. 借贷记账法的账户结构

账户按其性质来说，既有反映会计等式左边的资产账户，又有反映会计等式右边的负债及所有者权益账户，其性质完全不同。由于资产恒等于负债及所有者权益，因此在这两种不同性质的账户中就应当用两个相反的方向来记录它们的增减变化。实际工作中在资产账户，用借方登记资产的增加数，贷方登记资产的减少数；在负债账户和所有者权益账户中，用贷方登记负债和所有者权益增加数，借方登记负债和所有者权益减少数。资产账户，如有期末余额，必定为借方余额；负债账户和所有者权益账户，如有期末余额，必定为贷方余额。应用借贷记账法进行会计核算，账户金额之间的相互关系可以用下面两个公式表示。

资产账户：

$$期末借方余额＝期初借方余额＋本期借方发生额－本期贷方发生额$$

负债账户和所有者权益账户：

$$期末贷方余额＝期初贷方余额＋本期贷方发生额－本期借方发生额$$

在账户中除了上述资产、负债和所有者权益三类账户外，还有反映成本、费用、收入和利润的账户。成本、费用是资产的耗费或转化，故成本、费用账户的性质与资产账户相同，增加数记入借方，减少数计入贷方，余额在借方。而收入、利润是所有者权益的增加，其账户性质自然和所有者权益账户相同，增加数记入贷方，减少数记入借方，余额一般在贷方。

综上各类账户的结构，可将账户借方和贷方所反映的内容归纳如图 2-5 所示。

账户的借方	账户名称	账户的贷方
资产的增加		资产的减少
负债和所有者权益的减少		负债和所有者权益的增加
成本费用的增加		成本费用的减少
收入成果的减少		收入成果的增加

图 2-5　账户

2. 借贷记账法的记账规则

借贷记账法要求每项经济业务发生后，都要以相等的金额、相反的方向登记到相互联系的两个或两个以上的账户中去，即一方面记入一个或几个账户的借方，同时记入另一个或若干个账户的贷方。运用借贷记账法登记经济业务时，首先应根据经济业务的内容，确定它所涉及的会计要素是增加还是减少，然后确定应记入有关账户的借方或贷方。

以下面四项经济业务为例，说明借贷记账法的记账规则。

(1) 某公司购进主要材料价款 80 000 元，增值税金 13 600 元，款项尚未支付。

借：原材料——主要材料　　　　　　　　　　　　　　　　　　　　80 000

应交税费——应交增值税（进项税额）　　　　　　　　　　　　　13 600

贷：应付账款　　　　　　　　　　　　　　　　　　　　　　　　93 600

(2) 工程领用主要材料 124 000 元。

借：工程施工——合同成本　　　　　　　　　　　　　　　　　　124 000

贷：原材料——主要材料　　　　　　　　　　　　　　　　　　124 000

(3) 由海通公司用银行存款投入企业资本金 800 000 元，直接归还企业短期借款。

借：短期借款　　　　　　　　　　　　　　　　　　　　　　　800 000

贷：实收资本——海迪公司　　　　　　　　　　　　　　　　800 000

(4) 以银行存款支付到期应付账款 150 000 元。

借：应付账款　　　　　　　　　　　　　　　　　　　　　　150 000

贷：银行存款　　　　　　　　　　　　　　　　　　　　　150 000

上面只列举了四项业务,但这四项业务却代表了资金运动的四种基本类型,结合借贷记账法,记账规则的运用可归纳如表 2-2。

表 2-2　借贷记账规则

项　目	资金数量变动情况	
	资　产	负债和所有者权益
资产和负债及所有者权益同时增加	增加,记入借方	增加,记入贷方
资产和负债及所有者权益同时减少	减少,记入贷方	减少,记入借方
资产内部变化,一部分资产增加,一部分资产减少	资产增加,记入借方 资产减少,记入贷方	
负债及所有者权益内部变化,一部分负债及所有者权益增加,一部分负债及所有者权益减少		负债及所有者权益增加,记入贷方 负债及所有者权益减少,记入借方

借贷记账法的规则简单、明确,但又十分科学严密。只要正确地选用了账户并明确每个账户的性质(例如明确所选用的账户是属于资产、费用,还是属于负债、所有者权益),那么,运用这个记账规则来记录经济业务,一般就不容易发生差错。

3. 账户对应关系和会计分录

根据记账规则登记每项业务时,在有关账户之间就发生了应借、应贷的相互关系。账户之间的这种相互关系,称作账户的对应关系。

为了保证账户记录的准确性,在将经济业务记入账户之前,都应编制会计分录,会计分录(简称分录)是指表明经济业务所涉及的账户及其借贷方向和增减金额的记录。会计分录有两种类型:简单的会计分录和复合的会计分录。简单会计分录的特点是账户对应关系明确,反映出来的资金运动一清二楚。凡包括两个以上账户的分录,称为复合会计分录。

【例 2-1】 企业支付应付款项150 000元,其中2 000元用现金支付,148 000元用银行存款支付,这项业务发生后,一方面减少了应付款项,另一方面则同时减少了现金和银行存款。会计分录如下。

借:应付账款　　　　　　　　　　　　　　　　　　　　　150 000
　　贷:银行存款　　　　　　　　　　　　　　　　　　　148 000
　　　　库存现金　　　　　　　　　　　　　　　　　　　　2 000

上述复合的会计分录,也可以分成两个简单的会计分录。

借:应付账款　　　　　　　　　　　　　　　　　　　　　148 000
　　贷:银行存款　　　　　　　　　　　　　　　　　　　148 000
借:应付账款　　　　　　　　　　　　　　　　　　　　　　2 000
　　贷:库存现金　　　　　　　　　　　　　　　　　　　　2 000

这样,即使在复合的会计分录中,仍然能够确定账户的对应关系。所以,为了清晰地反映账户的对应关系,复合会计分录的结构最好是一借多贷或一贷多借。

4. 账户的登记

在实际工作中,会计分录完成之后,还应登记到账户中去,这一过程称为"过账"。通过过账,经济业务就能按账户(会计科目)分类在有关账簿上归集,分别反映各会计要素具体内容的变动情况。现仍根据前面所列的四项业务的会计分录记入有关账户,如图 2-6 所示。

为了适应经营管理者不同层次的财务需要,可根据财务信息提供资料的详细程度,把账户分为总分类账(简称总账)和明细分类账户(简称明细账)。

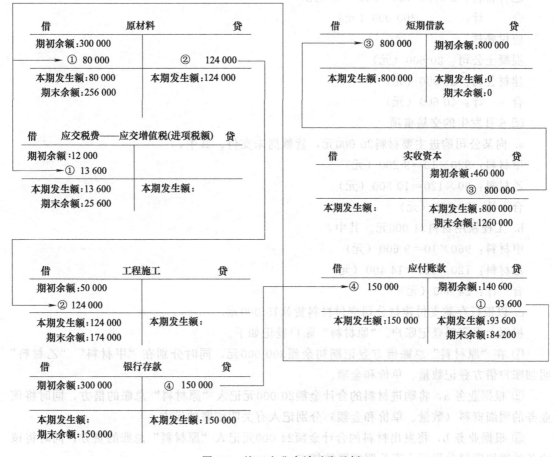

图 2-6 施工企业会计过账示例

（1）总分类账户和明细分类账户的关系。总分类账户是用来总括反映经济业务所引起的资金运动的变化，明细分类账户则是在总分类账户的基础上，对某一总分类账户的经济内容进行明细反映。二者的关系是：总分类账户是明细分类账户的综合反映，明细分类账户是总分类账户的具体化，前者提供总括资料，后者提供明细资料，它们相互联系，相互制约，明细分类账户是对总分类账户的补充和发展，而总分类账户则是对所属明细分类账户的统驭和控制。

（2）总分类账户和明细分类账户的平行登记。当会计业务发生后，在一般情况下，既要记入有关的总账，同时又要记入有关的明细账，两者登记的根据都是会计凭证，登记的借贷方向相同，金额也相等，这种登记方法称作平行登记法。平行登记法使总账借方或贷方的本期发生额同所属各有关的明细账借方或贷方的本期发生额的合计数必然相等；从而又可以使总账期末余额同所属各有关的明细账期末余额的合计数必然相等。

现以某企业的"原材料"和"应付账款"两个账户为例，说明平行登记法的运用。设"原材料"和"应付账款"的明细资料如下。

① 6 月初的结余额

原材料

甲种材料：6 000×10＝60 000（元）

乙种材料：2 000×120＝240 000（元）

合　　计：　　　300 000（元）

应付账款

混凝土公司：20 600（元）

建材公司：20 000（元）

合　　计：40 600（元）

② 6月发生的交易事项

a. 向某公司购进主要材料20 000元，货款尚未支付。其中，

甲材料：920×10＝9 200（元）

乙材料：90×120＝10 800（元）

合　计：20 000（元）

b. 工程领用材料24 000元。其中，

甲材料：960×10＝9 600（元）

乙材料：120×120＝14 400（元）

合　计：24 000（元）

c. 以银行存款支付建材公司应付材料货款15 000元。

根据上面资料登记账户。"原材料"账户登记如下。

① 在"原材料"总账借方登记期初余额300 000元，同时分别在"甲材料""乙材料"明细账户借方登记数量、单价和金额。

② 根据业务a，将购进材料的合计金额20 000元记入"原材料"总账的借方，同时将该业务的明细资料（数量、单价和金额）分别记入有关明细账的借方。

③ 根据业务b，将发出材料的合计金额24 000元记入"原材料"总账的贷方，同时将该业务的明细资料分别记入有关明细账的贷方。

④ 登记完毕，结出各个账户的本期发生额和期末余额。

"原材料"总账及其明细账登记结果如图2-7所示。

"应付账款"账户登记方法同理，这里不再赘述。

5. 试算平衡

试算平衡，就是根据会计恒等式的平衡关系来检查各类账户的记录是否正确的方法。

按照借贷记账法的记账规则记账，每一项经济业务的会计分录，借贷两方的发生额必然相等。因此，一定时期的全部账户的借方发生额合计数和贷方发生额合计数必然相等；全部账户的借方余额合计数与贷方余额合计数也必然相等。然而，在记账过程中，如果发生错误，就会使借贷金额出现不平衡。因此，就需要定期进行试算平衡，以便验证借贷金额是否相等，账户记录是否有错。其试算平衡公式如下。

期初借方余额合计＝期初贷方余额合计

本期借方发生额合计＝本期贷方发生额合计

期末借方余额合计＝期末贷方余额合计

如借贷不平衡，则表示记账有误，必须及时找出错误的原因，并加以改正。在借贷记账法下，就是根据上述借贷必相等的规则进行试算平衡，以检查每一笔经济业务的会计分录是否正确，检查全部账户的本期发生额和期末余额是否正确。月末，通常是在结出各个账户本期发生额和月末余额后，通过编制总分类账户本期发生额对账表进行试算平衡，检查总分类

总　　账

借　　　　　　　原材料　　　　　　　贷

期初余额：300 000	
ⓐ　20 000	ⓑ　24 000
本期发生额：20 000	本期发生额：24 000
期末余额：296 000	

原材料明细账

材料名称：甲材料　　　　　　　　　　　　　计量单位：吨

年		摘要	收入			发出			结余		
月	日		数量	单价	金额	数量	单价	金额	数量	单价	金额
6	1	月初余额							6 000	10	60 000
	10	购入	920	10	9 200				920	10	9 200
	18	领用				960	10	9 600	960	10	9 600
	30	月末余额							5 960	10	59 600

原材料明细账

材料名称：乙材料　　　　　　　　　　　　　计量单位：吨

年		摘要	收入			发出			结余		
月	日		数量	单价	金额	数量	单价	金额	数量	单价	金额
6	1	月初余额							2 000	120	240 000
	10	购入	90	120	10 800				90	120	10 800
	15	领用				120	120	14 400	120	120	14 400
	30	月末余额							1 970	120	236 400

图 2-7　原材料账户示例

账户中的记录是否正确、完整。通过表中期初余额、本期发生额和期末余额各栏的借方合计数和贷方合计数相等的平衡关系，以本期发生额对照表中的本期发生额合计数与记账簿核对以检查账户记录的正确性；以本期发生额对照表中的本期发生额合计数与记账凭证汇总金额合计核对，可以检查账户记录有无重复多记或漏记现象。

　　根据上例各账户登记的资料，编制"总分类账本期发生额对照表"进行试算平衡，见表2-3。表中期初余额、本期发生额和期末余额的借方与贷方分别平衡，说明会计分录和记账工作是正确的。

表 2-3　某企业总分类账本期发生额对照表

2016年10月份　　　　　　　　　　　　　　　　　　　　　单位：元

项　　目	期初余额		本期发生额		期末余额	
	借方	贷方	借方	贷方	借方	贷方
库存现金	600				600	
银行存款	300 000			150 000	150 000	
应收账款	110 000				110 000	
原材料	300 000		80 000	124 000	256 000	
工程施工——合同成本	50 000		124 000		174 000	
固定资产	678 000				678 000	
短期借款		800 000	800 000			

续表

项　目	期初余额		本期发生额		期末余额	
	借方	贷方	借方	贷方	借方	贷方
应付账款		140 600	150 000	93 600		84 200
预收账款		50 000				50 000
应交税费（增值税进项）	12 000		13 600		25 600	
实收资本		460 000		800 000		1 260 000
合计	1 450 600	1 450 600	1 167 600	1 167 600	1 394 200	1 394 200

为了保证总账和所属明细账的正确性，还要按每一总分类账户所属全部明细账的资料分别汇总，编制各明细账的发生额对照表，用以和总分类账户核对，检查发生额和余额是否相符。

三、借贷记账法的应用

现以宏瑞建筑施工企业生产经营过程中若干经济业务为例，说明借贷记账法的应用。

1. 宏瑞建筑施工企业2016年10月31日总账各账户余额如表2-4所示。

表2-4　某施工企业总账各账户余额

2016年10月31日　　　　　　　　　　　单位：元

资产类科目		负债及所有者权益科目	
库存现金	30 000	短期借款	860 000
银行存款	350 000	应付账款	150 000
应收账款	150 000	预收账款	60 000
原材料	651 000	应交税费	1 000
工程施工——合同成本	1 100 000	实收资本	3 337 000
固定资产	2 200 000	盈余公积	73 000
合计	4 481 000	合计	4 481 000

2. 2016年11月份发生下列经济业务，编制会计分录。

（1）欣鑫公司向本企业投入资本金300 000元，已存入银行。

借：银行存款　　　　　　　　　　　　　　　　　　　　300 000

　　贷：实收资本——欣鑫公司　　　　　　　　　　　　　　　　300 000

（2）从银行提取现金2 000元。

借：库存现金　　　　　　　　　　　　　　　　　　　　　2 000

　　贷：银行存款　　　　　　　　　　　　　　　　　　　　　　2 000

（3）购进主要材料价款25 000元，增值税4 250元，货款尚未支付。

借：原材料——主要材料　　　　　　　　　　　　　　　25 000

　　应交税费——应交增值税（进项税额）　　　　　　　　4 250

　　贷：应付账款——应付购货款　　　　　　　　　　　　　　29 250

（4）收到客户恒鑫公司拨来前欠工程款20 000元，存入银行。

借：银行存款　　　　　　　　　　　　　　　　　　　　20 000

　　贷：应收账款——应收工程款　　　　　　　　　　　　　　20 000

（5）仓库向现场发出主要材料62 000元，机械站领用主要材料8 000元。

借：工程施工——合同成本——某工程　　　　　　　　　62 000

　　机械作业　　　　　　　　　　　　　　　　　　　　　8 000

　　贷：原材料——主要材料　　　　　　　　　　　　　　　　62 000

　　　　　　　　——机械配件　　　　　　　　　　　　　　　　8 000

(6) 以银行存款购入主要材料，价款34 000元，增值税5 780元。

借：原材料——主要材料 34 000

应交税费——应交增值税（进项税额） 5 780

贷：银行存款 39 780

(7) 收到客户建鑫公司预付工程款23 000元，存入银行。

借：银行存款 23 000

贷：预收账款——预收工程款——建鑫公司 23 000

(8) 用银行存款支付施工现场用电费1 700元，增值税289元。

借：工程施工——合同成本——某工程 1 700

应交税费——应交增值税（进项税额） 289

贷：银行存款 1 989

(9) 用银行存款25 000元，偿还应付购货款。

借：应付账款——应付购货款 25 000

贷：银行存款 25 000

(10) 用银行存款归还短期借款90 000元。

借：短期借款 90 000

贷：银行存款 90 000

(11) 从银行提取现金16 000元（准备发放工资）。

借：库存现金 16 000

贷：银行存款 16 000

(12) 以现金16 000元发放职工工资。

借：应付职工薪酬——应付工资 16 000

贷：库存现金 16 000

(13) 按部门将职工工资16 000元记入各有关费用账户，现场生产工人工资10 000元，机械站工人工资6 000元。

借：工程施工——合同成本——某工程 10 000

机械作业 6 000

贷：应付职工薪酬——应付工资 16 000

(14) 本月已完工程按合同价向客户建鑫公司结算工程价款89 000元，增值税销项税额9 790元。款尚未收到。

借：应收账款——应收工程款——建鑫公司 98 790

贷：工程结算 89 000

应交税费——应交增值税（销项税额） 9 790

(15) 从应收工程款中扣还向客户建鑫公司预收的工程款23 000元。

借：预收账款——预收工程款——建鑫公司 23 000

贷：应收账款——应收工程款 23 000

(16) 结转本月已完工程实际收入89 000和成本73 700元。

借：主营业务成本 73 700

工程施工——合同毛利 15 300

贷：主营业务收入——某工程 89 000

（17）计算缴纳城市维护建设税 685.3 元。

借：税金及附加   685.3

 贷：应交税费——应交城市维护建设税   685.3

（18）结转某工程城市维护建设税 685.3 元。

借：本年利润   685.3

 贷：税金及附加   685.3

（19）工程完工，将"工程施工"和"工程结算"的余额对冲。

借：工程结算   89 000

 贷：工程施工——合同成本   73 700

   工程施工——合同毛利   15 300

（20）结转本年利润。

借：主营业务收入   89 000

 贷：本年利润   89 000

借：本年利润   73 700

 贷：主营业务成本   73 700

3. 根据上列会计分录登记各账户，如图 2-8 所示。

借	库存现金		贷
期初余额：	30 000		
（2）	2 000		
（11）	16 000	（12）	16 000
本期发生额：	18 000	本期发生额：	16 000
期末余额：	32 000		

借	银行存款		贷
期初余额：	350 000	（2）	2 000
（1）	300 000	（6）	39 780
（4）	20 000	（8）	1 989
		（9）	25 000
（7）	23 000	（10）	90 000
		（11）	16 000
本期发生额：	343 000	本期发生额：	174 769
期末余额：	518 231		

借	应收账款		贷
期初余额：	150 000	（4）	20 000
（14）	98 790	（15）	23 000
本期发生额：	98 790	本期发生额：	43 000
期末余额：	205 790		

借	原材料		贷
期初余额：	651 000	（5）	70 000
（3）	25 000		
（6）	34 000		
本期发生额：	59 000	本期发生额：	70 000
期末余额：	640 000		

借	短期借款		贷
		期初余额：	860 000
（10）	90 000		
本期发生额：	90 000	本期发生额：	90 000
		期末余额：	770 000

借	应付账款		贷
		期初余额：	150 000
（9）	25 000	（3）	29 250
本期发生额：	25 000	本期发生额：	29 250
		期末余额：	154 250

借	应付职工薪酬		贷
		期初余额：	
（12）	16 000	（13）	16 000
本期发生额：	16 000	本期发生额：	16 000
		期末余额：	

借	应交税费		贷
（3）	4 250	期初余额：	1 000
（6）	5 780	（14）	9 790
（8）	289	（17）	685.3
本期发生额：	10 319	本期发生额：	10 475.3
		期末余额：	1 156.3

借	预收账款		贷
（15）	23 000	期初余额：	60 000
		（7）	23 000
本期发生额：	23 000	本期发生额：	23 000
		期末余额：	60 000

图 2-8

借	工程施工——合同成本		贷
期初余额：1 100 000		(19)	73 700
(5)	62 000		
(8)	1 700		
(13)	10 000		
本期发生额： 73 700		本期发生额： 73 700	
期末余额： 1 100 000			

借	机械作业		贷
期初余额：			
(5)	8 000		
(13)	6 000		
本期发生额： 14 000		本期发生额： 14 000	
期末余额： 14 000			

借	固定资产		贷
期初余额：2 200 000			
本期发生额：		本期发生额：	
期末余额： 2 200 000			

借	主营业务成本		贷
(16)	73 700	(20)	73 700
本期发生额： 73 700		本期发生额： 73 700	

借	工程施工——合同毛利		贷
(16)	15 300	(19)	15 300
本期发生额： 15 300		本期发生额： 15 300	

借	实收资本		贷
		期初余额：3 337 000	
		(1)	300 000
本期发生额：		本期发生额：300 000	
		期末余额： 3 637 000	

借	盈余公积		贷
		期初余额： 73 000	
本期发生额：		本期发生额：	
		期末余额： 73 000	

借	税金及附加		贷
(17)	685.3	(18)	685.3
本期发生额： 685.3		本期发生额： 685.3	
期末余额： 0			

借	主营业务收入		贷
(20)	89 000	(16)	89 000
本期发生额： 89 000		本期发生额： 89 000	

借	工程结算		贷
(19)	89 000	(14)	89 000
本期发生额： 89 000		本期发生额： 89 000	

借	本年利润		贷
(18)	685.3	(20)	89 000
(20)	73 700		
本期发生额：74 385.3		本期发生额： 89 000	
		期末余额：14 614.7	

图 2-8 总分类账户登记

4. 根据上述账户登记编制总分类账本期发生额对照表，如表 2-5。

表 2-5 某企业总分类账本期发生额对照表

2016 年 11 月份 单位：元

项 目	期初余额		本期发生额		期末余额	
	借方	贷方	借方	贷方	借方	贷方
库存现金	30 000		18 000	16 000	32 000	
银行存款	350 000		343 000	174 769	518 231	
应收账款	150 000		98 790	43 000	205 790	
原材料	651 000		59 000	70 000	640 000	
工程施工——合同成本	1 100 000		73 700	73 700	1 100 000	
工程施工——合同毛利			15 300	15 300		
机械作业			14 000		14 000	
固定资产	2 200 000				2 200 000	
短期借款		860 000	90 000			770 000
应付账款		150 000	25 000	29 250		154 250
应付职工薪酬			16 000	16 000		
应交税费		1 000	10 319	10 475.3		1 156.3
预收账款		60 000	23 000	23 000		60 000
实收资本		3 337 000		300 000		3 637 000
盈余公积		73 000				73 000
主营业务收入			89 000	89 000		
主营业务成本			73 700	73 700		
税金及附加			685.3	685.3		
本年利润			74 385.3	89 000		14 614.7
合 计	4 481 000	4 481 000	1 023 879.6	1 023 879.6	4 710 021	4 710 021

表中各账户期初借、贷方余额合计数，本期借、贷方发生额合计数和期末借、贷方余额合计数均相等，各自保持平衡，说明记账是准确的。

第三节　账务处理程序

账务处理程序，是指从原始凭证的审核、记账凭证的编制、明细账和总账的登记，到编制会计报表的全过程。合理安排和科学组织账务处理程序，有利于改进账簿组织，便利会计工作分工协作，精简会计手续，提高会计工作效率和会计信息的质量，充分发挥会计工作的职能和作用。建立合理使用的会计处理程序，必须根据会计制度的要求，从实际出发，结合本单位的具体情况，把提高会计核算工作质量和合理简化手续的要求结合起来，设计适宜于本单位的账务处理程序。

由于各单位经济业务性质、规模大小、业务繁简和管理要求不同，它所采取的凭证和账簿的种类、记账方法和账务处理程序也必然各异。目前，我国企业采用的账务处理程序主要有"记账凭证账务处理程序""汇总记账凭证账务处理程序""科目汇总表账务处理程序"和"多栏式日记账程序"。以下主要介绍使用较广的几种账务处理程序和科目汇总表账务处理程序。

一、记账凭证账务处理程序

记账凭证账务处理程序是账务处理程序中最基本的一种，它的特点是总账是根据记账凭证逐笔登记的。这种程序一般设置现金日记账、银行存款日记账和明细分类账。日记账和总账均采用三栏式账页，明细账根据管理需要设置。记账凭证可以采取收款、付款和转账三种格式，也可以只采用一种通用记账凭证（即不分收款、付款和转账）。直接根据每一张记账凭证登记总账，是这种账务处理程序区别其他记账程序的主要标志。

记账凭证账务处理程序如图2-9所示。

① 根据原始凭证填制记账凭证。

② 根据原始凭证或记账凭证登记明细账。

③ 根据记账凭证（或收款凭证和付款凭证）逐笔登记现金日记账和银行存款日记账。

④ 根据记账凭证逐笔登记总账。

⑤月终，将现金日记账、银行存款日记账的余额以及各种明细账的余额合计数，与总账有关账户的余额核对相符。

⑥ 月终，根据总账和明细账的记录编制会计报表。

采用记账凭证账务处理程序，核算程序比较简单，总账可以详细反映经济业务的发生情况，但登记总账的工作量较大。因此，它一般适用于规模较小、经济业务数量较少的单位。

二、科目汇总表账务处理程序

这种账务处理程序的账簿格式与记账凭证账务处理程序基本相同，它的特点是先根据记账凭证定期填制科目汇总表（也称记账凭证汇总表），然后据以登记总账。科目汇总表是根据各种记账凭证，按照相同的会计科目归类，定期（一般每5天或每旬）汇总填制的。通常可用一张科目汇总表汇总各个账户的借、贷方发生额，该表的格式见表2-6。

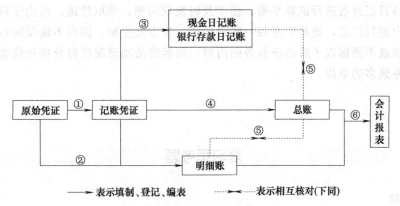

——→ 表示填制、登记、编表　　……←—— 表示相互核对(下同)

图 2-9　记账凭证账务处理程序

表 2-6　科目汇总表

年　　　　　　　月份

会计科目	账页	自 1 日至 10 日		自 11 日至 20 日		自 21 日至 31 日		本月合计	
		借方	贷方	借方	贷方	借方	贷方	借方	贷方
合计									

科目汇总表账务处理程序如图 2-10 所示。

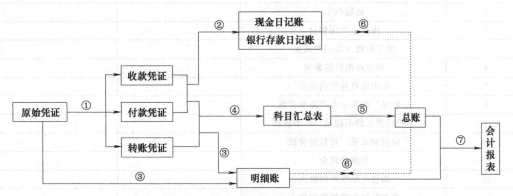

图 2-10　科目汇总表账务处理程序

① 根据原始凭证填制收款凭证、付款凭证和转账凭证。

② 根据收款凭证和付款凭证逐笔登记现金日记账和银行存款日记账。

③ 根据原始凭证或收款凭证、付款凭证和转账凭证逐笔登记各种明细账。

④ 根据收款凭证、付款凭证和转账凭证定期编制科目汇总表。

⑤ 根据科目汇总表编制总账。

⑥ 月终，将现金日记账、银行存款日记账的月末余额以及各种明细账的月末余额合计数，与总账有关账户的月末余额数核对相符。

⑦ 月终，根据总账和明细账的记录编制会计报表。

采用科目汇总表账务处理程序，记账凭证汇总比较简单，可以简化总账的登记，同时还可以定期就科目汇总表进行试算平衡，便于及时发现问题，采取措施。但由于科目汇总表并不按对应账户进行汇总，而是汇总每一账户的借、贷方发生额，因而不能反映各个账户间的对应关系，也就不便据以了解经济业务的内容，对经济活动情况进行分析和检查。它一般适用于经济业务繁多的单位。

复习思考题

2-1 思考题

1. 什么是会计要素？会计要素包括哪些内容？相互之间形成怎样的关系？

2. 会计处理方法有哪些？相互间形成怎样的逻辑关系？

3. 什么是借贷复式记账法？基本内容包括哪些？其记账规则如何？

4. 什么是账务处理程序？常用的账务处理程序有哪几种？"记账凭证账务处理程序"与"科目汇总表账务处理程序"的特点和核算要求有什么区别？

2-2 核算题

1. 某企业与会计要素有关项目见表 2-7（会计要素分类、会计科目）。

表 2-7 某企业与会计要素有关项目

序 号	项 目	会 计 科 目	会 计 要 素
1	房屋及建筑物		
2	机器设备		
3	运输汽车		
4	库存生产用钢材		
5	完工验收入库的产成品		
6	存放在银行的款项		
7	由出纳员保管的现金		
8	应收某厂购买企业产品的货款		
9	从银行借入的不超过一年的借款		
10	应付购买某厂材料的货款		
11	欠缴的税金		
12	销售产品取得的收入		
13	购买股票取得的股利收入		
14	所有者投入企业的资本		
15	应付所有者的股利		
16	为销售产品支付的广告费用		
17	支付行政管理部门的办公费用		
18	借入短期借款应支付的利息		
19	从银行借入的超过一年的借款		
20	应付给职工的工资		
21	专利权		
22	尚未完工的建筑工程		

要求：写出上述项目所归属的会计科目和会计要素，填入表中。

2. 某企业发生的交易或事项见表 2-8。

表 2-8 某企业发生的交易或事项

序 号	交易或者事项	类 型
1	现购材料(不考虑增值税)	一项资产增加,另一项资产减少
2	用银行存款偿还前欠 A 公司购货款	
3	用银行存款支付行政管理部门水电费	
4	向银行借入长期借款存入银行	
5	收到投资者投入的设备	
6	将盈余公积转增资本	
7	将应付票据转为应付账款	
8	将企业长期借款转为债权人对企业投资	
9	销售产品取得收入存入银行(不考虑增值税)	
10	用银行存款支付广告费	
11	用银行存款缴纳所得税	

要求:将上述交易或者事项的类型填入表中。

3. 某股份有限公司2016年8月发生了下列部分经济业务。

(1)收到投资者追加投资200 000元,存入银行。

(2)用银行存款68 000元购进生产设备,并交付使用。

(3)向银行借入期限为6个月的借款300 000元,存入银行。

(4)收回甲公司前欠购货款128 000元,存入银行。

(5)从银行提取现金160 000元,准备发放工资。

(6)企业职工刘明因公出差预借差旅费2 000元,以库存现金支付。

(7)销售A产品,取得销售收入80 000元,销项税额13 600元,存入银行。

(8)采购材料50 000元,支付进项税额8 500元,已验收入库,款项尚未支付。

(9)以银行存款6 000元支付厂部水电费。

(10)以银行存款支付广告费30 000元。

(11)以银行存款缴纳所得税40 000元。

要求:编制上述经济业务的会计分录;编制总分类账户发生额试算平衡表。

4. 某市天胜股份有限公司(一般纳税人)2016年8月有关账户期初余额如表2-9所示。

表 2-9 有关账户期初余额 单位:元

会计科目	借方余额	会计科目	贷方余额
库存现金	2 000	短期借款	380 000
银行存款	326 000	应付账款	164 000
应收账款	48 000	长期借款	200 000
原材料	163 000	实收资本	551 000
库存商品	36 000		
工程施工	20 000		
固定资产	700 000		
合计	1 295 000		1 295 000

本月公司发生下列经济业务。

(1)现购钢材8吨,货款30 000元进项税额5 100元,以银行存款支付,材料已验收入库。

(2)生产车间向仓库领用生产E、F两种产品所需原材料共计86 000元。

(3)从银行提取现金160 000元,准备发放工资。

(4)从银行取得三年期借款300 000元,存入银行。

(5)以银行存款购入新汽车一辆,价值180 000元,支付税款30 600元,已交付使用。

(6)用银行存款偿还应付供应单位货款64 000元。

(7)收到购货单位前欠货款48 000元,存入银行。

（8）用银行存款归还已到期短期借款120 000元。

（9）收到 B 单位作为投资的设备一台，价值240 000元，已投入使用。

（10）从电器小商店用库存现金 650 元购买零星材料，已验收入库。

要求：①编制会计分录。

② 开设各账户 T 形账户，登记期初余额、本期发生额，计算期末余额。

③ 编制总分类账户本期发生额及余额试算平衡表。

第三章 货币资金的核算

【本章学习目标】
了解库存现金的内部控制制度。
熟悉库存现金的管理。
掌握现金、银行存款和其他货币资金的核算。

第一节 现金的核算

货币资金是施工企业在施工生产过程中停留在货币形态的那一部分资金，包括现金、银行存款和其他货币资金。企业的货币资金属于流动资产的重要组成部分，具有收支频繁、流动性大的特点。

企业对货币资金的管理，务必配备专职的出纳人员，建立和健全货币资金的内部控制制度，认真执行《现金管理暂行条例》和《支付结算办法》，保证货币资金的安全和完整。

一、库存现金的管理

现金是流动性最强的一种货币性资产。狭义的现金是指企业的库存现金；广义的现金是指除了库存现金外，还包括银行存款和其他符合现金定义的票证等。本章所指现金的定义是指狭义的现金，即库存现金。

库存现金，是指存放在企业，由企业按照国家现金管理制度规定使用的货币资金，包括人民币现金、外币现钞等。现金管理是我国一项重要的财经制度。国家规定凡是在银行和其他金融机构开立账户的企业，必须依照《现金管理暂行条例》的有关规定使用现金。

企业现金的日常管理，包括现金收入、付出和保管等规定。

（1）出纳员应严格履行收付业务手续，可以在现金使用范围内支付现金或从银行提取现金，并做到日清月结。

（2）超过现金限额的收入应于当日送存银行，如当日送存银行确有困难，由银行确定送存时间。

（3）企业从银行提取现金时，应当注明具体用途，并由财会部门负责签字盖章后，交开户银行审核后方可支取。

（4）企业不得坐支现金。坐支现金是指企业直接从自己的现金收入中支付现金的做法。企业支付现金，必须从开户银行提取，原则上不准坐支现金。因特殊情况急需使用现金的，企业应当提出申请，经开户银行审核批准后方可支付。

（5）企业不得套取现金；不得与其他企业、单位相互借用现金；不得用"白条""借条"等抵库；不得以个人储蓄方式将现金收入存入银行；不得建立"小金库"，保留账外公款。

（6）现金出纳员不得兼管费用、债务债权等账簿登记以及稽核会计档案保管工作。填写有关银行结算凭证的有关印鉴，不能集中由出纳员保管，应实行印鉴分管制度，收、付授权批准的手续制度，职务分离控制，凭证稽核控制，定期盘点与核对等。

（7）其他规定。

二、库存现金的内部控制制度

现金的内部控制包括现金收入的内部控制、现金支出的内部控制。

1. 现金收入的内部控制制度

企业现金收入的主要来源是工程结算收入、其他业务收入和营业外收入等。

现金收入的内部控制包括以下几点。

（1）控制收据和发票的数量和编号。收据和发票的领用须登记数量和收讫编号；收据和发票存根要回收，妥善保管；空白收据、发票要定期核对。

（2）签发收款凭证与收款员的职务应分开。如应由销售部门经办销售手续的人员填制发票和单据，由财会部门出纳员据以收款，记账人员据以记账。

（3）一切现金收入都应开具收款收据。企业内部经办人员经手的零星现金收入，如废品收入、报刊退款等，财会部门应开具收据给交款人。

（4）邮汇收入应设专门登记簿。邮汇收入设专门登记簿，主要用来登记其款项来源、用途、日期、签收等。

（5）收款收据要销号。按开出收据的存根与已入账的收据联，按编号进行核对注销，作废的收据应全联粘贴在存根上，以备检查等。

2. 现金支出的内部控制制度

凡是用现金支出的款项都要办理审批手续，并要遵守现金管理制度和结算制度。

现金支出的内部控制包括以下几点。

（1）出纳、记账、采购三方面的工作，应由三人分别担任，不能由一人兼任。签发发票和付出款项应由两人分别签章。

（2）付款业务都应有原始凭证，并经主管人员和会计人员审核同意后，出纳方可付款。有关付款凭证付款后，应分别加盖"现金付讫""银行付讫"戳记，并应定期装订成册，由专人保管。

（3）付出保证金、押金、暂付款或备用金等，都应定期清理核对，到期要及时收回。

3. 违反《现金管理暂行条例》的处罚原则

企业违反《现金管理暂行条例》的规定，银行有权责令其停止违反活动，并根据情节轻重按规定给予警告或罚款；情节严重的，可在一定期限内停止对该单位的现金支付或追究有关当事人和领导的法律责任。

按规定，开户单位有下列情况之一的，给予罚款。

（1）超出规定范围和限额使用现金的，按超过额的10%～30%处罚。

（2）超出核定的库存现金限额留存现金的，按超出额的10%～30%处罚。

（3）用不符合财务制度规定的凭证顶替库存现金的，按凭证额10%～30%处罚。

（4）未经批准坐支或者未按开户银行核定坐支额度和使用范围坐支现金的，按坐支金额的10%～30%处罚。

（5）单位之间互相借用现金的，按借用金额10%～30%处罚。

三、库存现金的核算

库存现金的核算包括总分类核算和序时核算。

（一）库存现金总分类核算

企业每笔现金的收入、付出都必须有原始凭证作为收款和付款的凭证并编制"收款凭证"和"付款凭证"，由有关人员严格审核。出纳在收（或付）款后应在相应的凭证上签名盖章，在所附的原始凭证上，要加盖"现金收讫"（或"现金付讫"）的戳记。

为了总括反映企业库存现金的收入、支出和结存情况，企业应设置"库存现金"科目，其借方反映现金的增加，贷方反映现金的减少，期末借方余额反映企业库存现金的结存数。

现以表 3-1 所示现金日记账记录的有关业务为例，说明现金收付业务的账务处理。

付出现金，根据有关现金付款凭证，做如下分录。

借：管理费用   200
    应付职工薪酬   500
    贷：库存现金   700

收入现金，根据有关现金收款凭证，做如下分录。

借：库存现金   300
    贷：其他业务收入   300

表 3-1 现金日记账

2014年		凭证		摘要	对方科目	收入/元	付出/元	结存/元
月	日	种类	号数					
3	20	现付	354	承前页				500
	20	现付	355	支付文具用品费	管理费用		200	
	20	现收	368	支付职工工资	应付职工薪酬		500	
				废料销售收入	其他业务收入	300		
				本日合计		300	700	100

（二）库存现金的序时核算

为了加强对施工企业现金的管理和核算，系统地了解企业现金收付的动态和库存余额，应设置"现金日记账"。现金日记账一般采用三栏式订本账格式。根据收付款凭证，按照经济业务发生的先后顺序逐笔登记，每日终了，应计算当日的现金收入合计数、现金支出合计数和结存数，并将结存数与实际库存余额进行核对，做到账实相符。

现金日记账的格式及编制方法如表 3-1 所示。

四、库存现金清查

为了加强对库存现金的管理，防止现金发生差错或丢失，随时掌握现金收付的动态和库存余额，必须对库存现金进行核对清查。库存现金的清查包括出纳每日的清点核对和清查小组定期或不定期的实地盘点清查，现金清查的基本方法是实地盘点库存现金的实存数，再与现金日记账的余额进行核对，看是否相符，然后编制"现金盘点报告表"，列明实存、账存与盈亏金额。

清查时发现现金长短款，应做如下处理。

借或贷：待处理财产损益——待处理流动资产损溢   ×××
    贷或借：库存现金   ×××

会计实务中现金的长短款一般通过"其他应收款——现金短款"和"其他应付款——现金长款"进行核算。

第二节　银行存款的核算

一、银行存款管理

银行存款是指企业存入银行或其他金融机构账户上的货币。我国银行存款包括人民币存款和外币存款。

企业应当按照《银行账户管理办法》的规定开立、使用账户。对于现金开支范围以外的各项款项都必须通过银行办理转账结算。尤其是应加强对支票的管理，因为支票是银行印制的，由财务部门的出纳签发，其作用是委托办理支票存款业务的银行在见票时无条件支付确定金额给收款人或者持票人的票据。对支票的有效管理将有助于保证企业银行存款的安全。

二、银行存款的核算方式

（一）银行存款的总分类核算

为了总括反映银行存款的收支情况，应设置"银行存款"账户，借方反映企业取得各种收入而引起银行存款的增加数，贷方反映提取各项支出引起银行存款的减少数，余额在借方表示企业存放在银行的款项数额。

【例3-1】　J建筑公司4月2日发生下列涉及银行存款的经济业务，账务处理如下。

（1）付出银行存款，根据有关银行结算凭证的支款通知联、存根和其他原始凭证，填制银行存款付款凭证，做分录如下。

借：材料采购　　　　　　　　　　　　　　　　　　　　　　　　5 000

　　销售费用　　　　　　　　　　　　　　　　　　　　　　　　1 000

　　　贷：银行存款　　　　　　　　　　　　　　　　　　　　　　　　6 000

（2）收到银行存款，根据有关银行结算凭证的收款通知联和其他原始凭证，填制银行存款收款凭证，做如下分录。

借：银行存款　　　　　　　　　　　　　　　　　　　　　　　30 000

　　　贷：工程结算　　　　　　　　　　　　　　　　　　　　　　　30 000

将上述会计分录登入银行存款日记账，如表3-2所示。

表3-2　银行存款日记账

2007年		凭证		摘要	对方科目	支票		收入/元	付出/元	结存/元
月	日	种类	号数			种类	号数			
				承前页						8 000
4	2	银付	488	支付×厂材料款	材料采购	转	205		5 000	
	2	银付	489	付广告费	销售费用	转	206		1 000	
	2	银收	467	收工程结算款	工程结算			30 000		
				本日合计				30 000	6 000	32 000

（二）银行存款的序时核算

为了序时核算施工企业银行存款的收付，应按开户银行和其他金融机构、存款种类，分别设置"银行存款日记账",由出纳人员根据银行存款的收付款凭证和将现金存入银行时填制的现金付款凭证,按照经济业务发生的先后顺序逐日逐笔登记,并结出账面余额。"银行存款日记账"的格式和登记如表 3-2 所示。

"银行存款"总账,可以根据记账凭证直接登记,也可以汇总在月末一次登记。

三、银行转账结算方式

企业之间的业务结算除按规定可以使用现金以外,都应通过银行转账结算。转账结算就是企业之间发生款项收付时,不用现金而是通过银行从付款单位的存款户中把款项转到收款单位的存款户上,把账目结算清楚。现行的银行转账结算方式主要有汇票(包括商业汇票和银行汇票)、本票、支票、委托收款、汇兑、托收承付等结算方式。这些结算方式有的适用于同城结算,有的适用于异地结算,有的同城、异地均适用。银行结算方式分类如图 3-1 所示。

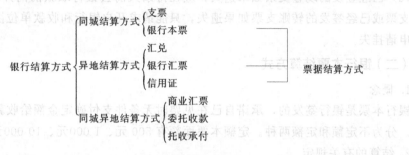

图 3-1 银行结算方式分类

(一)支票结算方式

支票是出票人签发的,委托办理支票存款业务的银行在见票时无条件支付确定金额给收款人或者持票人的票据。

支票是银行印制的,它只能由财务部门的出纳签发,其作用是委托办理支票存款业务的银行在见票时无条件支付确定金额给收款人或者持票人的票据。

1. 支票的种类

支票分为现金支票、转账支票和普通支票三种(见图 3-2)。现金支票可以从银行支取现金,也可以转账;转账支票只能通过银行划拨转账,不能支取现金,但它在批准的地区内可以背书转让,即由收款人在支票背面签章,将支票款项转让给另一个收款人(被背书人)。

支票 {
普通支票 {
用于转账,应在支票上画线
未划线可用于支取现金
}
现金支票——已在支票上端印明现字样
转账支票——已在支票上端印转账字样
}

图 3-2 支票分类图

票据的背书转让,可以使一张票据在多个企业或单位中发挥多次支付的作用,增强了票据的流通性,简化了结算手续。

2. 结算的有关规定

(1)支票是银行印制的,它只能由财会部门签发,并加盖企业预留银行的公章和签发人图章。

(2)在签发支票之前,出纳人员应该认真查明银行存款的账面结余数额,防止超过存款余额签发空头支票。签发空头支票或者支票所盖印章与预留银行印鉴不符的支票,银行除退票外，还要处以一定的罚款。

（3）支票起点金额为 100 元，有效期为 10 天。

（4）在签发支票时，要详细列明收款单位或收款人，并列明款项的用途和金额。

开出的支票只能由收款单位在有效期内向银行收款或办理转账手续。支票要妥善保管。支票结算方式适用于同城结算，手续简便，收付款及时，但结算的监督性较弱。

3. 注意事项

（1）支票是由会计部门自行保管和签发的支付凭证，会计部门应对支票的使用加强管理，制定专职出纳人员保管，防止丢失，不应将空白支票交给其他人员，如果事先无法确定金额，可以不填写金额，但必须填明日期、收款单位和款项用途，规定付款限额和报销期限，并进行登记。

（2）已经签发的现金支票如果遗失，应在持票人前去银行取款前向开户银行申请挂失；空白支票或已经签发的转账支票如果遗失，只能请求开户银行和收款单位协助防范，不能向银行申请挂失。

（二）银行本票结算方式

1. 概念

银行本票是银行签发的，承诺自己在见票时无条件支付确定金额给收款人或者持票人的票据。分为不定额和定额两种。定额本票面额有 500 元、1 000 元、10 000元。

2. 结算的有关规定

企业为了支付购货款等款项时，可向银行申请填写"银行本票申请书"，详细填写收款人名称等信息后交存银行。如果需支取现金的，还应注明"现金"字样。

银行受理银行本票申请书，在收妥款项后，据以签发银行本票，加盖印章。不定额本票需用统一的压数机压印金额，将银行本票交给企业。

企业取得银行本票后，即可向收款单位办理结算，注明"现金"字样的银行本票可以向银行支取现金。收款单位可以背书转让。

银行本票的特点：付款期一个月，在付款期内银行见票即付，信誉高，不能挂失。银行本票超过付款期限，不能再向银行转账或者支取现金，但可以持银行本票到签发银行办理退款手续。

（三）银行汇票结算方式

1. 概念

银行汇票是汇款人将款项交存当地出票银行，由出票银行签发的，由其在见票时按照实际结算金额无条件支付给收款人或者持票人的票据。

2. 结算的有关规定

汇款单位使用银行汇票，应向银行提交汇票委托书，详细填明兑付地点、收款人名称、用途和金额等，确定不能转汇的，应当在备注栏内说明。

银行受理银行汇票委托书，在收妥款项后，据以签发银行汇票，对需要支取现金的，在汇票"汇款金额"栏先填写"现金"字样，然后填写汇款金额，并加盖规定的印章和用压数机压印汇款金额，将汇票和解讫通知交汇款人，汇款人持银行汇票可以向收款单位办理结算。

收款企业在收到银行汇票后，应在汇款金额以内根据实际应收金额办理结算，并将应收金额和多余金额均填入银行汇票，在汇票背面加盖印章连同进账单等凭证送交开户银行，将应收款项转入存款账户，银行汇票多余金额由签发银行退交汇款企业。

银行汇票的特点是：采用记名方式，汇款金额起点为 500 元，付款期为一个月，遗失后可挂失，逾期汇票，兑付银行不予受理。

（四）商业汇票结算方式

1. 概念

商业汇票是由收款人或付款人签发，由承兑人承兑并于到期日向收款人或被背书人支付款项的票据。按承兑单位的不同，商业汇票分为商业承兑汇票和银行承兑汇票两种。这两种汇票在结算与核算方面不相同，但有些规定是相同的。

2. 结算的有关规定

（1）商业承兑汇票结算方式

商业承兑汇票时按交易双方约定，由销货企业或购货企业签发，由购货企业承兑的汇票。购货企业承兑时，要在汇票正面签上"承兑"字样，并加盖预留银行印鉴的印章，交给销货企业。销货企业应在汇票将要到期时，将汇票送交开户银行办理收款手续。购货企业应在汇票到期前将票款交存开户银行，银行在汇票到期日凭票将款项划转给销货企业或贴现银行。汇票到期时，如果购货企业的存款不足支付票款，开户银行应将汇票退还销货企业，银行不负责付款，由购货双方自行处理。同时，银行要对购货企业处以一定的罚款。

（2）银行承兑汇票结算方式

银行承兑汇票是由销货企业或购货企业签发，并由购货企业向其开户银行提出申请，经银行审查，由银行同意承兑的票据。承兑银行按票面金额 1‰ 向申请企业收取承兑手续费。

购货企业应在汇票到期以前，将票款交存开户银行，以备银行到期凭票付款。销货企业应在汇票到期时将汇票连同进账单送交开户银行以便转账收款。承兑银行凭汇票将承兑款项无条件转给销货企业，如果购货企业到期不能足额支付票款，承兑银行则根据承兑协议，按逾期借款处理，并计收一定罚息。

商业汇票的特点：承兑期限由交易的购销双方商定，最长不能超过 6 个月；商业汇票一律记名，但可以背书转让。该方式适用于同城或异地，商业汇票可以向银行申请贴现等。

（五）汇兑结算方式

1. 概念

汇兑结算方式是付款单位委托银行将款项汇往外地收款单位或个人的一种结算方式。依据汇款的快慢，汇兑分为信汇和电汇。信汇是指委托银行通过邮寄方式将款项划给收款人；电汇是指汇款人委托银行通过电报将款项划给收款人。

2. 结算的有关规定

采用汇兑结算方式，汇款单位汇出款项时，应填写银行印发的汇款凭证，列明收款单位名称、汇款金额及汇的用途等项目，送达开户银行，委托银行将款项汇往收汇银行。收汇银行将汇款收进收款单位存款户后，转送汇款凭证一联，通知收款单位收款。

汇兑结算方式适用于异地结算。划拨款项简便，比较灵活。

（六）委托收款结算方式

1. 概念

委托收款是收款人委托银行向付款人收取款项的结算方式。单位和个人凭已承兑商业汇票、债券、存单等付款人债务证明办理款项的结算，均可使用委托收款结算方式。依据所收款项的快慢可划分为邮寄和电报划回两种方式。

2. 结算的有关规定

企业委托开户银行收款时，应填写银行印制的委托收款凭证。在委托收款凭证中写明收付款单位的名称、账号及开户银行，委托收款金额（大小写），款项内容，委托收款凭证名称及附寄单证张数等。

企业的开户银行受理委托收款以后，将委托收款凭证寄交付款单位开户银行，由付款单位开户银行审核，并通知付款单位。

付款单位接到通知和有关附件后，应在规定的付款期（3天）内付款。如果付款期内未向银行提出异议，银行视作同意付款，并在付款期满的次日将款项主动转账付给收款企业。如果付款单位在审查有关单证以后，对托收款项决定全部或部分拒付时，应在付款期内填写"拒绝付款理由书"，连同有关证明单据送交开户银行；银行收到拒付理由书连同有关凭证寄给收款企业的开户银行转交收款企业，银行不负责审查拒付理由书。部分拒付的，银行办理其剩余部分的转账划款。

付款单位在付款期满、日营业终了前，如果没有足够存款支付全部款项的，在次日上午开始营业前，将有关单证或应付款项证明退回收款单位开户银行转交收款单位。付款单位如果逾期不退回单证，开户银行应按规定处以罚金，并暂停付款单位委托银行向外办理结算业务，直到退回单证为止。

该方式适用于同城或异地，便于企业主动向付款单位发货或提供劳务。但采用这种结算方式，必须有可靠的信誉基础，即委托收款企业应先了解对方的信用和支付能力，然后发货或提供劳务，办理委托收款手续，防止付款单位不守信用，拒绝或拖欠货款。

（七）托收承付结算方式

1. 概念

托收承付是在销货单位根据经济合同发运商品以后，委托银行向购货单位收取货款，购货单位根据经济合同，核对单证或验货后，向银行承认付款的一种结算方式。办理托收承付结算的款项，必须是商品交易，以及因商品交易而产生的劳务供应的款项。代销、寄销、赊销商品的款项，不得办理托收承付结算。

2. 结算的有关规定

采用托收承付结算方式，销货单位根据经济合同发运商品以后，填写银行印发的"托收承付结算凭证"，连同发票、托运单和代垫运杂费等单据一并送往开户银行办理托收手续。

销货单位开户银行接受委托后，将托收结算凭证回单联退给企业，作为账务处理的依据，并将其他结算凭证寄往购货单位开户银行，由购货单位开户银行通知购货单位承兑付款。

购货单位收到托收承付结算凭证和所附单据后，应立即审核是否符合订货合同的规定。按照结算办法的规定，承付分为验单付款和验货付款两种，这在双方签订合同时就已经明确规定了。验单付款是购货单位根据经济合同规定，对银行转来的托收结算凭证、发票账单、托收单及代垫运杂费等单据进行审查无误后，即可承认付款，承付款为3天。验货付款是购货单位待货物运达物业，对其进行检验与经济合同完全相符后才承认付款，承付期为10天。

购货单位在承付期内，如果未向银行表示拒绝付款，银行即视同承认付款，在承付期满的次日主动将款项从购货单位账户内付出。购货单位如果到期没有足够的款项支付，其不足部分作为逾期付款处理，并支付一定的赔偿金。如果发现销货单位托收款项计算有错误，或者商品品种、质量、规格、数量与合同规定不符时，购货单位在承付期内有权全部或部分拒绝付款，填写"拒付理由书"交银行办理，但拒付商品应代为保管。

该方式适用于同城或异地间订有合同的商品交易和劳务供应款项结算，可以促使销货单位依照合同规定发货，购货单位按照合同规定付款，从而维护购销双方的正当权益。

（八）信用证结算方式

信用证是有条件的银行担保，是银行（开证行）应买方（申请人）的要求和指示保证立即或将来某一时间内付给卖方（受益人）一笔款项的书面承诺。卖方（受益人）得到这笔钱的条件是向银行（议付行）提交信用证中规定的单据，例如：商业、运输、保险和其他用途的单据。

在国际上通常采用的信用证种类有如下几种。

（1）跟单信用证与光票信用证。

（2）可撤销信用证与不可撤销信用证。可撤销信用证是指根据申请人（进口商）的指示，银行为申请人提供不经受益人（出口商）同意或通知，随时由申请人提出修改、撤回或注销信用证。不可撤销信用证是指在受益人的行为符合信用证规定的各项条款和条件的情况下，开证行应履行信用证中规定的付款承诺，在信用证满期日之前，不得撤回或撤销付款义务。

（3）保兑信用证与不保兑信用证。保兑信用证是指第三家银行接受开证行的要求，对其开立的信用证提供担保，承担在开证行不能付款的情况下，保证兑付责任的信用证。

（4）可转让信用证与不可转让信用证。可转让信用证是开证银行向中间商（受益人）提供对信用证条款权利履行转让便利的一种结算方式。它是指受益人（第一受益人）可以请求授权付款，承担延期付款责任，承兑或议付的银行（转让行），或如果是自由议付信用证时，可以要求信用证特别授权的转让行，将信用证的全部或部分一次性转让给一个或多个受益人（第二受益人）使用的信用证。

（5）背对背信用证与对开信用证。背对背信用证（或第二信用证）是以中间商人作为开证申请人，要求原通知行或指定银行向第二受益人开立、条款受约于原信用证条款的信用证。

此外，还有即期付款信用证、议付信用证、承兑信用证、延期付款信用证与远期信用证等。

第三节　其他货币资金的核算

一、其他货币资金的内容

其他货币资金是指企业所拥有的除现金和银行存款以外的货币资金，包括企业的外埠存款、银行汇票存款、银行本票存款、在途货币资金、信用证存款、保函押金等。

1. 外埠存款
外埠存款是企业到外地进行零星或临时采购时，汇往采购地银行开立临时采购专户的存款。

外埠存款的特点是：企业在汇出款项时，须填列汇款委托书，加盖"采购资金"字样。收汇银行对收到的采购款项，以汇款单位名义开立采购账户。采购资金存款不计利息，除可以支取采购员差旅费等少量现金外，一律转账，该采购专户只付不收。这种采购专户只付材料费，而不收售料款，付完就结束账户。

2. 银行汇票存款

银行汇票存款是指企业在采用银行汇票转账方式时，为了取得银行汇票，按规定存入银行的款项。银行汇票是由企业单位或个人将款项交存开户银行，由银行签发给其持往异地采购商品时办理结算或支取现金的票据。企业向银行填送"银行汇票委托书"并将款项交存开户银行，取得汇票后，根据银行盖章退回的申请书存根联，编制付款凭证。

银行汇票的特点是：采用记名方式，汇款金额起点为500元，付款期为一个月，遗失后可挂失，逾期汇票，兑付银行不予受理。

3. 银行本票存款

银行本票存款指企业为取得银行本票按规定存入银行的保证金款项。本票存款实行全额结算，本票存款额与结算金额的差额一般采用支票或其他方式结清。银行本票分为不定额本票和定额本票两种。定额本票面额为1 000元、5 000元、10 000元和50 000元。

银行本票的特点：付款期一个月，在付款期内银行见票即付，信誉高，不能挂失。可背书转让，银行本票超过付款期限，不能再向银行转账或者支取现金，但可以持银行本票到签发银行办理退款手续。

4. 在途货币资金

在途货币资金指企业同所属单位之间和上下级之间的汇解款项业务中，其通知已抵达企业财务部门，但款项到月终时尚未到达，处于在途汇入款项的资金状况。

在途货币资金特点：由于在途货币资金属于银行之间划拨款项时间差所引起，在途时间不会很长，月中发生的在途款项，可以不进行账务处理，以简化核算手续。

5. 信用证存款

信用证存款时采用信用证结算方式的企业为开具信用证而存入银行信用证保证金的专户存款。企业向银行申请开立信用证，应按规定向银行提交开证申请书、信用证申请人承诺书和购销合同。

信用证存款的特点：开证行负第一性付款责任、信用证是一项独立文件、信用证结算业务以单据为依据。

6. 保函押金

保函押金是企业在销售商品后需要对商品的质量进行保证，在银行开立一个专门的保函（包括投标保函、履行保函等）账户，每销售一定量的商品，就向银行账户里存入一定数额的押金作为质量保证金并由银行冻结，一旦商品发生质量问题，购买方提出质量索赔，银行就将该押金转入购买方账户。当商品的质量保证期满之后，该质量保证金可以归还销售方。

保函押金的特点：银行信用作为保证，易于为客户接受；保函是依据商务合同开出的，但又不依附于商务合同，是具有独立法律效力的法律文件。当受益人在保函项下合理索赔时，担保行就必须承担付款责任，而不论申请人是否同意付款，也不管合同履行的实际事实，即保函是独立的承诺并且基本上是单证化的交易业务。

以上几种形态的货币资金，均有了专门用途且已处于待支付和待结算状态，企业不能再将其挪作他用，为了反映这部分款项的增减变动情况，需要对其进行专门的管理与结算。

二、其他货币资金的核算方法

为了总括反映其他货币资金的增减变动和结存情况，应设置"其他货币资金"科目进行核算。本科目，借方登记其他货币资金的增加数，贷方登记其他货币资金的减少数，期末余额在借方，表示企业在其他货币资金上的存款数额。总账下按资金种类、采购地点、未达账项、汇出单位等设置明细账户。

（一）外埠存款账务处理

企业将款项委托当地银行汇往采购地开立专户时，借记本科目，贷记"银行存款"科目。收到采购员交来供应单位发票账单等报销凭证时，借记"材料采购"或"原材料"等科目，贷记本科目。将多余的外埠存款转回当地银行时，根据银行的收账通知，借记"银行存款"科目，贷记本科目。

【例3-2】 某施工企业将款项50 000元委托当地银行汇往采购地开立采购专户时，根据汇出款项的凭证，作付款凭证。

借：其他货币资金——外埠存款 50 000
　　贷：银行存款 50 000

外出采购人员报销用外埠存款支付材料采购货款38 000元，税率17%，应根据销货单位发票账单等报销凭证作转账凭证。

借：材料采购 38 000
　　应交税费——应交增值税（进项税额） 6 460
　　贷：其他货币资金——外埠存款 44 460

用外埠存款采购结束后，将剩余的外埠存款5 540元转回当地银行，根据银行的收账通知，作收款凭证。

借：银行存款 5 540
　　贷：其他货币资金——外埠存款 5 540

（二）银行汇票存款账务处理

企业在填送"银行汇票申请书"并将款项交存银行，取得银行汇票后，根据银行盖章退回的申请书存根联，借记"其他货币资金——银行汇票存款"科目，贷记"银行存款"科目。企业使用银行汇票后，根据发票账单等有关凭证，借记"材料采购"或"原材料"等科目，贷记"其他货币资金——银行汇票存款"科目。

如有多余款或因汇票超过付款期等原因而退回款项，根据开户行转来的银行汇票第四联（多余款收账通知），借记"银行存款"科目，贷记"其他货币资金——银行汇票存款"科目。

【例3-3】 某施工企业在填送"银行汇票委托书"，并将款项12 000元交存银行取得汇票后，根据银行盖章退回的委托书存根联，作付款凭证。

借：其他货币资金——银行汇票存款 12 000
　　贷：银行存款 12 000

企业使用银行汇票购货，发票上注明材料价款10 000元，税率17%，开户银行转来的银行汇票第四联凭证作转账凭证。

借：材料采购 10 000
　　应交税费——应交增值税（进项税额） 1 700
　　贷：其他货币资金——银行汇票存款 11 700

退回款项时，同时收到银行转来的多余款300元的收账通知。

借：银行存款 470

贷：其他货币资金——银行汇票存款 470

（三）银行本票存款账务处理

企业向银行提交"银行本票申请书"，将款项交存银行取得银行本票时，根据银行盖章退回的申请书存根联，作付款凭证。

借：其他货币资金——银行本票存款 ×××

贷：银行存款 ×××

因本票超过付款期等原因向签发本票的银行取得退款时，应填制进账单一式两联，连同本票一并送交银行编制与上述相反的分录，即根据银行盖章退回的进账单第一联。

企业用银行本票支付购货款等款项时，根据取得的发货票等单据做转账凭证。

借：材料采购 ×××

贷：其他货币资金——银行本票存款 ×××

（四）在途货币资金账务处理

企业进行在途货币资金核算，主要是为了提供上下级独立核算单位之间下拨或上缴货币资金的具体情况。

企业根据汇出单位的通知作转账凭证。

借：其他货币资金——在途资金 ×××

贷：上级拨入资金等 ×××

待收款项时，企业应根据收款通知单等凭证作收款凭证。

借：银行存款 ×××

贷：其他货币资金——在途资金 ×××

（五）信用证存款账务处理

向银行申领信用卡，按银行要求交存备用金后，公司应根据银行盖章退回的进账单第一联，做如下分录。

借：其他货币资金——信用证保证金存款 ×××

贷：银行存款 ×××

根据开证行交来的信用证来单通知书及有关单据列明的金额，做如下分录。

借：材料采购或原材料 ×××

贷：其他货币资金——信用证保证金存款和银行存款 ×××

企业收到未用完的信用证存款余额，做如下分录。

借：银行存款 ×××

贷：其他货币资金——信用证保证金存款 ×××

····················· 复习思考题 ·····················

3-1 思考题

1. 现金、银行存款和其他货币资金概念是如何界定的？

2. 库存现金的管理主要包括哪些规定？

3. 库存现金的内部控制制度是如何规定的？

4. 银行转账结算方式存几种？ 适用范围及主要特点是什么？

5. 其他货币资金包括哪些内容？ 如何核算？

3-2 核算题

1. 目的：练习现金收支的核算。

（1）资料

光明建筑公司2013年9月有关现金收支业务如下。

① 2日，支付前欠甲公司材料款2 000元。

② 8日，支付职工王某劳务补贴5 000元。

③ 10日，将超过库存限额的现金1 800元存入银行。

④ 16日，收到张某私宅建设工程结算收入80 000元，当日存入银行。

⑤ 19日，向农户李某购买木材500元。

⑥ 22日，聘请某专家对员工培训，支付报酬1 500元。

⑦ 25日，采购员刘某借差旅费5 000元。

（2）要求

根据上列经济业务做出会计分录。

2. 目的：练习银行存款的核算。

（1）资料

东升建筑公司2014年2月有关银行存款收支业务如下。

① 2月3日，采购水泥一批，买价360 000元，税率17%，以支票支付。

② 2月16日，用银行存款支付广告费50 000元。

③ 2月27日，购买木材42 000元，以一张面值36 000元的商业汇票支付，税率17%，不足部分用转账支票付讫。

（2）要求

根据上列经济业务做出会计分录。

3. 目的：练习其他货币资金的核算。

（1）资料

信远建筑公司2014年3月有关现金收支业务如下。

① 3月5日，委托银行向上海汇款100 000元，开立采购账户。

② 3月10日，向银行申请银行汇票500 000元，持往外地采购钢材。

③ 3月19日，异地采购钢材一批，价450 000元，用银行汇票支付，税率17%，多余金额退回开户行。

④ 3月22日，收到丰采公司用以偿还所欠工程款的银行本票一张36 000元。

⑤ 3月27日，企业收到所属第三分公司通知，由珠海汇回多余资金80 000元，月终尚未到达。

（2）要求

根据上列经济业务做出会计分录。

第四章 应收款项的核算

【本章学习目标】

了解应收款项内容及特点。

熟悉应收票据利息、贴现额及预付备料款的额度和扣回额计算。

掌握应收票据、应收账款、预付备料款及内部往来的核算。

第一节 应收票据的核算

企业在日常生产经营中发生的各项债权称为应收款项，主要包括应收票据、应收账款和其他应收款等。应收款项是施工企业资产的重要组成部分，其特点是收款对象为货币资金，属于结算性资产，但受市场因素的影响，这项资产具有一定的财务风险。

一、应收票据的概念和特点

应收票据是企业在采用商业汇票结算方式下，因结算工程价款，对外销售产品、材料等而收到的商业汇票。商业汇票具有承兑期限由交易双方商定、最长不能超过6个月、商业汇票一律记名、可以背书转让、适用于同城或异地结算、可以向银行申请贴现等特点。

二、应收票据的种类和计价

商业票据按承兑人不同，分为商业承兑汇票和银行承兑汇票两种。商业承兑汇票是由收款人签发，经付款人承兑，或付款人签发并承兑的票据。银行承兑汇票由收款人或承兑申请人签发，并由承兑申请人向开户银行申请，经银行审查同意承兑的票据。

商业票据按票面是否载明利率划分为不带息票据和带息票据。不带息票据在应收票据到期时，只收取到期票据的票面金额，即到期值等于面值。带息票据到期时，除收取票面金额外，还收取按票面金额和规定利率计算的到期利息，即到期值等于面值与到期利息之和。

我国财务制度规定，无论是不带息票据，还是带息票据，应收票据一律按票据面值计价，即企业收到应收票据时，按票据的面值入账，但对于带息票据，按现行会计制度的规定，应于期末（中期期末或年度终了）将利息增加应收票据账面金额，即按应收票据的票面价值和确定的利息作为应收票据的账面价值。

1. 到期日的计算

按国际惯例，有按月计算和按日计算两种情况。

按月计算时，一般是以出票日期相同的日期为到期日。如出票日为4月15日，2个月期，则到期日就是6月15日；如果月末出票，不论月大月小，均以到期月份的月末一天为到期日。

按日计算时，应从出票日起，按实际经过的天数计算，但出票日和到期日只可计算一天。若 8 月 14 日出票，期限 60 天，则 10 月 13 日为到期日，推算如下：18 天（8 月）＋30 天（9 月）＋12 天（10 月）＝60 天

2. 应计利息计算。计算公式为：

$$票据利息＝票据面值×利率×期限$$

式中，若利率要换算为日利率时，则年利率除以 360 天，月利率除以 30 天。

【例 4-1】　设甲企业收到一张面值为 100 000 元、利率为 6%、120 天到期的商业承兑汇票，则：

到期利息　100 000×6%×120/360＝2 000（元）

票据到期值＝面值＋利息＝100 000＋2 000＝102 000（元）

三、应收票据的核算方法

（一）账户设置

为了核算施工企业因结算工程价款，对外销售产品、材料而收到的商业汇票，应设置和使用"应收票据"账户。该账户属资产类账户。当企业收到应收票据时，按票面金额记入本账户借方，贷记"应收账款""工程结算"等账户，借方余额表示尚未收回的应收票据面额。本账户应按不同的票据分别设账进行明细核算。商业汇票到期，承兑人违约拒绝或无力偿还票款，收款企业将到期汇票款转入"应收账款"账户核算。

与应收票据有关的业务发生的一切费用，如承兑手续费、票据利息、贴现利息等均记入"财务费用"账户。

（二）应收票据的核算方法

1. 不带息应收票据的账务处理

【例 4-2】　宏达建筑公司 2016 年 8 月 1 日收到甲企业转来的一张面值 50 000 元的银行承兑汇票，用于归还前欠货款，期限 5 个月。5 个月后收到款项。

（1）收到甲企业转来的银行承兑汇票时

借：应收票据——银行承兑汇票　　　　　　　　　　　　　　　　　　50 000

　　贷：应收账款——甲企业　　　　　　　　　　　　　　　　　　　　　　50 000

（2）5 个月后收到款项时

借：银行存款　　　　　　　　　　　　　　　　　　　　　　　　　　50 000

　　贷：应收票据——银行承兑汇票　　　　　　　　　　　　　　　　　　　50 000

2. 带息票据的账务处理

【例 4-3】　宏达建筑公司 2016 年 8 月 1 日收到乙单位转来的一张期限 6 个月、年利率 6%、票面金额为 100 000 元的商业承兑汇票，用于支付工程款。票据到期，企业收回款项。

（1）8 月 1 日收到乙单位转来的商业承兑汇票时

借：应收票据——商业承兑汇票　　　　　　　　　　　　　　　　　　100 000

　　贷：工程结算　　　　　　　　　　　　　　　　　　　　　　　　　　90 090

　　　　应交税费——应交增值税（销项税额）　　　　　　　　　　　　　　9 910

（2）2016 年年度终了，计提票据利息

票据利息＝100 000×6%×(5/12)＝2 500(元)

　　借：应收票据 　　　　　　　　　　　　　　　　　　　　　　　　2 500
　　　　贷：财务费用 　　　　　　　　　　　　　　　　　　　　　　　　　2 500
　　(3)票据到期，企业收回款项
　　到期值＝100 000×(1＋6％×6/12)＝103 000(元)
　　借：银行存款 　　　　　　　　　　　　　　　　　　　　　　　103 000
　　　　贷：应收票据——商业承兑汇票 　　　　　　　　　　　　　　102 500
　　　　　　财务费用 　　　　　　　　　　　　　　　　　　　　　　　　500

四、应收票据贴现

　　企业应收票据到期前，如果急需资金可以持未到期票据向开户银行申请贴现。所谓贴现是指汇票持有人将未到期的商业汇票，经过背书后交给银行，银行审查同意后，按到期值扣除贴现息之后的净额，交给贴现申请人的一种融资行为。

（一）票据贴现的计算

　　票据贴现的计算公式：
　　票据的到期值＝票据面值＋到期利息＝面值×(1＋年利率×票据到期天数/360)
　　贴现净收入＝到期值－贴现利息
　　票据的贴现期到期值、贴现息、贴现净额的计算过程如图4-1所示。

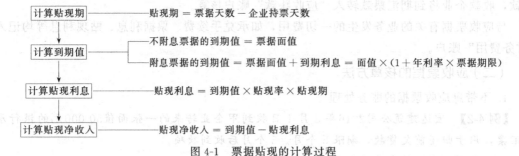

图4-1　票据贴现的计算过程

　　其中，贴现日数为贴现日至到期日的天数，贴现日与到期日只能算一天。现举例说明如下。

（二）票据贴现的核算

　　1. 不带息票据贴现的账务处理

　　【例4-4】　宏运建筑公司于2016年7月7日持一张未到期的商业汇票向银行申请贴现，面值100 000元，9月5日到期，月贴现率9‰。

　　到期值＝100 000 (元)

　　贴现日数＝25＋31＋4＝60 (天)

　　贴现利息＝100 000×60×9‰/30＝1 800 (元)

　　贴现净收入＝100 000－1 800＝98 200 (元)

　　会计分录如下。

　　借：银行存款 　　　　　　　　　　　　　　　　　　　　　　　98 200
　　　　财务费用 　　　　　　　　　　　　　　　　　　　　　　　　1 800
　　　　贷：应收票据 　　　　　　　　　　　　　　　　　　　　　　100 000

2. 带息票据贴现的账务处理

【例 4-5】　宏运建筑公司于2016年7月1日将一张本年6月1日出票、面值100 000元、月利率6‰、90天到期的商业承兑汇票，向银行申请贴现，银行月贴现率为10‰。

票据到期值＝100 000×(1＋6‰×90/30)＝101 800(元)

贴现期为：7月1日至8月30日，共60天。

贴现息＝101 800×10‰×60/30＝2 036（元）

贴现净收入＝101 800—2 036＝99 764（元）

票据贴现时，做会计分录如下。

借：银行存款		99 764
财务费用		236
贷：应收票据		100 000

票据到期，因承兑付款企业银行存款不足支付，光华企业收到银行退回的商业承兑汇票和支款通知时，做会计分录如下。

借：应收账款——付款人	101 800
贷：银行存款	101 800

假设，该承兑付款企业银行存款只有5万元，银行把不足部分作为贷款处理。

借：应收账款——付款人	50 900
贷：短期借款	50 900

从上述分录可以看出，在商业承兑汇票贴现之后，尽管企业已将这笔债权变成了货币资金，但由于存在着到期后付款人无力支付的可能，企业也就存在着到期日前向银行偿还贴现款项的可能，因而构成了企业的一项可能发生的潜在负债，称为或有负债。为了便于报表使用者了解企业的财务状况，根据重要性原则，应对此项或有负债数额在资产负债表后单独列示。

第二节　应收账款的核算

一、应收账款的概念及范围

应收账款是指在活跃市场中没有报价，回收金额固定或可确定的非衍生金融资产。施工企业应收账款是指施工企业在正常施工生产过程中，因承建工程、销售产品、材料和提供劳务等业务，应向发包单位、购买单位或接受劳务作业等单位收取的款项。

施工企业属于应收账款的项目如下。

(1) 应收工程价款。指施工企业与发包单位办理工程价款时，应向发包单位收取的工程价款。

(2) 应收销货款。指施工企业销售商品、材料，提供劳务、作业，应向购货单位或接受劳务、作业单位收取的款项，以及对外承包工程应收取的价款和按规定向购货或接受劳务、作业单位预收的款项和代垫的包装费、运杂费。

二、应收账款的核算方法

为了反映和监督企业应收账款资金的增减情况，企业应设置"应收账款"账户，该账户属资产类，用以核算企业因承包工程，销售产品、材料，提供劳务等业务，应向客户、购货单位及接受劳务单位收取的款项。借方反映企业应收的各种款项；贷方反映企业已收回或已转成坏账损失或转作商业汇票结算方式的款项。期末借方余额，反映尚未收回的各种应收款项。

该账户应按不同的购货单位或接受劳务的单位设置明细账，进行明细分类核算。

【例 4-6】 建达公司 2016 年 9 月 1 日，收到建设单位批复的验工计价单，计价已完工程款价税合计 100 万元，增值税率 11%，按照建安合同规定，按验工计价金额的 5% 预扣工程质量保证金，同时本月应扣预收工程款 15 万元，预收备料款 22 万元。

会计分录如下。

① 收到验工计价单。

借：应收账款——应收工程款——建设单位　　　　　　　　　1 000 000

　　　　　　——应收工程款——应收质保金　　　　　　　　　50 000

　　贷：工程结算　　　　　　　　　　　　　　　　　　　　950 901

　　　　应交税费——应交增值税（销项税额）　　　　　　　　99 099

② 偿还预收工程款和预收备料款。

借：预收账款——预收工程款　　　　　　　　　　　　　　　150 000

　　　　　　——预收备料款　　　　　　　　　　　　　　　220 000

　　贷：应收账款——应收工程款——建设单位　　　　　　　　370 000

③ 收到工程款转账支票。

借：银行存款　　　　　　　　　　　　　　　　　　　　　　630 000

　　贷：应收账款——应收工程款——建设单位　　　　　　　　630 000

【例 4-7】 建达公司预制构件厂销售预制板，每块价格 50 元，购 800 块以上优惠 10%，若向阳公司一次购买 1 000 块，且合同中规定现金折扣的付款条件为 2/10、1/20、n/30，增值税率 17%，编制会计分录。

会计分录如下。

① 销售实现。

借：应收账款——向阳公司　　　　　　　　　　　　　　　　52 650

　　贷：其他业务收入　　　　　　　　　　　　　　　　　　45 000

　　　　应交税费——应交增值税（销项税额）　　　　　　　　7 650

② 10 天内收到货款。

借：银行存款　　　　　　　　　　　　　　　　　　　　　　51 750

　　财务费用　　　　　　　　　　　　　　　　　　　　　　900

　　贷：应收账款——乙　　　　　　　　　　　　　　　　　52 650

③ 11～20 天内收到货款。

借：银行存款　　　　　　　　　　　　　　　　　　　　　　52 200

　　财务费用　　　　　　　　　　　　　　　　　　　　　　450

　　贷：应收账款——乙　　　　　　　　　　　　　　　　　52 650

④ 20 天后收到货款。

借：银行存款 52 650

　　贷：应收账款——乙 52 650

三、坏账损失

坏账是指无法收回的应收账款。由于发生坏账而产生的损失称为坏账损失。

（一）坏账的确认

施工企业应当在期末分析各项应收款项的可收回性，并预计可能产生的坏账。对预计可能发生的坏账，计提坏账准备。企业计提坏账准备的方法由企业根据相关法规自行确定后报有关各方备案。坏账准备计提方法一经确定，不得随意变更。

确认坏账损失应符合下列条件。

（1）因债务人破产或债务人单位撤销，依照《中华人民共和国民事诉讼法》进行清偿后，确实无法追回的应收款项。

（2）因债务人死亡，既无遗产可供清偿，又无义务承担人，确实无法追回的应收款项。

（3）因债务逾期未履行偿债义务超过三年，经查确实无法偿还的应收款项。

企业对于以上确认无法收回的应收款项，报经批准后作为坏账损失处理。

坏账损失的核算一般有两种方法：直接转销法和备抵法。《企业会计制度》规定我国企业只能采用备抵法进行坏账的核算。

（二）备抵法的账务处理

备抵法即按期估计坏账损失，计入资产减值损失，同时建立坏账准备账户，当坏账实际发生时，冲销坏账准备账户。这种方法的优点在于将不能收回的应收账款所引起的损失列作各发生期的损失，使收入和费用配比，应收账款按估计的可变现数额计价，能消除报表中虚列的应收账款，反映真实的财务情况。

施工企业提取的坏账准备金，应与潜在的坏账损失相一致。但是，企业哪些款项收不回来，能发生多少坏账损失，事先是难以完全准确预计的。根据施工企业的经营特点，可以于年度终了，按照年末应收账款（即应收工程款、应收销货款、预付账款、应收票据）余额的一定比例（施工企业自行决定，如1%）提取坏账准备金，计入资产减值损失。即建立坏账准备金的企业每年年末均按应收账款年末余额1%的坏账准备金，用于下一年发生的坏账损失。若上年末结存数超过本年末应提数额，则多余部分冲减资产减值损失。

"坏账准备"账户属资产类账户，用以核算企业提取的坏账准备金。提取时计入本账户贷方，发生坏账损失时计入本账户借方，期末贷方余额反映提取的坏账准备金。

坏账准备可以按以下公式计算：

当期应计提的坏账准备＝当期按应收账款余额计算应计提的坏账准备－（或＋）"坏账准备"账户的贷方（或借方）余额

现举例说明采用备抵法核算坏账损失的账务处理程序。

【例 4-8】 某施工企业2013年末应提坏账准备金的"应收账款"余额为500 000元，2014年6月甲公司发生坏账6 000元，年末应提坏账准备金的"应收账款"余额为650 000元，2015年10月，上年已冲销的坏账中又收回甲公司3 000元，年末应提坏账准备金的"应收账款"余额为760 000元，2016年末应提坏账准备金的"应收账款"余额为860 000元。坏账准备金的提取比例为1%。

其会计分录如下。

(1) 2013年末提取坏账准备金（500 000×1‰＝5 000元）

借：资产减值损失——计提坏账准备　　　　　　　　　5 000

　　贷：坏账准备　　　　　　　　　　　　　　　　　　　　　5 000

(2) 2014年6月核销坏账损失

借：坏账准备　　　　　　　　　　　　　　　　　　　6 000

　　贷：应收账款——甲　　　　　　　　　　　　　　　　　　　6 000

(3) 2014年末提取坏账准备金（650 000×1‰＋1 000＝7 500元）

借：资产减值损失——计提坏账准备　　　　　　　　　7 500

　　贷：坏账准备　　　　　　　　　　　　　　　　　　　　　7 500

(4) 2015年10月上年已核销的又收回3 000元

借：应收账款——甲　　　　　　　　　　　　　　　　3 000

　　贷：坏账准备　　　　　　　　　　　　　　　　　　　　　3 000

借：银行存款　　　　　　　　　　　　　　　　　　　3 000

　　贷：应收账款——甲　　　　　　　　　　　　　　　　　　　3 000

(5) 2015年末提取坏账准备金（760 000×1‰－9 500＝－1 900元）

借：坏账准备　　　　　　　　　　　　　　　　　　　1 900

　　贷：资产减值损失——计提坏账准备　　　　　　　　　　　　1 900

(6) 2016年末提取坏账准备金（860 000×1‰－7 600＝1 000元）

借：资产减值损失——计提坏账准备　　　　　　　　　1 000

　　贷：坏账准备　　　　　　　　　　　　　　　　　　　　　1 000

第三节　预付账款的核算

一、预付账款的核算概述

预付账款是指企业按照工程合同规定预付给分包单位和供货单位的款项，包括预付工程款和预付备料款，以及按照购货合同规定预付给供应单位的购货款。

为了核算预付账款，企业应设置"预付账款"账户，本账户借方登记预付给分包单位的款项和供货单位的款项。贷方是预付账款的结清收回数，期末余额在借方，表示预付分包单位和供货单位的款项。

企业按建造合同规定预付分包单位工程款和备料款时，借记本账户，贷记"银行存款"账户；企业如果是以拨付材料抵作预付备料款时，借记本账户，贷记"原材料"等账户；如果以材料抵作备料款时双方协商的结算价格大于或小于材料的计划成本时，其差额的处理区别在于分包工程的工作量是否作为本单位完成的工作量来分别处理。作为本单位完成工作量的，通过"工程施工"账户来反映，不作为本单位完成工作量的，通过"工程结算成本"来反映；企业与分包单位结算已完工程价款时，应当从"应付账款"中扣回已预付的工程款或备料款，借记"应付账款"账户，按照已预付款项的数额，贷记本账户，同时按照"应付账款"大于已预付数的差额，贷记"银行存款"账户。

企业按规定预付供应单位货款时，与预付分包单位款的核算相似，只是明细账户有所区别而已，可比照上述程序处理。

注意，企业预付的，但应当分期摊入当月和以后各月的各种费用，但预付保险费、预付租入固定资产租费、预付报刊订阅费用等不在"预付账款"账户的核算范围之内。

【例 4-9】 举例说明预付账款的核算方法如下。

（1）用银行存款预付分包单位工程款 50 000 元。

借：预付账款——预付分包单位款   50 000

  贷：银行存款   50 000

（2）拨付材料一批给分包单位抵作预付备料款，材料计划成本 51 000 元，双方协商价格为 50 000 元，假定分包工程不作为本单位自行完成工作量。

借：预付账款——预付分包单位款   50 000

  材料成本差异   1 000

  贷：原材料   51 000

（3）本月末根据分包单位 A 公司提出的"工程价款结算账单"，应付已完工程价款 120 000 元。如果分包单位完成的工程不作为本单位完成的工作量时，做分录如下。

借：工程施工——合同成本   120 000

  贷：应付账款——应付工程款——A 公司   120 000

（4）企业与分包单位 A 公司结算工程款时扣回已经预付给 A 公司的 50 000 元预付工程款和 20 000 元备料款。

借：应付账款——应付工程款——A 公司   70 000

  贷：预付账款——预付分包单位款   70 000

（5）用银行存款支付应付给分包单位的 50 000 元的工程款余款。

借：应付账款——应付工程款——A 公司   50 000

  贷：银行存款   50 000

二、预付工程款的核算

工程预付款在国际工程承发包活动中亦是一种通行的做法。国际上的工程预付款不仅有材料设备预付款，还有为施工准备和进驻场地的动员预付款。根据 FIDIC 施工合同条件规定，预付款一般为合同总价的 10%～15%。

预付分包单位工程款，是指按工程分包合同规定，预付给分包单位的工程启动款项。此内容是在"预付账款——预付分包单位款——预付工程款"三级明细账户下核算。收到总包单位在工程开工前按合同规定拨给分包单位工程款时，记分录如下。

借：预付账款——预付分包单位款——预付工程款

  贷：银行存款

三、预付备料款的核算

预付备料款是指总包单位在工程开工前按规定拨给分包单位用于储备材料的资金。预付备料款的额度大小，应以保证分包单位的主要材料正常储备和占用为原则。额度大了会造成盲目采购，积压浪费，不利于经济核算；额度小了，又会出现备料不足，影响施工生产，造成损失。

按照工程价款结算办法的规定，建筑工程一般不得超过当年建筑（包括水、暖、电、卫等）工程总值的 30%；大量采用预制构件以及工期在 6 个月以内的工程，可以适当加大比例。安装工程一般不得超过当年安装工程总值的 10%，安装材料用量较大的工程，可以适当增加。小型工程（一般指 30 万元以下）可以不预付备料款，直接分阶段拨付工程进度款。工程用料一部分由建设单位供应时，预付备料款应按比例少收，具体额度由有关单位根据不同性质的工程和工期的长短以及投资额的大小分类确定。

（1）备料款数额的计算

确定合理的备料款数额，其计算公式如下：

$$工程备料款数额 = \frac{年度建安工作量 \times 主要材料比重}{年度施工天数（360天）} \times 材料储备天数$$

$$工程备料款额度 = \frac{工程备料款数额}{年度建安工作量} \times 100\%$$

【例 4-10】 某建筑企业在 2 月份与分包单位的承包合同中确定年计划工作量为 3 000 000 元，主要材料占建安工作量的 72%，材料储备期为 150 天。据此可计算应支付给分包单位的工程备料款数额如下。

$$工程备料款数额 = \frac{300 \times 72\%}{360} \times 150 = 90（万元）$$

$$工程备料款额度 = \frac{90}{300} \times 100\% = 30\%$$

（2）预付备料款的起扣点

随着工程进度的推进，拨付的工程进度款数额不断增加，材料储备逐渐减少，原已支付的预付款应以抵扣的方式予以陆续扣回，在工程竣工前全部扣回。确定预付备料款开始扣还的时间，即起扣点，应从未施工工程尚需的主要材料及构件的价值相当于预付备料款数额时起扣，在工程价款结算时，按材料所占比重陆续抵扣，竣工前全部扣清。预付备料款的起扣时间，应当在未完工程（即尚未完工的那部分工程）主要材料、结构件需要额相当于预付备料款时开始，即：

$$未完工程主要材料、结构件需要额 = 预付备料款$$

因为 $$未完工程主要材料、结构件需要额 = 未完工程价值 \times 材料费比重$$

所以当 $$未完工程价值 \times 材料费比重 = 预付备料款$$

即 $$未完工程价值 = \frac{预付备料款}{材料费比重}$$

此时，工程所需的主要材料，结构件储备资金，可全都由预付备料款供应，以后就可陆续归还备料款。

其计算公式如下：

$$起扣时已完工程价值（起扣点） = 全年工程总价值 \times \left(1 - \frac{备料款额度}{主要材料比重}\right)$$

按上例资料，则：

$$预付备料款起扣点 = 300 \times \left(1 - \frac{30\%}{72\%}\right) = 175（万元）$$

当工程进度超过起扣点时，应按超过部分的工作量与材料比重，从工程价款中陆续扣回预付备料款。其计算公式如下：

$$第一次抵扣额=\left(累计完成工程价款-起扣时已完成工程价款\right)\times材料比重$$

$$再次抵扣额=\left(累计完成工程价款-前次已完成工程价款\right)\times材料比重$$

如上述的承包工程，该分包公司到 9 月份已累计完成工程价值 180 万元，10 月份完成工程价值 55 万元，则分包公司应归还给施工企业的备料款为：

9 月份应归还的预收备料款为=（1 800 000－1 750 000）×72‰=36 000（元）

10 月份应归还的预收备料款为=550 000×72‰=396 000（元）

依此类推以后分包单位应偿还的备料款数额，当工程竣工时，预付备料款扣清，抵作工程款。上述业务会计分录如下。

① 2 月份应预支付给分包单位的工程备料款数额时

借：预付账款——预付分包单位款——预付备料款　　　　　　　　900 000

　　贷：银行存款　　　　　　　　　　　　　　　　　　　　　　　　900 000

② 9 月份应抵扣的预收备料款时

借：应付账款——应付工程款　　　　　　　　　　　　　　　　　36 000

　　贷：预付账款——预付分包单位款——预付备料款　　　　　　　　36 000

③ 10 月份应抵扣的预收备料款时

借：应付账款——应付工程款　　　　　　　　　　　　　　　　　396 000

　　贷：预付账款——预付分包单位款——预付备料款　　　　　　　　396 000

第四节　其他应收款及内部往来的核算

一、其他应收款的核算

（一）其他应收款内容

其他应收款是指除应收票据、应收账款和预付账款以外，企业应收、暂付其他单位和个人的各种款项。其他应收款需要计提坏账准备。其他应收款具体包括如下内容。

（1）预付给企业各内部单位或个人的备用金。

（2）应收保险公司或其他单位和个人的各种赔款。

（3）应收的各种罚款。

（4）应收出租包装物的租金。

（5）存出的保证金。

（6）应向职工收取的各种垫付款项。

（7）应收、暂付上级单位或所属单位的款项。

（8）其他不属于上述各项的其他应收款项。

（二）其他应收款的核算

企业在核算其他应收款项时，应设置"其他应收款"账户，用以核算企业除应收票据、应收账款、预付账款以外的其他各项应收、暂付款项。借方反映企业发生的各项其他应收款，贷方反映企业收到和结转的其他应收款。借方余额反映企业应收而未收的各项其他应收款。

【例 4-11】 企业由于管理不善造成材料资金短缺2 000元，经查明应由过失人赔偿。发现短缺时会计分录如下。

借：其他应收款——过失人　　　　　　　　　　　　　　　　　　　　2 000
　　贷：待处理财产损益——待处理流动资产损溢　　　　　　　　　　　　　2 000

收到赔款时会计分录如下。

借：库存现金　　　　　　　　　　　　　　　　　　　　　　　　　　　2 000
　　贷：其他应收款——过失人　　　　　　　　　　　　　　　　　　　　2 000

二、内部往来的核算

（一）内部往来的概念

施工企业由于工程地点分散、经常流动等特点，企业本部与所属单位之间、所属单位之间经常会发生各种资金往来结算，如材料调转、提供劳务等。同时，由于结算时间的差异和难以实现"零"结算等原因，企业与内部所属单位往往会相互占用部分资金，这部分资金就构成企业的内部往来款项。

内部往来是指企业与内部所属各个独立核算的单位之间，或各内部独立核算单位彼此之间，由于工程价款结算、产品、作业和材料销售、提供劳务等作业所发生的各种应收、应付、暂付、暂收的往来款项。

（二）内部往来的核算

为了核算施工企业内部独立核算单位发生的各种往来款项，应设置"内部往来"账户，该账户属于双重性质的账户。借方登记内部独立核算单位发生的各种应收、暂付往来款项及其各种应付转销的款项；贷方登记内部独立核算单位发生的各种应付、暂收往来款项应收转销款项；借方余额为应收内部单位的款项，贷方余额为应付内部单位的款项。

"内部往来"账户，应按企业与内部独立核算单位的往来户名设置明细账户，进行明细分类核算。

为了确保各往来单位之间往来款项记录相一致，施工企业应使用"内部往来记账通知单"，由经济业务发生单位填制，送交对方及时记账，并由对方核对后，及时将副联退回。

每月终了，由规定的一方根据明细账记录抄列内部往来清单，送交对方核对账目；对方应及时核对并将一份清单签回发出单位。如有未达账项或由于差错等原因不能核对相符的，应在签回的清单上详细注明。发出单位对于对方指出的差错项目应及时查明并做出调整分录。

企业与内部独立核算单位之间有关生产资金的上交下拨业务，不在"内部往来"账户中核算，而分别在"上级拨入资金"和"拨付所属资金"账户中核算。企业拨给非独立核算的内部单位的周转资金，应在"备用金"科目核算。

1. 企业与所属单位之间的往来核算

【例 4-12】 建宏工程有限公司运输队（内部独立核算单位）为公司总部承担日常运输服务，发生运输费用10 000元。

（1）公司运输队应做会计分录

借：内部往来——公司总部 10 000

  贷：其他业务收入 10 000

（2）公司总部应做会计分录

借：管理费用——运输费 10 000

  贷：内部往来——公司运输队 10 000

2. 企业内部独立核算单位之间的往来核算

企业内部独立核算单位之间的往来核算，可以通过企业（公司）集中核算，也可由各内部单位直接结算，现将两种核算方法分别介绍如下。

第一种：公司集中结算。

【例 4-13】 海达工程有限公司的机械装备公司（内部独立核算）为第六工程公司（内部独立核算）的甲工程提供机械作业劳务，根据机械装备公司填制"内部转账通知书"，结算甲工程机械使用费 9 800 元。

公司各方应做会计分录如下。

（1）机械化公司应做会计分录

借：内部往来——公司总部 9 800

  贷：其他业务收入 9 800

（2）公司总部应做会计分录

借：内部往来——第六工程公司 9 800

  贷：内部往来——机械装备公司 9 800

（3）第六工程公司应做会计分录

借：工程施工——合同成本——甲工程 9 800

  贷：内部往来——公司总部 9 800

采用此种核算方法经常或定期与所属单位核对账目，可以掌握所属内部单位之间的结算情况，发现有未达账项或记账差错应及时进行调整。

第二种：单位间直接结算，月末再由企业组织各单位对账后，转入企业往来账。

【例 4-14】 仍以上例为例，假定机械装备公司直接向第六工程公司办理结算。各方应作会计分录如下。

（1）机械装备公司应做会计分录

借：内部往来——第六工程公司 9 800

  贷：其他业务收入 9 800

（2）第六工程公司应做会计分录

借：工程施工——合同成本——甲工程 9 800

  贷：内部往来——机械装备公司 9 800

月末，公司总部财务组织内部独立核算单位集中对账，各方将相互结算款项核对无误后，根据各单位内部往来账的余额汇总编制"内部转账凭证汇总表"，各方据以转账。

月末根据编制的"内部往来转账凭证汇总表"，各方应做会计分录如下。

（1）机械装备公司应做会计分录

借：内部往来——公司财务部 9 800

  贷：内部往来——第六工程公司 9 800

（2）第六工程公司应做会计分录

借：内部往来——机械装备公司　　　　　　　　　　　　9 800

　　贷：内部往来——公司财务部　　　　　　　　　　　　　　9 800

（3）公司总部应做会计分录

借：内部往来——第六工程公司　　　　　　　　　　　　9 800

　　贷：内部往来——机械装备公司　　　　　　　　　　　　　9 800

以上转账处理后，各单位独立核算单位间的结算关系转变为各单位与总公司间的结算关系。

::::::::::::::::::::: 复习思考题 :::::::::::::::::::::

4-1　思考题

1. 应收票据概念及特点是什么？

2. 应收账款和坏账及其坏账损失的关系是什么？确认坏账损失的条件是什么？

3. 什么是票据贴现？如何计算票据贴现的贴现利息及贴现收入？

4. 预付备料款额度如何确定？预付的备料款开始扣回时间如何确定？

5. 内部往来概念及特点是什么？

4-2　核算题

1. 目的：练习应收账款的核算。

（1）资料

① 某施工企业于2016年8月1日销售预制构件一批给甲企业，价款50 000元，税率17%，合同规定的付款条件为2/10、1/20、n/30。

② 8月12日销售预制构件一批给乙企业，价款30 000元，税率17%，合同规定的付款条件为1/10、n/20。

③ 8月15日分别收到甲、乙企业支付的购货款，存入银行。

（2）要求

① 计算甲、乙企业应支付的购货款数额。

② 为上列应收账款业务做会计分录。

2. 目的：练习坏账准备的核算。

（1）资料

某施工企业对坏账损失采用备抵法进行核算，并按年末应收账款余额的1%计提坏账准备，自2014年始发生下列有关会计业务。

① 该企业2014年12月31日应收账款余额为540 000元，计提坏账准备。

② 2015年6月30日，注销一笔应收账款，冲销坏账准备3 000元。

③ 2015年12月31日，应收账款余额为600 000元，计提坏账准备。

④ 2016年5月6日，收回上年已冲销的3 000元应收账款。

⑤ 2016年12月31日，应收账款余额为800 000元，计提坏账准备。

（2）要求

为上列坏账损失业务做会计分录。

3. 目的：练习商业汇票的核算。

（1）资料

闽南工程建设公司有关应收票据的业务如下。

① 3月6日在与甲方的工程结算中收到为期150天、月利率5‰的商业承兑汇票60 000元。

② 该企业于6月4日持汇票向开户行申请贴现，月贴现率为9‰。

③ 8月3日，汇票到期，因甲方无力承兑，开户行将前贴现的商业承兑汇票退回该企业，并收回已贴现的款项，由企业直接与付款人协商解决。

（2）要求

① 计算应收票据的到期值、贴现利息和贴现收入。

② 为上列有关商业汇票业务做会计分录。

4. 目的：练习预付账款的核算。

（1）资料

某工程建设公司发包某一建筑工程，合同中确定年度计划工作量为5 000 000元，主要材料占建安工作量的75%，材料储备期为160天，按季度结算。

① 1月5日，预付给甲施工单位工程款750 000元。

② 1月10日，按有关规定支付预付备料款。

③ 3月31日，甲公司提交第一季度的工程结算账单，工程价款为1 500 000元，办理结算。

④ 4月5日，预付给甲施工单位工程款550 000元。

⑤ 6月30日，甲公司提交第二季度的工程结算账单，工程价款为1 400 000元，办理结算。

⑥ 9月30日，甲公司提交第三季度的工程结算账单，工程价款为1 200 000元，办理结算。

⑦ 12月30日，甲公司提交第四季度的工程结算账单，工程价款为900 000元，办理结算。

（2）要求

① 计算预付备料款数额、预付备料款额度、预付备料款起扣点；确定合理的预付备料款及如何扣回预付备料款。

② 为上述业务做会计分录。

5. 目的：练习内部往来的核算。

（1）资料

某工程建设公司本期内部往来业务如下。

① 公司委托内部独立核算的运输队为公司运输取暖用煤，发生运输费用3 000元，运输队填制"内部往来记账通知单"两联，一联自留，一联交给公司。

② 公司内部独立核算的材料供应站将一批木材销售给第一分公司，价款10万元，通过公司集中结算。材料供应站填制"内部往来记账通知单"三联，一联自留，其余两联送财务部：一联留公司，一联交给第一分公司。

③ 公司内部独立核算的机械站出租挖土机一台给第二分公司，应收台班费6 000元，由双方直接办理结算，月终由公司组织集中对账，进行结算。机械站填制"内部往来记账通知单"两联，一联自留，一联交给第二分公司。

（2）要求

为内部往来单位的各方做会计分录。

第五章 存货的核算

【本章学习目标】

了解存货的性质、内容及计价。

熟悉施工企业存货的概念、分类；材料的收发程序；周转材料的概念、分类和摊销方法；低值易耗品的概念、分类和摊销方法。

掌握施工企业原材料、周转材料、低值易耗品的核算。

第一节 存货概述

一、存货的概念及分类

存货是指施工企业在经营过程中为耗用而储存的各种材料，包括原材料、周转材料、低值易耗品、设备、完工未计价结算项目、未完工未计价项目等。企业的存货内容、品种繁多，各自的用途、特点也不尽相同，为了做好存货的核算工作，加强存货的管理，正确计算工程成本，施工企业必须对存货进行科学分类，按经济内容不同，可分为以下几类。

（一）原材料

（1）主要材料，是指用于工程或产品，并构成工程或产品实体的各种材料，包括：黑色金属材料、有色金属材料、木材、硅酸盐材料（水泥、砖、瓦、灰、矿石等）、小五金材料、电器材料和化工材料等。

（2）结构件，是指经过吊装、拼砌和安装而构成房屋、建筑物实体的，各种金属的、钢筋混凝土的和木制的结构件，如钢门、钢窗、各类预制结构等。

（3）机械配件，是指施工机械、生产设备、运输设备等各种机械设备替换、维修使用的各种零件和配件，以及为机械设备准备的备品备件，如轴承、活塞等。

（4）其他材料，是指不构成工程或产品实体，但有助于工程或产品形成，或便于施工生产进行的各种材料，如小五金、防护用品、电料、杂品、燃料、油料等。

（二）周转材料

周转材料，是指企业在施工生产过程中能多次使用，并可基本保持原来的形态而逐渐转移其价值的材料，如模板、挡土板、脚手架、安全网等。

（三）低值易耗品

低值易耗品，是指单项价值在规定金额之内或使用期限低于规定时间，能多次使用且基本上保持其原有实物形态的物品。如生产工具、劳保用品、管理用具和试验用的玻璃器皿等。

（四）设备

设备是指企业购入的作为劳动对象、构成建筑产品的各类设备。如企业建造房屋所购入的组成房屋建筑的通风、供水、供电、卫生、电梯等。

（五）完工未计价结算项目

完工未计价结算项目是指企业已经完成预算定额规定的分部分项工程的全部工序并验收合格，可以按照合同规定的条件移交建设单位或发包单位，但尚未计价结算的工程成本。

（六）未完工未计价项目

未完工未计价项目（在建项目），是指企业正在进行建造活动中已经完成预算定额的部分工序而发生的，但未全部完成，建设单位或者发包单位尚未进行验收、未计价结算的工程成本。

二、存货的确认

施工企业存货必须同时满足以下两个条件才能确认。

1. 该存货有关的经济利益很可能流入企业

对存货的确认，关键是要判断是否可能给企业带来经济利益，或其所包含的经济利益是否可能流入企业。拥有存货的所有权是存货的经济利益很可能流入企业的一个重要标志。

2. 存货的成本能够可靠的计量

成本能够可靠的计量是资产确认的一个基本条件，存货作为企业资产，必须对其成本能够进行可靠的计量。如果成本不能可靠的计量，则不能确认其为存货。

三、存货的初始计量

《企业会计准则》中规定："各种存货应按取得时的实际成本记账。"施工企业的存货成本包括采购成本、加工成本和其他成本。企业取得存货主要是通过外购、自制及其他方式取得的。

1. 外购存货

企业从国内市场购入存货的采购成本，包括购买价款、相关税费、运输费、装卸费、保险费以及其他可归属于存货采购成本的费用等。

① 买价。包括材料的原价和供销部门的手续费及税费。

② 运杂费。包括运到工地仓库（施工现场堆存材料的地点）以前所发生的包装、运输、保险、装卸、搬运、仓储、整理、验收和合理运输损耗等费用。

③ 采购保管费。指企业的材料供应部门和仓库在组织材料采购、验收、保管和收发存过程中所发生的各种费用以及保管过程中发生的全部损耗，包括采购、保管人员的工资，工资附加费、办公费、差旅交通费、检验试验费、材料整理及零星运费、材料物资盘亏及毁损等。

以上第一项支出应直接计入各种存货的采购成本；第二项支出能分清的可以直接计入有关存货的采购成本，不能分清的应按存货的业务量或头价比例，分别计入有关存货的采购成本；第三项支出通过"材料采购——采购保管费"账户归集后，月终分配计入各种存货的采购成本。

【例 5-1】 华安建筑安装公司购入钢材一批，取得了增值税专用发票注明的价款为

1 000 000元，增值税额170 000元，另发生运输费20 000元，保险费3 000元。

该批钢材的入账成本＝1 000 000＋20 000＋3 000＝1 023 000（元）

2. 加工取得的存货

企业通过进一步加工而取得的存货成本由直接材料费、直接人工费和其他制造费用等成本构成。

【例5-2】 华安建筑安装公司投入外购钢筋、水泥等原材料80 000元加工结构件，工人工资费用为22 000元，发生的其他制造费用为8 000元。

结构件的完工入账成本＝80 000＋22 000＋8 000＝110 000（元）

3. 建设单位供应材料存货（甲供料）

① 甲供料主要有钢材、木材、水泥和特殊材料，甲供料的计价一般不论实际采购成本是多少，一律按材料预算价格计价，或双方合同约定价格计价。

② 材料预算价格包括按规定取费率计算的采购管理费与工地保管费两种费用，若建设单位委托施工企业采购，可向建设单位收取采购保管费；若建设单位自行采购，供应施工企业可向建设单位收取工地保管费。

③ 甲供钢材一般应要求建设单位供应定尺材，如果供应的是非定尺材，则应测定提取超理论重量，如果超出国家规定的理论重量，则应办理甲供钢材补偿核定单进行补偿。

在实务中，甲供大多数钢材和专用设备比较常见。

4. 其他方式取得的存货

（1）投资者投入存货的入账成本，应当按照投资合同或协议约定的价值确定，但合同或协议约定价值不公允的除外；约定价值不公允时，投资者投入的存货应当按照公允价值入账。

（2）盘盈的存货，应按其重置成本作为入账价值，并通过"待处理财产损益"科目进行账务处理，经批准后冲减当期管理费用。

（3）企业内部材料供应部门调拨存货。企业内部存货供应部门或各项目之间调拨材料存货的计价按企业存货处发布的存货信息价计价入账。

（4）委托外单位加工的存货入账成本，应按耗用存货的实际成本、支付的加工费用和加工存货发生的往返运杂费入账。

（5）废旧材料及修复报废物品。回收的废旧材料及修复报废物品应当在不影响工程质量的前提下，予以充分利用，可按新旧程度重置市场价格估价，修复报废物品的计价应包括报废时的残值和加工修理的费用。

四、存货发出的计价方法

根据《企业会计准则第1号——存货》第14条规定，存货发出的计价方法主要有先进先出法、加权平均法、移动加权平均法和个别计价法确定发出存货的实际成本。

（1）先进先出法

先进先出法是假定先收到的存货先发出，按进货先后顺序和各批单价，随时计算发出和结存余额的一种计算方式。采用这种方法，先购入的存货成本在后购入的存货成本之前转出，据此确定发出存货和期末存货的成本。

【例5-3】 华安建设工程公司本月甲材料的购入和发出情况如表5-1甲材料明细账所示。采用先进先出法确定发出甲材料的价值如下。

12 日发出材料金额＝500×10＋800×8＋200×9＝13 200（元）

28 日发出材料金额＝1 400×9＋1 100×11＝24 700（元）

月末结存材料金额＝1 900×11＝20 900（元）

表 5-1　甲材料明细账

日期	摘要	收入			发出			结存		
		数量/kg	单价/元	金额/元	数量/kg	单价/元	金额/元	数量/kg	单价/元	金额/元
1	月初余额							500	10.00	5 000
3	第一批购入	800	8.00	6 400				1 300		
10	第二批购入	1 600	9.00	14 400				2 900		
12	领用				1 500			1 400		
20	第三批购入	3 000	11.00	33 000				4 400		
28	领用				2 500			1 800		
	合计	5 400		53 800				1 800		

在先进先出法下，材料是根据最近期的进货成本计价的，因此期末存货结存成本比较接近实际。但是在收发业务频繁，价格变动大的情况下，会加大会计核算工作量。另外由于按这种方式计算的出库实际成本是前期成本，在物价上涨的条件下，会使利润虚增，在物价下降的条件下，会使利润虚减。

（2）加权平均法

加权平均法又称月末一次加权平均法，是根据每种存货的加权平均单价计算发出存货实际成本的一种计算方法。采用加权平均法，日常收到的存货按数量、单价和金额登记，发出存货时只登数量，不登单价和金额，期末时按加权平均单价一次计算，其计算公式是：

$$加权平均单价＝\frac{期初结存金额＋本期收入金额}{期初结存数量＋本期收入数量}$$

发出材料的实际成本＝发出材料实际数量×加权平均单价

【例 5-4】　沿用上例资料，见表 5-1。

采用加权平均法确定发出甲材料的价值为：

$$甲材料的加权平均单价＝\frac{5\ 000＋53\ 800}{500＋5\ 400}＝9.97(元)$$

本月发出甲材料的价值＝4 000×9.97＝39 880(元)

采用这种计价方式，简化了核算手续，但月末一次计算发出材料的成本，给材料的日常管理带来不便，还无法掌握平时材料的结存金额。

（3）移动加权平均法

移动加权平均法是指每次收到材料就重新计算一次加权平均单价，发出材料时就按此单价确定其发出成本的一种方法。其计算公式如下：

$$加权平均单价＝\frac{本次收入前结存金额＋本次收入金额}{本次收入前结存数量＋本次收入数量}$$

发出材料的实际成本＝发出材料实际数量×本次移动加权平均单价

【例 5-5】　沿用上例资料，见表 5-1。

采用移动加权平均法，先计算移动加权平均单价，再计算发出甲材料的价值为：

$$3日的加权平均单价 = \frac{5\,000 + 6\,400}{500 + 800} = 8.77（元）$$

$$10日的加权平均单价 = \frac{11\,400 + 14\,400}{1\,300 + 1\,600} = 8.90（元）$$

$$12日发出材料金额 = 1\,500 \times 8.9 = 13\,350（元）$$

$$12日结存材料金额 = 5\,000 + 6\,400 + 14\,400 - 13\,350 = 12\,450（元）$$

$$20日的加权平均单价 = \frac{12\,450 + 33\,000}{1\,400 + 3\,000} = 10.33（元）$$

$$28日发出材料金额 = 2\,500 \times 10.33 = 25\,825（元）$$

采用这种计价方式，弥补了期末一次加权平均法的缺点，据此计算的发出存货和结存存货的成本比较合理，有利于加强存货的日常管理和控制，但缺点是会计核算工作量增大。

（4）个别计价法

个别计价法是以某批存货购入时的实际单价作为该批存货发出的单位成本的一种计价方法，采用这种方法在存货明细账上，必须按收进存货的批次详细记录数量、单价、金额。每批存货也必须有一定编号，以便分批计算发出存货的成本。这种方法能真正反映所领用存货的实际成本，但在发出次数、数量较多时，不易分清批次，核算工作量太大。

施工企业应当根据各类存货的实物流转方式、企业管理要求、存货的性质等实际情况，合理选择发出存货的计价方法，一经确定，不要随意变更。在实务中，施工企业大都采用个别计价法核算存货成本。

第二节 原材料的核算

一、材料的收发程序

（一）外购材料的程序

从外部购买材料，是施工企业取得材料的主要来源。为了保证施工任务的顺利完成和节约使用资金，施工企业应该正确及时地编制材料采购供应计划。材料采购供应计划是根据施工计划、材料的消耗定额和储备定额，并结合库存情况制定的，是施工企业采购材料的依据。材料采购计划一般包括采购材料的名称、数量、单价、金额等内容。

施工企业购入材料，必须严格办理材料采购和收入的凭证手续，这是组织材料采购核算的前提。购入材料一般要取得货款结算和材料验收入库两方面的凭证，包括银行结算凭证、供应单位的发票账单、运输单位的运单或供应单位的提货单以及收料单等。

（二）发出材料的程序

施工现场或内部其他单位领用材料时，必须严格办理领料手续，按规定填制领料凭证。施工企业使用的领料凭证包括领料单、定额领料单、大堆材料耗用计算单、集中配料耗用计算单和领料登记簿等。

领料单是一种一次性使用有效的领料凭证。一般应填制三联：一联由领料单位留存备查；一联由发料仓库留存，作为登记材料明细账的依据；一联送交财会部门，作为登记材料总账和月末编制发料凭证汇总表的依据。

定额领料单又称限额领料单，它是一种多次使用有效的累计领料凭证，在有效期和定额范围内，可以连续向仓库领料，如施工任务单就是多次使用的累计领料单，它适用于有规定材料消耗定额的材料，月初工长根据月度施工作业计划工程量和材料消耗定额计算完成该任务所需要各种材料的定额耗用量。定额领料单一般一式两联：一联由领料单位作为领料的依据；一联交仓库作为发料的凭证。月末或工程竣工时，仓库保管员将领料单位保存的一联收回，计算累计领料数量和金额，送交财会部门作为核算发出材料的依据。

大堆材料耗用计算单是一种特殊形式的耗料凭证。它主要适用于用料时既不易点清数量又难以分清收益对象的大堆材料，如施工现场露天堆放的砖、瓦、灰、砂、石等。

集中配料耗用计算单是一种一单多料、一次使用的领发料凭证。它主要适用于虽能点清数量但系集中配料或统一下料的材料，如玻璃、油漆、木材等。

领料登记簿是一种一单一料、多次使用有效的累计领发料凭证。它主要适用于领发次数很多、数量零星、价值较低的消耗性材料，如铁钉、螺丝、螺帽、垫圈等。

二、原材料的核算方法

（一）科目设置

原材料是指施工企业库存的各种材料，包括库存主要材料、结构件、机械配件和其他材料。

施工企业设置"原材料"科目，按照主要材料、结构件、机械配件、其他材料等设置二级明细科目。

"原材料"科目借方核算企业增加原材料的实际成本；贷方核算领用减少的原材料实际成本，期末余额在借方，反映企业库存原材料的实际成本。

（二）原材料的取得

1. 付款同时收料

【例 5-6】 华安建筑公司从本地购入 A 材料一批，由供应单位秦安公司送货上门。专用发票注明价格10 000元，增值税率为17%，全部价税款项用商业承兑汇票付讫。账务处理如下。

购入材料时，做如下分录。

借：原材料   10 000

  应交税费——应交增值税（进项税额） 1 700

  贷：应付票据   11 700

2. 材料先到，货款未付

【例 5-7】 华安建筑公司收到供应单位发来的 D 材料一批，实际成本20 000元。因发票账单等结算凭证未到，月末暂估入账，次月初用红字冲销。账务处理如下。

（1）月末账单未到，按暂估价入账

借：原材料——D   20 000

  贷：应付账款   20 000

（2）次月初用红字冲销

借：原材料——D   20 000

  贷：应付账款   20 000

待收到该批材料的结算凭证及增值税专用发票时再按票面金额入账。

3. 材料入库，货款未付

【例 5-8】 华安建筑公司从沪杭公司购入 E 材料一批，专用发票注明价格30 000元，增值税率为17%。材料已验收入库，货款尚未支付。账务处理如下。

借：原材料   30 000

　　应交税费——应交增值税（进项税额）   5 100

　　贷：应付账款   35 100

（三）原材料的发出

日常业务中领料凭证较多，一般采用编制发料凭证汇总表的方法，月末一次登记总账。

1. 材料发出的原始凭证

（1）施工任务单是多次使用的累计领料单，它适用于有规定材料消耗定额的材料，月初工长根据月度施工作业计划工程量和材料消耗定额计算完成该任务所需要各种材料的定额耗用量。

（2）材料领用单是一种一次性的领料凭证。

（3）大堆材料耗用单，主要用于计算施工现场堆放的砂、石、灰等材料耗用数量的凭证。由于这些材料领用次数较多，领用时无法点清数量，同一堆材料经常有几个对象共同耗用，无法确定各自的耗用量，一般采用算两头扎中间的方法，确定各使用对象的实际耗用量。

计算公式：

某成本核算对象本期实耗量＝该成本核算对象的定额耗用量×本月材料实际耗用占本月材料定额耗用量

（4）材料报耗表是指月末材料员根据施工任务完成单、实际发料记录、材料领用单、大堆材料耗用计算单，编制材料耗用表。

2. 发出材料的核算

【例 5-9】 华安建筑公司月初结存主要材料的成本31 500元。本月甲工程领用主要材料的成本100 000元。账务处理如下。

甲工程领用主要材料时，做会计分录如下。

借：工程施工——合同成本——材料费——甲工程   100 000

　　贷：原材料——主要材料   100 000

三、委托加工物资的核算

（一）科目设置

委托加工物资是指企业由于材料供应、工艺设备条件的限制等原因，将一些材料物资委托外单位加工改制成满足企业需要的材料物资。为了反映施工企业委托外单位加工的各种材料物资的实际成本及委托加工物资收发结存情况，企业应设置"委托加工物资"科目。

"委托加工物资"借方反映发送外单位加工的材料物资的实际成本，发生的加工费及往返运杂费；贷方反映加工完成并已验收入库的材料物资的实际成本和退回材料物资的实际成本；期末借方余额反映委托加工但尚未完成或尚未验收入库的材料物资的实际成本以及发生的运杂费及加工费。

（二）委托加工物资的核算

1. 发出委托加工物资及支付相关费用

发出给外单位加工的物资，按实际成本，借记"委托加工物资"科目，贷记"原材料"等科目。

支付给外单位加工费、运费等，借记"委托加工物资"科目，贷记"银行存款"等科目。委托外单位加工的物资，由受托方代收代缴的增值税等税费，借记"委托加工物资"科目（收回后用于直接销售），或"应交税费——应交增值税"科目（收回后用于继续加工），贷记"应付账款"等科目。

2. 收回委托加工物资

加工完成验收入库的原材料等实际成本，借记"原材料"科目，贷记"委托加工物资"科目。受托单位退回的剩余材料，验收入库时，按其实际成本，借记"原材料"科目，贷记"委托加工物资"科目。

第三节　周转材料及低值易耗品的核算

一、周转材料及周转材料的科目设置

（一）周转材料的概念和分类

周转材料是指在施工生产过程中能多次反复周转使用，并基本保持其物质形态或经过整理便可以保持或恢复实物形态，不能确认为固定资产的材料。如模板、挡土板、脚手架、安全网等。施工企业的周转材料大多是用主要材料加工制成的或是直接从外部购入的。周转材料就其在施工生产中所起的作用来说，具有劳动资料的性质。但周转材料的使用期限较短，价值较低，领用频繁，一般作为流动资产进行管理和核算。

周转材料按用途不同可以分为以下几类。

（1）模板。模板指浇灌混凝土用的木模、组合钢模等，包括配合模板使用的支撑材料、滑模材料和扣件。

（2）挡板。挡板指土方工程用的挡土板等，包括支撑材料在内。

（3）架料。架料指搭脚手架用的竹杆、木杆、钢管（包括扣件）、竹木跳板等。

（4）其他。其他如塔吊使用的轻轨、枕木等，但不包括附属于塔吊的钢轨。

（二）周转材料的摊销方法

周转材料在工程施工过程中可以多次反复使用，因此，可以根据周转材料价值的多少、耐磨程度、使用期限长短等因素按照一定的方法分次摊销计入工程成本中。

周转材料的摊销可以采用以下几种方法。

（1）一次摊销法

一次摊销法指在领用周转材料时将其价值一次计入工程成本或有关费用的方法。一次摊销法适用于易腐易糟，或价值较低、不宜反复周转使用的周转材料，如安全网等。

（2）分期摊销法

分期摊销法是根据周转材料原值、预计残值和预计使用期限计算每期摊销额的一种方

法，也称"直线法"。计算公式如下：

$$周转材料每月摊销额 = \frac{周转材料原值 \times (1 - 残值率)}{预计使用月数}$$

这种方法适用于脚手架、跳板、塔吊轻轨、枕木等周转材料。

【例5-10】 某工程本期使用脚手架的原值为8 000元，预计使用10个月，报废时预计残值率为10%。每月摊销额为：

$$每月摊销额 = \frac{8\ 000 \times (1 - 10\%)}{10} = 720（元）$$

（3）分次摊销法

分次摊销法是根据周转材料原值、预计残值和预计使用次数，计算每次摊销额的一种方法。计算公式如下：

$$周转材料每月一次的摊销额 = \frac{周转材料原值 \times (1 - 残值率)}{预计使用次数}$$

$$本期摊销额 = 本期使用次数 \times 每次摊销额$$

这种方法适用于预制钢筋混凝土构件时所使用的定型模板、模板、挡板等周转材料。

【例5-11】 定型模板原价为800元，报废后预计残值率为10%，预计能使用10次。本期使用6次。

$$每次摊销额 = \frac{800 \times (1 - 10\%)}{10} = 72（元）$$

$$本期摊销额 = 72 \times 6 = 432（元）$$

分录如下。

借：工程施工——合同成本　　　　　　　　　　　　　　　　　　　　432

　　贷：周转材料——周转材料摊销　　　　　　　　　　　　　　　　432

（4）定额摊销法

定额摊销法是根据实际完成的实物工程量和预算定额规定的周转材料消耗定额计算本期摊销额的一种方法。其计算公式如下：

$$周转材料本期摊销额 = 本期完成的实物工程量 \times 周转材料消耗定额$$

这种方法通常适用于各种模板等周转材料。

【例5-12】 某工程项目本期完成混凝土85m³，预算定额规定每1m³消耗木模板价值20元，则本期摊销额为：

$$木模板价值本期摊销额 = 85 \times 20 = 1\ 700（元）$$

分录如下。

借：工程施工——合同成本　　　　　　　　　　　　　　　　　　　1 700

　　贷：周转材料——周转材料摊销　　　　　　　　　　　　　　　1 700

周转材料的摊销方法，施工企业根据具体情况确定，一经确定，一般不得随意变更。

（三）周转材料的科目设置及核算

1. 周转材料核算的科目设置

为了核算和监督周转材料的购入、领用、摊销和结存情况，企业可以设置"周转材料"科目。周转材料科目下设"在库周转材料""在用周转材料""周转材料摊销"三个明细科目。采用一次摊销法的，可以不设置以上三个明细科目。

购入、自制、委托外单位加工完成并已验收入库的周转材料、施工企业接受的债务人以非现金资产抵偿债务方式取得的周转材料、非货币性交易取得的周转材料等，以及周转材料的清查盘点的核算方法和计价方法，均与原材料相同。

2. 周转材料摊销时的账务处理

采用一次摊销法，领用时，将其全部价值计入有关的成本、费用，借记"工程施工"等科目，贷记"周转材料——周转材料摊销"。

采用分期、分次及五五摊销法，领用时，按其全部价值，借记"周转材料——在用周转材料"，贷记"周转材料——在库周转材料"；摊销时，按摊销额，借记"工程施工"等科目，贷记"周转材料——周转材料摊销"；退库时，按其全部价值，借记"周转材料——在库周转材料"，贷记"周转材料——在用周转材料"。

3. 周转材料报废账务处理

（1）采用一次转销法的，将报废周转材料的残料价值作为当月周转材料转销额的减少，冲减有关成本、费用，借记"原材料"等科目，贷记"工程施工——合同成本"等科目。

（2）采用其他摊销法的，将补提摊销额，借记"工程施工"等科目，贷记"周转材料——周转材料摊销"；将报废周转材料的残料价值作为当月周转材料摊销额的减少，冲减有关成本、费用，借记"原材料"等科目，贷记"工程施工——合同成本"红字等有关科目，同时，将已提摊销额，借记"周转材料——周转材料摊销"，贷记"周转材料——在用周转材料"。

4. 周转材料管理

在用周转材料，以及使用部门退回仓库的周转材料，应当加强实物管理，并在备查簿上进行登记。"周转材料"期末借方余额，反映施工企业在库周转材料的实际成本，以及在用周转材料的摊余价值。

【例5-13】某工程项目本月领用分次摊销的钢模板实际成本40 000元，本月应摊销8 000元。另外本月报废上年度领用的模板一批，实际成本为60 000元，已摊销数为70%，其余30%应在本月摊销。残值率为6%。

（1）领用时按实际成本由在库转为在用。做如下分录。

借：周转材料——在用周转材料   40 000

 贷：周转材料——在库周转材料   40 000

（2）同时，摊销8 000元，做如下分录。

借：工程施工——合同成本   8 000

 贷：周转材料——周转材料摊销   8 000

（3）报废时将报废模板补提摊销，摊销额＝60 000×（1－6%）－60 000×70%＝14 400元，做如下分录。

借：工程施工——合同成本   14 400

 贷：周转材料——周转材料摊销   14 400

（4）将报废模板收回的残料文库，并转销报废模板的实际成本，做如下分录。

借：原材料   3 600

 周转材料——周转材料摊销   56 400

  贷：周转材料——在用周转材料   60 000

二、低值易耗品的核算

（一）低值易耗品的概念和内容

低值易耗品是指单项价值在规定金额之内或使用期限低于规定时间，能多次使用且基本上保持其原有实物形态的物品。低值易耗品具有劳动资料的某些特征，但由于其价值较低，容易损坏等特点，所以在核算中一般都是将其视作材料进行管理和核算。

施工企业的低值易耗品种类较多，根据其在施工生产中的作用来划分，一般分为四类。

（1）生产工具。生产工具指在施工生产过程中使用的各种生产工具，如铁锹、铁镐、手推车等。

（2）劳保用品。劳保用品指发给工人在施工生产中使用的各种劳动保护用品。

（3）管理用具。管理用具指在管理和服务工作中使用的价值较低而又易于损耗的各种家具和用具。

（4）试验用的玻璃器皿。

（二）低值易耗品的摊销

由于低值易耗品可以多次使用而不改变其原有的实物形态，有的在使用过程中需要进行维修，报废时也有一定的残值，这些特点都与固定资产相似，但其价值损耗不是采用计提折旧的方式进行补偿，而是以摊销的方式计入成本。容易破碎的可以在领用时一次摊销，其余都应在领用时转作在用低值易耗品，并按一定的方法，将其价值分期摊销。施工企业低值易耗品的摊销方法主要有以下几种。

（1）一次摊销法。价值较小的，可以在领用时一次计入成本、费用。玻璃器皿等易碎物品不论其价值大小，在领用时一次计入成本。

（2）分期摊销。价值较大的，可以根据耐用期限分期摊入成本费用。

（3）"五五"摊销法。"五五"摊销法是指在领用低值易耗品时，摊销其价值的50％，报废时再摊销50％（扣除残值）的一种方法。

低值易耗品的摊销方法，一般由企业主管部门或由企业根据具体情况自行规定，一经确定，不得随意变更。

（三）低值易耗品的科目设置及核算

为了核算和监督低值易耗品的采购、领用和摊销的情况，施工企业应设置"低值易耗品"账户。本账户下设"在库低值易耗品""在用低值易耗品"和"低值易耗品摊销"三个明细账户。

现举例说明"五五"摊销法摊销低值易耗品的核算。

【例5-14】假设行政管理部门领用工具一批，实际成本为3 000元，本月报废工具实际成本为600元，残料50元入库。

（1）领用时按实际成本由在库转为在用。做如下分录。

借：低值易耗品——在用低值易耗品　　　　　　　　　　　　　3 000

　　贷：低值易耗品——在库低值易耗品　　　　　　　　　　　　　3 000

（2）同时，按实际成本摊销50％，做如下分录。

借：管理费用　　　　　　　　　　　　　　　　　　　　　　1 500

　　贷：低值易耗品——低值易耗品摊销　　　　　　　　　　　　　1 500

（3）报废时将报废工具实际成本的50%扣除残料价值后摊销，做如下分录。

借：管理费用　　　　　　　　　　　　　　　　　　　250

　　贷：低值易耗品——低值易耗品摊销　　　　　　　　　250

（4）将报废工具收回的残料作为材料入库，并转销报废生产工具的实际成本，做如下分录。

借：原材料　　　　　　　　　　　　　　　　　　　　50

　　低值易耗品——低值易耗品摊销　　　　　　　　　550

　　贷：低值易耗品——在用低值易耗品　　　　　　　　600

第四节　存货的期末计价

一、存货的清查

（一）存货的清查

为了保证存货的完整，做到账实相符，施工企业必须建立存货清查盘点制度。存货按规定应当定期盘点，每年至少盘点一次，并在年末进行全面清查。

存货清查盘点人员发现存货账实不符时，要查明原因，分清责任，并填制"存货盘点盈亏报告单"，经清查领导小组审查、鉴定，提出处理意见后，按规定报有关部门审批。

存货盘点的盈亏，可以分为两大类。一类是经查明属于存货明细账卡记录的错误：如收发数量登记错误；金额计算错误；明细账卡加减计算错误；登记时搞错存货规格，造成一种规格多、一种规格少等。对这些差错，可由存货核算人员开列清单，注明原因，经会计部门复核后，按规定的改正错误的方法进行更正。另一类是真正的存货盘点盈亏，当然，也可能包括未经查明属于明细账卡登记的错误。对于真正的存货盘点盈亏，应于期末前查明原因，并根据企业的管理权限，经股东大会或董事会或经理（厂长）会议或类似机构批准后，在期末结账前处理完毕。

（二）存货清查的核算

1. 存货盘亏

发生盘亏的存货，应按其成本从有关存货科目的贷方转到"待处理财产损益——待处理流动资产损溢"科目的借方。待查明原因后，如果属于自然损耗产生的定额内损耗，计入当期管理费用；属于计量查错或管理不善等原因，将扣减过失人或保险公司等赔款和残料价值后的净损失计入当期管理费用；如果属于非正常损失，将扣减过失人或保险公司等赔款和残料价值后的净损失计入营业外支出。

2. 存货盘盈的核算

对于存货盘盈，在发生时，应按其成本记入相关存货科目的借方和"待处理财产损益——待处理流动资产损溢"科目的贷方。按规定报经批准后，将盘盈存货自"待处理财产损益——待处理流动资产损溢"科目转入"管理费用"科目的贷方，冲减管理费用。

二、存货的期末计价方法

《企业会计准则》规定存货应当在期末采用成本与可变现净值孰低计量，对可变现净值低于存货成本的差额，计提存货跌价准备。可变现净值是指在正常的生产经营过程中，存货的估计售价减去至完工时估计将要发生的成本、估计的销售费用以及相关税金后的金额。

企业应当在期末对存货进行全面清查，由于存货毁损、全部或部分陈旧过时或销售价格低于成本等原因，使存货成本高于可变现净值的，应当按可变现净值低于存货成本部分计提存货跌价准备，借记"资产减值损失"，贷记"存货跌价准备"，冲回或转销存货跌价损失，做相反会计分录，但是其冲减的跌价准备金额应以"存货跌价准备"科目入账的金额为限。

【例5-15】 华安建筑公司在2016年12月31日，企业存货的账面成本为300 000元，预计可变现净值为260 000元，企业首次计提存货跌价准备；若2017年3月31日，存货由于市场供需关系的变化，使得存货的预计可变现净值为290 000元；若2017年6月30日，存货的预计可变现净值为310 000元；根据上述资料，做会计分录如下。

（1）2016年12月31日

借：资产减值损失　　　　　　　　　　　　　　　　　　　　　　40 000

　　贷：存货跌价准备　　　　　　　　　　　　　　　　　　　　　　40 000

（2）2017年3月31日

应计提的存货跌价准备＝300 000－290 000＝10 000（元）

实际计提的存货跌价准备＝10 000－40 000＝－30 000（元）

借：存货跌价准备　　　　　　　　　　　　　　　　　　　　　　30 000

　　贷：资产减值损失　　　　　　　　　　　　　　　　　　　　　　30 000

（3）2017年6月30日

借：存货跌价准备　　　　　　　　　　　　　　　　　　　　　　10 000

　　贷：资产减值损失　　　　　　　　　　　　　　　　　　　　　　10 000

复习思考题

5-1　思考题

（1）存货通常有哪几种计价方法？

（2）周转材料有哪几种摊销方法？

（3）低值易耗品有哪几种摊销方法？

（4）材料盘点的方法有哪些？材料清查盘点的结果应怎样进行账务处理？

5-2　账务处理

1. 甲建筑公司原材料实际成本核算，有关资料及2016年6月发生的经济业务如下。

（1）甲建筑公司6月1日有关账户的期初余额如下

"原材料——主要材料——金属材料"	120 350
"原材料——主要材料——硅酸盐材料"	56 800
"应付账款——暂估应付款（贷方）"	30 600

（2）6月份发生下列有关的经济业务

① 1日，冲销上月末按每吨68元实际成本入账的石子450吨。

② 5日，银行转来A采石场托收凭证，并附发票，列明石子450吨，每吨60.6元，金额27 270元，运费和装卸费发票金额3 150元，经核查无误，当即承付。

③ 7 日，收到银行转来 B 钢铁厂的托收凭证，并附来增值税专用发票，列明 16cm 钢筋 24 吨，每吨 4 000元，金额96 000元，增值税额16 320元，运费和装卸费发票金额1 680元，经审核无误，当即承付。

④ 10 日，仓库转来收料单，B 钢铁厂发来 24 吨钢筋，已验收入库，钢筋每吨的实际成本为 4 790元，税率17%，予以转账。

⑤ 15 日，银行转来 C 水泥厂托收凭证，并附来发票，列明水泥 200 吨，每吨 308 元，金额61 600元，运费 3 000元，税率11%和装卸费发票金额890元，税率 6%，经审核无误，当即承付。

⑥ 17 日，仓库转来收料单，C 水泥厂发来的 200 吨水泥已验收入库，水泥每吨的实际成本为 335 元，税率17%，予以转账。

⑦ 30 日，商务楼工程领用金属材料68 000元，领用硅酸盐材料36 200元，商品房工程领用金属材料 48 600元，领用硅酸盐材料24 800元，予以转账。

根据上述材料编制会计分录。

2. 海顺建安企业原材料的核算。2016年 6 月初余额资料如表 5-2 所示。

表 5-2　余额资料

项目	借方	贷方
原材料	50 000	
材料采购	700	

4月份发生的业务如下。

① 9 日，用银行存款购入钢材一批，实际成本50 000元，税率17%，已验收入库。

② 12 日，用银行存款购入木材一批，实际成本32 000元，税率17%，尚未到厂。

③ 16 日，上月在途结构件 700 元，今日到达，并已验收入库。

④ 24 日，施工生产 A 工程领用钢材一批，实际成本65 000元。

根据上述资料编制会计分录。

3. 公司2016年 1 月领用分次摊销的钢模板一批，实际成本30 000元，本月应摊销8 000元。使用几个月后，报废模板一批，实际成本10 000元，估计残值1 000元作为其他材料已验收入库。另当月报废一批挡板实际成本28 000元，已摊销19 500元。该挡板的残值率为 6%，做会计分录。

4. 甲建筑公司2014年 2 月发生下列有关的经济业务。

① 20 日，仓库送来存货盘亏盘盈报告单显示：瓷水斗盘盈 5 只，单价 25 元；木材盘亏 1m³，单价 900 元，原因待查。

② 23 日，查明本月 20 日盘盈的瓷水斗系收发工作中的差错，经批准予以核销转账。

③ 25 日，查明本月 20 日盘亏的木材系保管员失职造成，经批准其中 75% 予以核销转账，其余责成保管员赔偿。

④ 30 日，仓库送来存货可变现净值低于成本报告单显示：14cm 钢筋成本单价4 850元，可变现净值 4 710元，结存数量 36 吨；18cm 钢筋成本单价4 810元，可变现净值4 685，结存数量 24 吨，下跌原因均系市价下跌。

⑤ 3 月 30 日，计提减值 14cm 钢筋的价值，每吨上涨至 4 855元；18cm 钢筋的价值，每吨上涨至 4 820元，结存数量不变，予以转账。根据以上资料编制会计分录。

第六章　长期股权投资的核算

【本章学习目标】

了解长期股权投资的概念及初始计量。

熟悉成本法和权益法的适用范围、后续计量。

掌握成本法和权益法的核算、转换和长期股权投资的处置。

第一节　长期股权投资的初始计量

一、长期股权投资的概念及投资范围

长期股权投资，是指投资方对被投资单位实施控制、重大影响的权益性投资，以及对其合营企业的权益性投资，包括股票投资和其他股权投资。

股票投资是指企业以购买股票的方式对其他企业所进行的投资。其他股权投资是指除股票投资以外具有股票权性质的投资，一般是企业直接将现金、实物或无形资产等投入其他企业而取得股权的一种投资。

投资企业作为被投资单位的股东，对被投资单位实施控制、共同控制或施加重大影响，按所持股份比例享有权益并承担责任。

施工企业长期股权投资在取得时，应按初始投资成本入账。长期股权投资的初始投资成本应分企业合并和非企业合并两种情况确定。

二、企业合并形成的长期股权投资的初始计量

企业合并形成的长期股权投资，初始投资成本的确定应区分企业合并的类型，分同一控制下企业合并与非同一控制下企业合并两种类型。

（一）同一控制下企业合并形成的长期股权投资

企业合并是指将两个或两个以上单独的企业合并形成一个报告主体的交易或事项。同一控制下的企业合并是指参与合并的企业在合并前后非暂时的均受同一方或相同的多方最终控制。控制，是指投资方拥有对被投资方的权力，通过参与被投资方的相关活动而享有可变回报，并且有能力运用对被投资方的权力影响其回报金额。同一控制下的企业合并分为三种：控股合并、吸收合并和新设合并，如图 6-1 所示。

长期股权投资属于控股合并中出现的投资。按支付方式不同分为两种方式。

第一，合并方以支付现金、转让非现金资产或承担债务方式作为合并对价的，应当在合并日按照被合并方所有者权益在最终控制方合并财务报表中的账面价值的份额作为长期股权投资的初始投资成本。长期股权投资的初始投资成本与支付的现金、转让的非现金资产及所

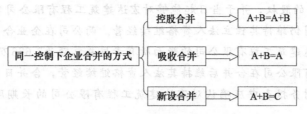

图 6-1　同一控制下企业合并

承担债务账面价值之间的差额，应当调整资本公积；资本公积的余额不足冲减的，调整留存收益。同一控制下的企业合并，在合并日取得对其他参与合并企业控制权的一方为合并方，参与合并的其他企业为被合并方。

会计处理如下。

借：长期股权投资（合并方在合并日按取得被合并方所有者权益账面价值的份额）

　　应收股利（应享有被投资单位已宣告但尚未发放的现金股利或利润）

　　贷：有关资产、负债（支付的合并对价的账面价值）

　　　　资本公积——资本溢价或股本溢价（倒挤）

资本公积——资本溢价或股本溢价不足冲减的，应冲减留存收益（盈余公积、利润分配——未分配利润）。

【例 6-1】　阳光建筑工程有限公司和普阳房地产有限公司同属光达集团公司的子公司。阳光建筑工程有限公司于 2016 年 3 月 1 日以货币资金 5 000 万元取得宏达房地产有限公司 60% 的股份。宏达房地产有限公司在 2016 年 3 月 1 日的所有者权益为 10 000 万元。

投资的初始投资成本为 10 000 的 60%，成本与货币资金 5 000 万元的差距 1 000 万元应确认为资本公积的增加，账务处理如下。

借：长期股权投资　　　　　　　　　　　　　　　　　　　　6 000

　　贷：银行存款　　　　　　　　　　　　　　　　　　　　　　5 000

　　　　资本公积　　　　　　　　　　　　　　　　　　　　　　1 000

第二，合并方以发行权益性证券作为合并对价的，应当在合并日按照被合并方所有者权益在最终控制方合并财务报表中的账面价值的份额作为长期股权投资的初始投资成本。按照发行股份的面值总额作为股本，长期股权投资初始投资成本与所发行权益性证券面值总额之间的差额，应当调整资本公积（资本溢价或股本溢价）；资本公积（资本溢价或股本溢价）不足冲减的，调整留存收益。

会计处理如下。

借：长期股权投资（合并日应按取得被合并方所有者权益账面价值的份额）

　　应收股利（应享有被投资单位已宣告但尚未发放的现金股利或利润）

　　贷：股本（发行权益性证券的面值）

　　　　资本公积——资本溢价或股本溢价（倒挤）

资本公积也可能在借方，当资本公积在借方时，冲减母公司的资本公积——资本溢价或股本溢价，资本公积——资本溢价或股本溢价不足冲减的，应冲减留存收益（盈余公积、利润分配——未分配利润）。

【例 6-2】　2016 年 6 月 30 日，阳光建筑工程有限公司向同一集团内宏达建筑工程有限公司的原股东定向增发 1 500 万股普通股（每股面值为 1 元，市价为 5.02 元），取得宏达建筑工程有限公司 100% 的股权，并于当日起能够对宏达建筑工程有限公司实施控制。合并后宏达建筑工程有限公司仍维持其独立法人资格继续经营。两公司在企业合并前采用的会计政策相同。合并日，宏达建筑工程有限公司的账面所有者权益总额为 3 626 万元。

宏达建筑工程有限公司在合并后维持其法人资格继续经营，合并日阳光建筑工程有限公司在其账簿及个别财务报表中应确认对宏达建筑工程有限公司的长期股权投资，账务处理如下。

借：长期股权投资   36 260 000

 贷：股本   15 000 000

  资本公积——股本溢价   21 260 000

（二）非同一控制下企业合并形成的长期股权投资

非同一控制下的企业合并是指参与合并各方在合并前后不受同一方或相同多方最终控制的合并交易，即除判断属于同一控制下企业合并情况以外其他的企业合并。

非同一控制下的控股合并中，购买方应当按照确定的企业合并成本作为长期股权投资的初始投资成本。企业合并成本包括购买方付出的资产、发生或承担的负债、发行的权益性工具或债务性工具的公允价值。购买方为企业合并发生的审计、法律服务、评估咨询等中介费用以及其他相关管理费用，应计入当期损益。

会计处理如下。

借：长期股权投资（在购买日按企业合并成本，不含应自被投资单位收取的现金股利或利润）

  应收股利（享有被投资单位已宣告但尚未发放的现金股利或利润）

  营业外支出（差额倒挤）

 贷：有关资产、负债（支付的合并对价的账面价值）

   银行存款（直接相关费用）

   营业外收入（差额倒挤）

非同一控制下企业合并涉及以库存商品等作为合并对价的，应按库存商品的公允价值，贷记"主营业务收入"科目，并同时结转相关的成本。

购买方以发行权益性证券作为合并对价的，应在购买日按照权益性证券的公允价值，作为长期股权投资的初始投资成本，按照发行的权益性证券的面值作为股本，差额计入资本公积科目。

【例 6-3】 阳光建筑工程有限公司于 2016 年 3 月 31 日取得宏达建筑工程有限公司 70% 的股权。合并中，阳光建筑工程有限公司支付的有关资产在购买日的账面价值与公允价值如表 6-1 所示。阳光建筑工程有限公司支付评估费用 200 万元。

表 6-1 购买日的账面价值与公允价值

项　目	账面价值	公允价值
土地使用权(自用)	6 400	9 800
专利技术	2 400	3 000
银行存款	2 400	2 400
合　计	10 800	15 200

假定合并前阳光建筑工程有限公司与宏达建筑工程有限公司不存在任何关联方关系，阳光建筑工程有限公司用作合并对价的土地使用权和专利技术原价为 9 800 万元，至企业合并发生时已累计摊销 1 000 万元。

本例中因阳光建筑工程有限公司与宏达建筑工程有限公司在合并前不存在任何关联方关系，应作为非同一控制下的企业合并处理。阳光建筑工程有限公司对于合并形成的对宏达建筑工程有限公司的长期股权投资，应按确定的企业合并成本作为其初始投资成本。阳光建筑工程有限公司应进行如下账务处理。

借：长期股权投资　　　　　　　　　　　　152 000 000
　　管理费用　　　　　　　　　　　　　　　2 000 000
　　累计摊销　　　　　　　　　　　　　　 10 000 000
　　贷：无形资产　　　　　　　　　　　　　　98 000 000
　　　　银行存款　　　　　　　　　　　　　　26 000 000
　　　　营业外收入　　　　　　　　　　　　　40 000 000

三、企业合并以外其他方式取得的长期股权投资

除企业合并形成的长期股权投资外，以其他方式取得的长期股权投资，取得时初始投资成本的确定应遵循以下规定。

（一）以支付现金取得的长期股权投资

以支付现金取得的长期股权投资应当按照实际支付的购买价款作为长期股权投资的初始投资成本，包括购买过程中支付的手续费、税金等必要支出。但所支付价款中包含的被投资单位已宣告但尚未发放的现金股利或利润应作为应收项目核算，不构成取得长期股权投资的成本。

会计处理如下。

借：长期股权投资（按照实际支付的购买价款和支付的手续费等必要支出合计金额）
　　应收股利（享有被投资单位已宣告但尚未发放的现金股利或利润）
　　贷：银行存款或库存现金

【例6-4】阳光建筑工程有限公司于2016年2月10日，自公开市场中买入宏达建筑工程有限公司20％的股份，实际支付价款6 000万元。另外，在购买过程中支付手续费等相关费用300万元。阳光建筑工程有限公司取得该部分股权后，能够对宏达建筑工程有限公司的生产经营决策施加重大影响。

阳光建筑工程有限公司应当按照实际支付的购买价款和相关费用作为取得长期股权投资的成本，其账务处理如下。

借：长期股权投资　　　　　　　　　　　　63 000 000
　　贷：银行存款　　　　　　　　　　　　　　63 000 000

（二）以发行权益性证券方式取得的长期股权投资

以发行权益性证券方式取得的长期股权投资初始投资成本为所发行权益性证券的公允价值，但不包括应自被投资单位收取的已宣告但尚未发放的现金股利或利润。

会计处理如下。

借：长期股权投资（所发行权益性证券的公允价值）
　　应收股利（享有被投资单位已宣告但尚未发放的现金股利或利润）
　　贷：股本（发行权益性证券的面值）
　　　　资本公积——资本溢价或股本溢价（倒挤）
借：资本公积——资本溢价或股本溢价

　　贷：银行存款（给有关证券承销机构等的手续费、佣金等与权益性证券发行直接相关的费用）

　　为发行权益性证券支付给有关证券承销机构等的手续费、佣金等与权益性证券发行直接相关的费用，不构成取得长期股权投资的成本。该部分费用按照《企业会计准则第37号——金融工具列报》的规定，应自权益性证券的溢价发行收入中扣除，权益性证券的溢价收入不足冲减的，应冲减盈余公积和未分配利润。

　　【例6-5】　2016年3月5日，阳光建筑工程有限公司通过增发8 000万股本公司普通股，每股面值1元，取得宏达建筑工程有限公司20％的股权，该8 000万股股份的公允价值为16 600万元。为增发该部分股份，阳光建筑工程有限公司向证券承销机构等支付了500万元的佣金和手续费。假定阳光建筑工程有限公司取得该部分股权后，能够对宏达建筑工程有限公司的财务和生产经营决策施加重大影响。

　　阳光建筑工程有限公司应当以所发行股份的公允价值作为取得长期股权投资的成本，账务处理如下：

　　借：长期股权投资　　　　　　　　　　　　　　　　　　　166 000 000
　　　　贷：股本　　　　　　　　　　　　　　　　　　　　　　　　80 000 000
　　　　　　资本公积——股本溢价　　　　　　　　　　　　　　　　86 000 000

　　发行权益性证券过程中支付的佣金和手续费，应冲减权益性证券的溢价发行收入，账务处理如下：

　　借：资本公积——股本溢价　　　　　　　　　　　　　　　　　5 000 000
　　　　贷：银行存款　　　　　　　　　　　　　　　　　　　　　　5 000 000

（三）以债务重组、非货币性资产交换等方式取得的长期股权投资

　　以债务重组、非货币性资产交换等方式取得的长期股权投资其初始投资成本应按照《企业会计准则第12号——债务重组》和《企业会计准则第7号——非货币性资产交换》的规定确定，按照将享有债务人股份的公允价值或换出资产的公允价值作为初始投资成本。

四、投资成本中包含的已宣告但尚未发放的现金股利或利润的处理

　　施工企业无论以何种方式取得长期股权投资，取得投资时，对于投资成本中包含的应享有被投资单位已经宣告但尚未发放的现金股利或利润应作为应收项目单独核算，计入应收股利科目，不构成取得长期股权投资的初始投资成本。

第二节　长期股权投资的后续计量

　　长期股权投资在持有期间，根据投资企业对被投资单位的影响程度分为控制、共同控制、重大影响，按照这些程度以及是否存在活跃市场、公允价值能否可靠计量等进行划分，分别采用成本法及权益法进行核算。

一、长期股权投资的成本法

（一）成本法的定义及其适用范围

　　成本法，是指长期股权投资以初始投资成本计量后，除非追加或收回投资，初始投资成

本通常不予调整的方法。

投资方能够对被投资单位实施控制的长期股权投资应当采用成本法核算。控制，是指投资方拥有对被投资方的权力，通过参与被投资方的相关活动而享有可变回报，并且有能力运用对被投资方的权力影响其回报金额。这里所称的相关活动，是指对被投资方的回报产生重大影响的活动。被投资方的相关活动应当根据具体情况进行判断，通常包括商品或劳务的销售和购买、金融资产的管理、资产的购买和处置、研究与开发活动以及融资活动等。

（二）成本法的核算程序和核算方法

采用成本法核算长期股权投资的程序如下。

（1）初始投资时，按照初始投资成本计价。追加或收回投资时应当调整长期股权投资的账面价值。

（2）企业在持有长期股权投资期间，被投资单位宣告分派的现金股利或利润，应当确认为当期投资收益。

（3）采用成本法时，除追加或收回投资外，长期股权投资的账面价值一般应保持不变。投资单位取得长期股权投资后被投资单位实现净利润时不作账务处理。

【例6-6】 2016年6月20日，阳光建筑工程有限公司以1 300万元购入宏达建筑工程有限公司80％的股权，准备长期持有作为长期股权投资。阳光建筑工程有限公司取得该部分股权后，对宏达建筑工程有限公司的财务和经营政策实施控制。2016年3月20日，宏达建筑工程公司宣告分派现金红利240万元。2016年4月5日，阳光建筑工程有限公司收到现金红利。

阳光建筑工程有限公司按照其持有比例可以分到现金红利192（240×80％）万元。

阳光建筑工程有限公司对宏达建筑工程有限公司长期股权投资应进行的账务处理如下。

借：长期股权投资		13 000 000
贷：银行存款		13 000 000
借：应收股利		1 920 000
贷：投资收益		1 920 000
借：银行存款		1 920 000
贷：应收股利		1 920 000

二、长期股权投资的权益法

（一）权益法的定义及其适用范围

权益法，是指投资以初始投资成本计量后，在投资持有期间根据投资企业享有被投资单位所有者权益份额的变动对投资的账面价值进行调整的方法。

投资方对联营企业和合营企业的长期股权投资，应当采用权益法核算，即投资企业对被投资单位具有共同控制或重大影响的长期股权投资，应当采用权益法核算。

共同控制，是指按照合同约定对某项经济活动共有的控制，并且该经济活动必须经过分享控制权的参与方一致同意才能够决策。投资企业与其他方对被投资单位实施共同控制的，被投资单位为其合营企业。

重大影响，是指对一个企业的财务和经营政策有参与决策的权力，但并不能控制或者与其他方一起共同控制这些政策的制定。但符合下列情况之一的，应认为对被投资单位具有重大影响。

（1）在被投资单位的董事会或类似权力机构中派有代表。这种情况下，由于在被投资单位的董事会或类似权力机构中派有代表，并享有相应实质性的参与决策权，投资企业可以通过该代表参与被投资单位经营政策的制定，达到对被投资单位施加重大影响的目的。

（2）参与被投资单位的政策制定过程，包括股利分配政策等的制定。这种情况下，因可以参与被投资单位的政策制定过程，在制定政策过程中可以为其自身利益提出建议和意见，从而对被投资单位施加重大影响。

（3）与被投资单位之间发生重要交易。有关的交易因对被投资单位的日常经营具有重要性，进而一定程度上可以影响到被投资单位的生产经营决策。

（4）向被投资单位派出管理人员。这种情况下，通过投资企业对被投资单位派出管理人员，管理人员有权力并负责被投资单位的财务和经营活动，从而能够对被投资单位施加重大影响。

（5）向被投资单位提供关键技术资料。因被投资单位的生产经营需要依赖投资企业的技术或技术资料，表明投资企业对被投资单位具有重大影响。

（二）权益法的核算

1. 初始投资成本的调整

投资企业取得对联营企业或合营企业的投资以后，对于取得投资时投资成本与应享有被投资单位可辨认净资产公允价值份额之间的差额，应区别情况分别处理。

初始投资成本大于取得投资时应享有被投资单位可辨认净资产公允价值份额的，不调整长期股权投资的初始投资成本；初始投资成本小于取得投资时应享有被投资单位可辨认净资产公允价值份额的，调整增加长期股权投资的账面价值，即借记"长期股权投资——某公司（投资成本）"，贷记"营业外收入"科目。

【例 6-7】 阳光建筑工程有限公司于 2015 年 1 月取得宏达建筑工程有限公司 40％的股权，支付价款 8 000 万元。取得投资时被投资单位净资产账面价值为 18 500 万元（假定被投资单位各项可辨认资产、负债的公允价值与其账面价值相同）。

在宏达建筑工程有限公司的生产经营决策过程中，所有股东均按持股比例行使表决权。阳光建筑工程有限公司在取得宏达建筑工程有限公司的股权后，派人参与了宏达建筑工程有限公司的生产经营决策。因能够对宏达建筑工程有限公司施加重大影响，阳光建筑工程有限公司对该投资应当采用权益法核算。取得投资时，阳光建筑工程有限公司应进行以下账务处理。

借：长期股权投资——宏达公司（投资成本）   80 000 000
  贷：银行存款   80 000 000

长期股权投资的初始投资成本 8 000 万元大于取得投资时应享有被投资单位可辨认净资产公允价值的份额 7 400（18 500×40％）万元，两者之间的差额不调整长期股权投资的账面价值。

如果本例中取得投资时被投资单位可辨认净资产的公允价值为 30 000 万元，阳光建筑工程有限公司按持股比例 40％计算确定应享有 12 000 万元，则初始投资成本与应享有被投资单位可辨认净资产公允价值份额之间的差额 4 000 万元应计入取得投资当期的营业外收入，账务处理如下。

借：长期股权投资——宏达公司（投资成本）   120 000 000

贷：银行存款　　　　　　　　　　　　　　　　　　　　　80 000 000
　　营业外收入　　　　　　　　　　　　　　　　　　　　40 000 000

2. 投资损益的确认

投资方取得长期股权投资后，应当按照应享有或应分担的被投资单位实现的净损益和其他综合收益的份额，分别确认投资收益和其他综合收益，同时调整长期股权投资的账面价值。

投资方在确认应享有被投资单位净损益的份额时，应当以取得投资时被投资单位可辨认净资产的公允价值为基础，对被投资单位的净利润进行调整后确认。

被投资单位采用的会计政策及会计期间与投资方不一致的，应当按照投资方的会计政策及会计期间对被投资单位的财务报表进行调整，并据以确认投资收益和其他综合收益等。

【例 6-8】 沿用例 6-7 的资料，假定长期股权投资的成本大于取得投资时宏达建筑工程有限公司可辨认净资产公允价值份额的情况下，2015年宏达建筑工程有限公司实现净利润1 500万元。阳光建筑工程有限公司与宏达建筑工程有限公司均以公历年度作为会计年度，两者之间采用的会计政策相同。由于投资时被投资单位各项资产、负债的账面价值与其公允价值相同，且假定阳光建筑工程有限公司与宏达建筑工程有限公司未发生任何内部交易，不需要对宏达建筑工程有限公司实现的净损益进行调整，阳光建筑工程有限公司应确认的投资收益为 600（1 500×40%）万元。账务处理如下。

借：长期股权投资——宏达公司（损益调整）　　　　　　 6 000 000
　　贷：投资收益　　　　　　　　　　　　　　　　　　　　 6 000 000

3. 取得现金股利或利润

投资企业自被投资单位取得的现金股利或利润，应抵减长期股权投资的账面价值。在被投资单位宣告分派现金股利或利润时，借记"应收股利"科目，贷记"长期股权投资（损益调整）"科目。

【例 6-9】 沿用例 6-8 的资料，假定宏达建筑工程有限公司2014年3月12日宣告发放现金股利300万元，阳光建筑工程有限公司按持股比例应取得的现金股利为120（300×40%）万元。账务处理如下。

借：应收股利　　　　　　　　　　　　　　　　　　　　　 6 000 000
　　贷：长期股权投资——宏达公司（损益调整）　　　　　　 6 000 000

4. 确认亏损

投资企业在确认应分担被投资单位发生的亏损时，应当以长期股权投资的账面价值以及其他实质上构成对被投资单位净投资的长期权益减记至零为限，投资方负有承担额外损失义务的除外。

被投资单位以后实现净利润的，投资方在其收益分享额弥补未确认的亏损分担额后，恢复确认收益分享额。

【例 6-10】 沿用例 6-8 的资料，假定2016年宏达建筑有限公司发生净亏损2 000万元。阳光建筑工程有限公司按持股比例应分摊亏损为 800（2 000×40%）万元。

借：投资收益　　　　　　　　　　　　　　　　　　　　　 8 000 000
　　贷：长期股权投资——宏达建筑有限公司（损益调整）　　 8 000 000

5. 除净损益以外所有者权益的其他变动

采用权益法核算时，投资企业对于被投资单位除净损益以外所有者权益的其他变动，应按照持股比例与被投资单位除净损益以外所有者权益的其他变动中归属于本企业的部分，相应调整长期股权投资的账面价值，同时增加或减少资本公积。

6. 未实现内部交易损益的处理

投资方取得长期股权投资后，投资方与联营企业、合营企业之间发生的交易属于内部交易。投资方计算确认应享有或应分担被投资单位的净损益时，与联营企业、合营企业之间发生的未实现内部交易损益按照应享有的比例计算归属于投资方的部分，应当予以抵销，在此基础上确认投资收益。

三、长期股权投资的减值

投资方应当关注长期股权投资的账面价值是否大于享有被投资单位所有者权益账面价值的份额等类似情况。出现类似情况时，投资方应当按照《企业会计准则第 8 号——资产减值》对长期股权投资进行减值测试，可收回金额低于长期股权投资账面价值的，应当计提减值准备。

第三节　长期股权投资核算方法的转换及处置

一、长期股权投资核算方法的转换

长期股权投资在持有期间，因各方面情况的变化，可能导致其核算需要由一种方法转换为另外的方法。

（一）公允价值计量转换为权益法

投资方持有的对被投资单位的股权投资，如果不具有控制、共同控制或重大影响，应当按照《企业会计准则第 22 号——金融工具确认和计量》确认并计量。如果投资方因追加投资等原因能够对被投资单位施加重大影响或实施共同控制但不构成控制的，应当按照原来持有的股权投资的公允价值加上新增投资成本之和，作为改按权益法核算的初始投资成本。

投资单位应该将长期股权投资的初始投资成本与追加投资后所享有被投资单位可辨认净资产公允价值份额进行比较，如果前者大于后者，不调整长期股权投资的初始投资成本，如果前者小于后者，则要调整长期股权投资的初始投资成本，并将二者的差额计入当期损益。

原持有的股权投资分类为可供出售金融资产的，其公允价值与账面价值之间的差额，以及原计入其他综合收益的累计公允价值变动应当转入改按权益法核算的当期损益。

【例 6-11】　阳光建筑工程有限公司于 2016 年 2 月取得宏达建筑工程有限公司 10％ 的股权，投资成本为 800 万元，因对被投资单位不具有控制、共同控制或重大影响，相应股权作为可供出售金融资产核算。

2015 年 10 月阳光公司追加投资 1 300 万元，又取得宏达公司 15％ 股权。追加投资时宏达建筑工程有限公司可辨认净资产公允价值总额为 8 500 万元，阳光公司持有的上述可供出售金融资产的公允价值上升到 850 万元。阳光公司一共取得宏达公司 25％ 的股权，能够对宏达公司施加重大影响，按规定阳光公司改用权益法核算该项长期股权投资。

追加投资时，阳光公司确定的长期股权投资初始投资成本如下。

初始投资成本＝850＋1 300＝2 150（万元）

享有的宏达公司可辨认净资产公允价值份额＝8 500×25％＝2 125（万元）

由于初始投资成本2 150万元大于阳光公司享有的宏达公司可辨认净资产公允价值份额2 125万元，所以阳光公司不需要调整长期股权投资的初始投资成本。

阳光建筑工程有限公司确认对宏达公司的长期股权投资，账务处理如下。

借：长期股权投资   21 500 000
  贷：银行存款   13 000 000
    可供出售金融资产   8 000 000
    投资收益   500 000

（二）成本法转为权益法

因处置投资等原因导致对被投资单位的影响能力由控制转为具有重大影响或者与其他投资方一起实施共同控制的情况下，长期股权投资应当由原来的成本法改为权益法核算。

（1）应按处置或收回投资的比例结转应终止确认的长期股权投资成本。

借：银行存款等
  贷：长期股权投资（账面价值）
    投资收益（差额，或借记）

（2）比较剩余的长期股权投资成本与按照剩余持股比例计算原投资时应享有被投资单位可辨认净资产公允价值的份额。前者大于后者的，属于投资作价中体现的商誉部分，不调整长期股权投资的账面价值；前者小于后者的，在调整长期股权投资成本的同时，调整留存收益。

借：长期股权投资
  贷：盈余公积
    利润分配——未分配利润

（3）对于原取得投资后至处置投资，转为权益法核算之间被投资单位实现净损益中应享有的份额应做如下处理。

① 一方面应当调整长期股权投资的账面价值，同时调整留存收益（原取得投资时至处置投资当期期初被投资单位实现的净损益中应享有的份额）。

② 对于处置投资当期期初至处置投资日之间被投资单位实现的净损益中享有的份额，应当调整当期损益。

【例6-12】 阳光建筑工程有限公司2013年1月1日购买宏达建筑有限公司60％的股权，投资成本为9 000万元，宏达建筑有限公司可辨认净资产公允价值总额为13 500万元（假定可辨认净资产的公允价值与账面价值相同），阳光建筑工程有限公司采用成本法核算该项长期股权投资，阳光建筑工程有限公司按净利润的10％提取盈余公积。2015年4月1日，阳光建筑工程有限公司将其持有的对宏达建筑有限公司20％的股权出售给某企业，取得价款5 400万元，当日被投资单位可辨认净资产公允价值总额为24 000万元。宏达建筑有限公司2013年实现净利润为4 000万元，2014年实现净利润为3 000万元，2015年1～3月实现净利润500万元。假定宏达建筑有限公司一直未进行利润分配，除所实现净损益外，宏达建筑有限公司未发生其他计入资本公积的交易或事项。

本例中，在出售20％的股权后，阳光建筑工程有限公司对宏达建筑有限公司的持股比例为40％，在被投资单位董事会中派有代表，但不能对宏达建筑有限公司的生产经营决策实施控制。对宏达建筑有限公司长期股权投资应由成本法改为按照权益法进行核算。

（1）确认长期股权投资处置损益时，账务处理如下。

借：银行存款　　　　　　　　　　　　　　　　　　　　　　　　54 000 000

　　贷：长期股权投资——宏达公司（投资成本）　　　　　　　　　　30 000 000

　　　　投资收益　　　　　　　　　　　　　　　　　　　　　　24 000 000

（2）剩余长期股权投资的账面价值为6 000万元，原投资时应享有被投资单位可辨认净资产公允价值份额为5 400（13 500×40%）万元，前者大于后者的差额作为商誉，不需要对长期股权投资的账面价值进行调整。

（3）取得投资时至处置投资当期期初宏达建筑有限公司实现的净损益中阳光建筑工程有限公司应享有的份额为2 800（7 000×40%）万元，应当调整留存收益。对于处置投资当期期初至处置投资日之间宏达建筑有限公司实现的净损益中阳光建筑工程有限公司享有的份额为200（500×40%）万元，应当调整当期损益。企业应进行以下账务处理。

借：长期股权投资——宏达公司（损溢调整）　　　　　　　　　　28 000 000

　　贷：盈余公积　　　　　　　　　　　　　　　　　　　　　　　2 800 000

　　　　利润分配——未分配利润　　　　　　　　　　　　　　　25 200 000

借：长期股权投资　　　　　　　　　　　　　　　　　　　　　　　2 000 000

　　贷：投资收益　　　　　　　　　　　　　　　　　　　　　　　2 000 000

（三）公允价值计量或权益法转换为成本法

投资方原持有的对被投资单位不具有控制、共同控制或重大影响的作为可供出售金融资产等金融工具确认和计量的权益性投资，或者原持有对联营企业、合营企业的长期股权投资，因追加投资等原因，能够对被投资单位实施控制的，应当由原来的公允价值计量或权益法核算的权益性投资转换为按成本法核算的长期股权投资。

投资方需要区分同一控制和非同一控制两种情况分别进行账务处理。

1. 同一控制下的公允价值计量或权益法转换为成本法核算

企业通过多次交易分步取得同一控制被投资单位的股权进行会计处理时，应判断多次交易是否属于"一揽子交易"。属于"一揽子交易"的，合并方应该将各项交易作为一项取得控制权的交易进行会计处理。不属于"一揽子交易"的，在取得控制权日，根据合并后应享有被合并方净资产在最终控制方合并财务报表中的账面价值的份额，确定长期股权投资的初始投资成本。合并日长期股权投资初始投资成本与达到合并前的长期股权投资账面价值加上合并日进一步取得股份新支付对价的账面价值之和的差额，调整资本公积（资本溢价或股本溢价），资本公积不足冲减的，冲减留存收益。

对"一揽子交易"的判断标准为：各项交易的条款、条件以及经济影响符合以下一种或多种情况。

（1）这些交易是同时或者在考虑了彼此影响的情况下订立的。

（2）这些交易整体完成才能达成一项完整的商业结果。

（3）一项交易的发生取决于其他至少一项交易的发生。

（4）一项交易单独看是不经济的，但是和其他交易一并考虑时是经济的。

【例6-13】　阳光建筑工程有限公司和宏达建筑有限公司同为母公司海华公司控制的两个子公司，阳光建筑工程有限公司2013年1月1日购买宏达建筑有限公司40%的股份，购买价格为500万元。因能够对宏达建筑有限公司的生产经营决策施加重大影响，阳光建筑工程有限公司对该项投资采用权益法核算。宏达建筑工程有限公司2013年和2014年共实现利润800万元。2015年1月1日，阳光建筑工程有限公司用银行存款300万元又购买宏达建筑工程有限公司 20％的股份，使得阳光建筑工程有限公司拥有宏达建筑工程有限公司 60％的股份，能够实施控制，长期股权投资改为成本法进行核算。当日，宏达建筑工程有限公司在母公司的合并会计报表中的净资产账面价值为 2 000 万元。阳光建筑工程有限公司和宏达建筑工程有限公司会计政策相同，一直受同一母公司控制，上述交易不属于一揽子交易。

取得控制权日阳光建筑工程有限公司账务处理如下。

长期股权投资初始投资成本＝2 000×60％＝1 200（万元）

原 40％股份的账面价值＝500＋800×40％＝820（万元）

合并对价的账面价值＝820＋300＝1 120（万元）

长期股权投资初始投资成本与合并对价的账面价值之间的差额＝1 200－1 120＝80（万元）

会计分录如下。

借：长期股权投资——投资成本   12 000 000

    贷：长期股权投资——投资成本   5 000 000

             ——损益调整   3 200 000

        银行存款   3 000 000

        资本公积   800 000

2. 非同一控制下的公允价值计量或权益法转换为成本法核算

投资方因追加投资等原因能够对非同一控制下的被投资单位实施控制的，在编制个别财务报表时，应当按照原持有的股权投资账面价值加上新增投资成本之和，作为改按成本法核算的初始投资成本。购买日之前持有的被购买方的股权涉及其他综合收益的，应当在处置该项投资时将与其相关的其他综合收益转入当期投资收益。

（四）权益法转换为公允价值计量

投资方因处置部分股权投资等原因丧失了对被投资单位的共同控制或重大影响的，处置后的剩余股权应当改按可供出售金融资产进行会计核算，其在丧失共同控制或重大影响之日的公允价值与账面价值之间的差额计入当期损益。

原采用权益法核算的相关其他综合收益应当在终止采用权益法核算时，采用与被投资单位直接处置相关资产或负债相同的基础进行会计处理，因被投资方除净损益、其他综合收益和利润分配以外的其他所有者权益变动而确认的所有者权益，应当在终止采用权益法核算时全部转入当期损益。

【例 6-14】 阳光建筑工程有限公司2013年1月1日购买宏达建筑有限公司 30％的股份，购买价格为 600 万元。因能够对宏达建筑有限公司的生产经营决策施加重大影响，阳光建筑工程有限公司对该项投资采用权益法核算。宏达建筑工程有限公司2013年和2014年共实现利润 400 万元。2015年1月1日，阳光建筑工程有限公司出售宏达建筑工程有限公司 20％的股份，获得银行存款 500 万元。出售 20％股份后，阳光建筑工程有限公司拥有宏达建筑工程有限公司 10％的股份，无法对宏达建筑有限公司的生产经营决策施加重大影响，长期股权投资改为可供出售金融资产进行核算。宏达建筑工程有限公司 10％的股份的公允价值为 300 万元。

阳光建筑工程有限公司账务处理如下。

借：银行存款   5 000 000

    贷：长期股权投资——投资成本   4 000 000

             ——损益调整   800 000

投资收益		200 000
借：可供出售金融资产		3 000 000
贷：长期股权投资——投资成本		2 000 000
——损益调整		400 000
投资收益		600 000

二、长期股权投资的处置

企业处置长期股权投资时，应相应结转与所售股权相对应的长期股权投资的账面价值，出售所得价款与长期股权投资账面价值之间的差额，应当计入当期损益。

采用权益法核算的长期股权投资，在处置该项投资时，采用与被投资单位直接处置相关资产或负债相同的基础，按相应比例对原计入其他综合收益的部分进行会计处理。原计入资本公积中的金额，在处置时亦应进行结转，将与所出售股权相对应的部分在处置时自资本公积转入当期损益。

【例 6-15】　阳光建筑工程有限公司原持有宏达建筑工程有限公司 40％的股权，2013年12月20日，阳光建筑工程有限公司决定出售10％的宏达建筑工程有限公司股权，出售时阳光建筑工程有限公司账面上对宏达建筑工程有限公司长期股权投资的构成为：投资成本1 800万元，损益调整480万元，其他综合收益300万元。出售取得价款705万元。

(1) 阳光建筑工程有限公司确认处置损益的账务处理如下。

借：银行存款		7 050 000
贷：长期股权投资——投资成本		4 500 000
——损益调整		1 200 000
——其他综合收益		750 000
投资收益		600 000

(2) 转出其他综合收益。

借：其他综合收益		750 000
贷：投资收益		750 000

═══════════════════ 复习思考题 ═══════════════════

6-1　思考题

1. 长期股权投资准则规范的范围是什么？
2. 长期股权投资成本法与权益法的适用范围是什么？
3. 长期股权投资权益法转换为成本法的条件是什么？
4. 长期股权投资成本法转换为权益法的条件是什么？

6-2　核算题

1. 2016年 3 月 5 日，环宇建筑工程有限公司通过增发6 000万股本公司普通股每股面值 1 元，取得安平建筑工程有限公司 20％的股权，该6 000万股股份的公允价值为15 000万元。为增发该部分股份，环宇建筑工程有限公司向证券承销机构等支付了 600 万元的佣金和手续费。假定环宇建筑工程有限公司取得该部分股权后，能够对安平建筑工程有限公司的财务和生产经营决策施加重大影响，请做出取得长期股权投资与支付佣金和手续费会计分录。

2. 权益法练习。 创凯建筑有限公司于2016年5月1日通过发行普通股股票500万股与宏达建筑有限公司进行股票交换并取得宏达建筑有限公司有表决权股份的20%，从而导致对宏达公司财务和经营决策具有重大影响。 创凯建筑有限公司准备长期持有宏达建筑有限公司的股票。 创凯建筑有限公司所发行的股票面值为1元，市场价格为每股2.5元，创凯建筑有限公司用银行存款支付了30万元的相关手续费。 宏达建筑有限公司可辨认净资产的公允价值为6 000万元。

宏达建筑有限公司于2012年5月分派2011年现金股利100万元。 2012年度宏达建筑有限公司实现净利润400万元，其中1~4月份实现利润为100万元。 2013年5月10日，宏达建筑有限公司召开股东大会，审议董事会于2013年4月1日提出的2012年度利润分配方案。 审议通过的利润分配方案为：按净利润的10%提取法定盈余公积；按净利润的5%提取法定公益金；分配现金股利100万元。 2013年6月10日创凯建筑有限公司收到宏达建筑有限公司分派的2012年的现金股利。 2013年宏达建筑有限公司发生净亏损4 000万元。 2014年宏达建筑有限公司发生亏损2 000万元。 2015年宏达建筑有限公司实现净利润800万元。 2016年10月宏达建筑有限公司接受逸凯房地产有限公司捐赠的一项固定资产。 该资产的市场价值为600万元。 宏达建筑有限公司适用的所得税率为25%，请做出全过程会计分录。

3. 华兴建筑工程有限公司持有达科建筑有限公司40%的存表决权股份，因能够对达科建筑有限公司的生产经营决策施加重大影响，华兴建筑工程有限公司对该项投资采用权益法核算。 2016年10月，华兴建筑工程有限公司将该项投资中的50%对外出售，出售以后，无法再对达科建筑有限公司施加重大影响，且该项投资不存在活跃市场，公允价值无法可靠计量，华兴建筑工程有限公司对该项投资转为采用成本法核算。 出售时，该项长期股权投资的账面价值为8 400万元，其中投资成本4 900万元，损益调整为1 900万元，出售取得价款5 000万元，请做出确认处置损益会计分录。

第七章 固定资产和无形资产的核算

【本章学习目标】
了解固定资产的基本概念、特征与分类以及无形资产的特征、内容和计价。
熟悉影响固定资产折旧的因素、折旧的计算方法、折旧范围及折旧费的列支。
掌握固定资产清理、临时设施、固定资产减值的核算以及无形资产摊销的核算。

第一节 固定资产的核算

一、固定资产的概念和分类

固定资产是指企业使用期限超过一年，单位价值在标准以上，并且在使用过程中保持原有实物形态的资产。施工企业固定资产是指单位价值在1 000元以上，使用期限超过一年的房屋、建筑物、机器、机械、运输工具以及其他与生产、经营有关的设备、器具、工具等。不属于生产经营主要设备的物品，单位价值在2 000元以上，并且使用年限超过两年的，也应当作为固定资产。

固定资产按经济用途和使用情况进行分类，可分为以下七大类。

1. 生产经营用固定资产

生产经营用固定资产指直接服务于企业生产经营过程的固定资产，包括如下几类。

（1）房屋及建筑物：指施工、生产单位和行政管理部门所使用的各种房屋和建筑物。

（2）施工机械：指施工用各种机械，包括机械的附属设备以及装置在机械上的发动机。

（3）运输设备：指运输物资所用的各种运输工具，包括作为运输设备组成部分的附属装置。

（4）生产设备：指加工、维修用的各种机器设备，包括机器设备的基座以及与机器设备连成一体不具有独立用途的附属设备。

（5）仪器及试验设备：指对材料、工艺、产品进行研究、试验用的各种仪器及设备。

（6）其他生产用固定资产：指不属于以上种类的其他生产用固定资产，包括计量用具、消防用具、办公用具以及行政管理用的汽车、电话总机等。

2. 非生产经营用固定资产

非生产经营用固定资产指不直接服务于生产经营过程的固定资产，包括职工宿舍、招待所、学校、食堂、医院等单位所使用的房屋、设备等固定资产。

3. 租出固定资产

租出固定资产是指在经营租赁方式下，出租给外单位使用的固定资产。

4. 不需用固定资产

不需用固定资产是指本企业多余或不适用，需要调配处理的固定资产。

5. 未使用固定资产

未使用固定资产是指已完工或已购建的尚未交付使用的固定资产以及因进行改建、扩建等原因停止使用的固定资产。如企业购建的尚待安装的固定资产、经营任务变更停止使用的固定资产等。

6. 土地

土地指过去已经估价单独入账的土地。因征地而支付的补偿费，应计入与土地有关房屋、建筑物的价值内，不单独作为土地价值入账。企业取得的土地使用权不能作为固定资产管理。

7. 融资租入固定资产

融资租入固定资产是指企业采取融资租赁方式租入的固定资产，在租赁期内，应视同自有固定资产进行管理。

二、固定资产取得的核算

固定资产初始计量的基本原则是按取得成本入账。施工企业固定资产的取得成本是指为构建固定资产达到预定可使用状态前所发生的一切合理的、必要的支出。由于固定资产取得的方式不同，如购入、自建、出包、投资转入、融资转入等，其成本构成和会计核算也有所不同。

（一）购入固定资产

购入的固定资产分为购入不需安装的固定资产和购入需安装的固定资产两种情况，购入不需安装的固定资产，按应计入固定资产成本的金额，借记"固定资产"账户。购入需要安装的固定资产，要通过"在建工程"账户归集安装费，核算安装成本，安装完毕交付使用时，再转入"固定资产"账户。

按照《营业税改征增值税试点实施办法》规定，施工企业购进固定资产的增值税额可以作为进项税额准予从销项税额中抵扣。但是用于不得从销项税额中抵扣项目（例如用于简易计税方法计税项目、免征增值税项目、集体福利或者个人消费等项目）的购进固定资产的进项税额不允许抵扣。

按照《营业税改征增值税试点有关事项的规定》，企业2016年5月1日后取得并在会计制度上按固定资产核算的不动产或者2016年5月1日后取得的不动产在建工程，其进项税额应自取得之日起分两年从销项税额中抵扣，第一年抵扣比例为60%，第二年抵扣比例为40%。

【例7-1】　阳光建筑公司购入设备一台，取得的增值税专用发票注明买价60 000元，增值税额10 200元；发生运杂费5 000元，增值税专用发票注明的进项税为550元。设备款和运杂费已用银行存款支付。设备由公司自行安装，支付人工费3 500元，安装完毕，交付使用。

(1) 购入设备，验收入库，按实际支付价款记账

借：在建工程——物资　　　　　　　　　　　　　　　65 000

　　应交税费——应交增值税（进项税额）　　　　　　10 750

　　　贷：银行存款　　　　　　　　　　　　　　　　　　75 750

（2）领出设备，交付使用

借：在建工程——工程　　　　　　　　　　　　　　65 000

　　贷：在建工程——物资　　　　　　　　　　　　　　　　65 000

（3）支付安装费用

借：在建工程——工程　　　　　　　　　　　　　　3 500

　　贷：应付职工薪酬　　　　　　　　　　　　　　　　　3 500

（4）安装完工，交付使用

借：固定资产　　　　　　　　　　　　　　　　　68 500

　　贷：在建工程——工程　　　　　　　　　　　　　　　68 500

（二）自行建造固定资产

自行建造固定资产按建造该项资产达到预定可使用状态前所发生的必要支出，作为入账价值。企业自行建造固定资产包括自营建造和出包建造两种形式。

1. 施工企业自营建造固定资产

施工企业应通过"在建工程"账户，归集建造过程中所发生的费用，计算工程成本。待建造完成交付使用时，再按实际工程成本，从"在建工程"转入"固定资产"账户。其核算程序与购入需要安装固定资产基本相同。

2. 出包建造固定资产

采用出包方式购建固定资产，要与承包单位签订合同。工程成本由承包单位核算。出包单位应按合同规定的条款，按期结付工程款。

【例7-2】 阳光建筑公司将职工浴室出包给甲公司承建，包工不包料。浴室开工时预付工程款20 000元，待建造完工，收到工程结算单据和增值税专用发票，发票注明工程款总额50 000元，增值税额5 500元，阳光建筑公司已经用银行存款支付尾款。工程领用材料物资不含税价格80 000元。

由于职工浴室属于职工福利项目，所以增值税进项税额不能抵扣。

（1）向甲公司预付工程款

借：预付账款　　　　　　　　　　　　　　　　　20 000

　　贷：银行存款　　　　　　　　　　　　　　　　　　20 000

（2）工程完工支付各项工程费用

借：在建工程　　　　　　　　　　　　　　　　　149 100

　　贷：原材料　　　　　　　　　　　　　　　　　　　80 000

　　　　应交税费——应交增值税（进项税额转出）　　　　13 600

　　　　预付账款　　　　　　　　　　　　　　　　　　20 000

　　　　银行存款　　　　　　　　　　　　　　　　　　35 500

（3）工程完工验收，交付使用

借：固定资产　　　　　　　　　　　　　　　　　149 100

　　贷：在建工程　　　　　　　　　　　　　　　　　　149 100

（三）投资转入固定资产

其他单位投资转入的固定资产，应按评估确认或者合同、协议约定的价值记账，借记"固定资产"账户，贷记"实收资本"账户。一方面反映本企业固定资产的增加，另一方面反映投资者投资额的增加。

【例 7-3】 阳光建筑公司收到乙公司投资的挖掘机一台，投资合同约定挖掘机的公允价值为 300 000 元，应交增值税额为 51 000 元，折换成阳光建筑公司股票 200 000 股，每股面值 1 元。该设备不需要安装，直接投入使用。账务处理如下。

借：固定资产　　　　　　　　　　　　　　　　　　　　　　300 000
　　应交税费——应交增值税（进项税额）　　　　　　　　　　51 000
　　贷：股本　　　　　　　　　　　　　　　　　　　　　　　200 000
　　　　资本公积　　　　　　　　　　　　　　　　　　　　　151 000

（四）融资租入固定资产

融资租赁，是指实质上转移了与资产所有权有关的全部风险和报酬的租赁。其所有权最终可能转移，也可能不转移。满足下列条件之一的，施工企业应确认为融资租赁：①在租赁期届满时，租赁资产的所有权转移给承租人；②承租人有购买租赁资产的选择权，所订立的购买价款预计将远低于行使选择权时租赁资产的公允价值，因而在租赁开始日就可以合理确定承租人将会行使这种选择权；③即使资产的所有权不转移，但租赁期占租赁资产使用寿命的大部分；④承租人在租赁开始日的最低租赁付款额现值，几乎相当于租赁开始日租赁资产公允价值；出租人在租赁开始日的最低租赁收款额现值，几乎相当于租赁开始日租赁资产公允价值；⑤租赁资产性质特殊，如果不做较大改造，只有承租人才能使用。

施工企业融资租入的固定资产，包括需安装固定资产和不需安装固定资产。融资租入的固定资产，在租赁期满时，如按合同规定，将所有权转归承租企业时，应进行转账，将固定资产从融资租入固定资产转为经营用固定资产。

施工企业在租赁开始日，按当日租赁固定资产的公允价值与最低租赁付款额的现值两者中较低者作为融资租入固定资产的入账价值，将最低租赁付款额作为长期应付款的入账价值，差额作为未确认融资费用，并在租赁期各个期间按合理的方法进行分摊，计入财务费用。

（五）接受捐赠固定资产

接受捐赠的固定资产，应根据有关凭证确定的价值记账。对于捐赠过程中发生的各项支出，直接用货币资金支付。按未来应交的所得税款，贷记"递延税款"，固定资产入账价值减递延税款和相关税费后的余额记入"资本公积"。

如果接受捐赠的固定资产是使用过的，应按确定的价值记入"固定资产"账户，按固定资产的新旧程度估计累计折旧额，再按以上原则进行处理。

（六）盘盈固定资产

在财产清查中发现的账外固定资产盘盈，应作为前期差错记入"以前年度损益调整"科目。盘盈固定资产，按同类或类似资产的市场价格，减去按该项资产的新旧程度估计的价值损耗后的余额作入账价值，借记"固定资产"账户。

三、固定资产折旧的核算

固定资产折旧是指在固定资产使用寿命期内，按照确定的方法对应计折旧额进行系统的分摊。应计折旧额是指应当计提折旧的固定资产的原值扣除其预计净残值（和固定资产减值准备）后的余额。

（一）影响固定资产折旧的因素

（1）计提折旧基数：计提固定资产折旧的基数是固定资产的原始价值或固定资产的账面净值。

（2）固定资产折旧年限：财政部、建设银行1993年颁布的《施工、房地产开发企业财务制度》规定了固定资产折旧年限。

（3）折旧方法：企业折旧方法不同，会使计提的折旧额相差很大。

（4）固定资产净残值：报废清理固定资产所得残料的价值，也应事先估计，计算折旧额时从原值中扣除。

（二）固定资产计提折旧的范围

（1）应计提折旧的固定资产

计提折旧的资产，包括房屋及建筑物、在用的施工机械、运输设备、工具器具等，其具体规定如下。

① 房屋和建筑物，不论使用与否，从入账的次月起就应计提折旧。

② 在用的机器设备、仪器仪表、运输工具、工具器具等固定资产，按常规从固定资产投入使用月份次月起，按月计提折旧。

③ 季节性停用、大修理停用的固定资产，按常规按月计提折旧。

④ 融资租入的和以经营租赁方式租出的固定资产。

（2）不计提折旧的固定资产

① 房屋建筑物以外的未使用、不需用固定资产。

② 以经营租赁方式租入的固定资产。

③ 已提足折旧仍继续使用的固定资产。

④ 破产关停企业的固定资产。

⑤ 按规定单独估价作为固定资产入账的土地。

企业在实际计提折旧时，应以月初应计提折旧的固定资产账面原值为依据。当月增加的固定资产，当月不提折旧，从下月起计提折旧；当月减少的固定资产，当月照提折旧，从下月起停止计提折旧。

（三）折旧计算方法

施工企业固定资产折旧的方法一般采用平均年限法、工作量法，经财政部批准可采用年数总和法和双倍余额递减法等。折旧方法一经确定，不得随意变更，如需变更，应当在会计报表附注中予以说明。

1. 平均年限法

平均年限法又称直线法，是按固定资产的使用年限平均计算折旧的一种方法，其计算公式为：

$$固定资产年折旧额 = \frac{原值 - 预计净残值}{预计使用年限}$$

【例7-4】 有一台施工机械的原值为50 000元，预计能使用8年。报废时预计支付清理费1 000元，可收回残值3 000元，其折旧计算如下：

年折旧额＝（50 000－3 000＋1 000）÷8＝6 000（元）

年折旧率＝6 000÷50 000×100％＝12％

月折旧率＝12％÷12＝1％

月折旧额＝50 000×1％＝500(元)

2. 工作量法

工作量法是根据固定资产在寿命期内完成的预计总工作量计算出单位工作量应计折旧额，再按当期实际完成的工作量计提折旧的方法。工作量法运用于不同的固定资产，有不同的名称。

单位里程（单位台时）折旧额为：

$$单位台时折旧额＝\frac{原值－净残值}{规定的总工作小时}$$

$$月折旧额＝单位台时折旧额×当月实际工作小时$$

$$月折旧额＝单位台班折旧额×本月实际开动台班$$

【例7-5】 某公司有一台挖掘机，原值为50 000元，预计能用3 000台班，预计残值1 500元，预计清理费用100元，每台班折旧额计算如下。

$$每单位台班折旧额＝\frac{50\ 000－(1\ 500－100)}{3\ 000}＝16.2(元)$$

如果当月实际台班300台班，则：月折旧额＝16.2×300＝4 860 （元）

3. 双倍余额递减法

它是加速折旧的一种方法，在不考虑净残值的条件下，用直线法折旧率的两倍乘以固定资产在每一会计期间的起初账面净值作为每个会计期间的折旧额。其公式如下：

$$固定资产年折旧率＝2÷折旧年限×100\%$$

$$固定资产月折旧额＝固定资产账面净值×(年折旧率÷12)$$

采用双倍余额递减法计算固定资产折旧时，残值不能从固定资产原价中扣除，所以，采用这种方法计算折旧的固定资产，应在折旧到期以前的两年内，将账面净值扣除预计残值后的净额平均摊销。

【例7-6】 某施工企业的一项电子设备原价50 000元，规定使用5年，按双倍余额递减法计提折旧，预计其残值1 000元。

$$年折旧率＝2÷5×100\%＝40\%$$

$$第1年折旧额＝50\ 000×40\%＝20\ 000(元)$$

$$第2年折旧额＝(50\ 000－20\ 000)×40\%＝12\ 000(元)$$

$$第3年折旧额＝(30\ 000－12\ 000)×40\%＝7\ 200(元)$$

而后两年，应改用直线法平均进行分摊：

$$后两年每年折旧额＝(10\ 800－1\ 000)÷2＝4\ 900(元)$$

4. 年数总和法

年数总和法它是加速折旧的一种方法，是根据固定资产原值减去预计净残值后的余额，按各年不同的折旧率计算折旧的一种方法。其特点是：各年的折旧基数不变，折旧率为一个逐年递减的分数，因而计算出的折旧额也是逐年减少的，其累计折旧额＝固定资产原值－净残值。其计算公式如下：

$$年折旧率＝\frac{折旧年限－已使用年限}{年数总和}$$

$$年数总和＝\frac{折旧年限×(折旧年限＋1)}{2}＝1＋2＋3＋\cdots＋N$$

$$年折旧额＝（原值－残值）\times 年折旧率$$

【例 7-7】 某施工企业有施工机械一台，报经批准采用加速折旧法（年数总和法）计算折旧，该设备原价92 000元，预计残值2 000元，折旧年限5年。

$$年数总合＝\frac{5\times(5+1)}{2}＝1+2+3+4+5＝15$$

各年的折旧率依次为5÷15，4÷15，3÷15，2÷15，1÷15。

第1年（92 000－2 000）×5÷15＝30 000（元）

第2年（92 000－2 000）×4÷15＝24 000（元）

第3年（92 000－2 000）×3÷15＝18 000（元）

第4年（92 000－2 000）×2÷15＝12 000（元）

第5年（92 000－2 000）×1÷15＝6 000（元）

以上几种折旧方法的比较，如表7-1所示。

表7-1　三种不同折旧法的不同点

项目 折旧方法	年折旧基数 (1)	年折旧率 (2)	年折旧额 (3)＝(1)×(2)
平均年限法	原价×（1－预计净残值率） （各年相同）	$\dfrac{1}{预计使用年限}$ （各年相同）	各年相同
双倍余额递减法	年初账面净值 （逐年降低）	$\dfrac{2}{预计折旧年限}\times100\%$ （前各年相同，且最后两年采取直线法计提折旧）	各年不同 逐年递减 （最后两年相同）
年数总和法	原价×（1－预计净残值率） （各年相同）	$\dfrac{折旧年限－已使用年限}{折旧年限×（1＋折旧年限）/2}$ （逐年递减）	各年不同 逐年递减

（四）固定资产计提折旧的账务处理

无论采用何种方法计算固定资产折旧，其账务处理方法相同。计提的固定资产折旧，施工企业应根据固定资产的使用地点和用途，借记"机械作业""工程施工——间接费用""管理费用""其他业务成本"等科目，贷记"累计折旧"。

四、固定资产处置的核算

（一）固定资产出售、报废、毁损

企业因出售、报废、毁损等原因减少的固定资产，都应通过"固定资产清理"账户核算清理过程中发生的收入和支出，并计算清理损益。发生固定资产清理费用，按实际支付数记账。因转让出售或遭受意外灾害而转入清理的固定资产，所收价款和残料变价收入、应收保险公司或过失人赔款，冲减固定资产清理支出。固定资产清理后实现的净收益计入营业外收入，发生的净损失作为营业外支出处理。

【例 7-8】 某施工企业出售不需用设备一台，原价50 000元，已提折旧30 000元，未计提固定资产减值准备，经双方协议作价15 000元，相应的增值税税额为2 550元，价款已收存银行，会计处理如下。

（1）将出售设备转入清理，注销账面价值

借：固定资产清理　　　　　　　　　　　　　　　　　　　　20 000

　　累计折旧　　　　　　　　　　　　　　　　　　　　　　30 000

　　　贷：固定资产　　　　　　　　　　　　　　　　　　　　　　50 000

（2）收到出售设备价款存入银行

借：银行存款　　　　　　　　　　　　　　　　　　　　　　17 550

　　　贷：固定资产清理　　　　　　　　　　　　　　　　　　　　15 000

　　　　　应交税费——应交增值税（销项税额）　　　　　　　　　　2 550

（3）清理净损失转入营业外支出

借：营业外支出　　　　　　　　　　　　　　　　　　　　　　5 000

　　　贷：固定资产清理　　　　　　　　　　　　　　　　　　　　　5 000

（二）投资转出固定资产

企业对其闲置的场地、设备等多余固定资产可以以多种形式向其他单位投资。此项业务通过"长期股权投资"账户来核算。

（三）固定资产报废、盘亏和毁损

固定资产的报废有正常报废和非正常报废。对于盘亏的固定资产，应分两步进行账务处理：首先，在上报批准处理之前，按盘亏固定资产的净值借记"待处理财产损益"账户，同时注销盘亏固定资产的原值和已提折旧；其次，在上报批准处理之后，再转销盘亏固定资产的净值，借记"营业外支出"账户，贷记"待处理财产损益"账户。

【例7-9】 某公司2014年盘亏一台生产车间的设备，账面原价值60 000元，已提折旧50 000元，经批准予以转账处理。

（1）盘亏时

借：待处理财产损益——待处理固定资产损溢　　　　　　　　10 000

　　累计折旧　　　　　　　　　　　　　　　　　　　　　　50 000

　　　贷：固定资产　　　　　　　　　　　　　　　　　　　　　60 000

（2）经批准做营业外支出处理

借：营业外支出　　　　　　　　　　　　　　　　　　　　　10 000

　　　贷：待处理财产损益——待处理固定资产损溢　　　　　　　　10 000

五、临时设施的核算

（一）临时设施的内容

临时设施，是施工企业为了保证施工生产和管理的正常进行而建造的各种简易的临时性生产、生活设施。由于建筑产品建造和使用地点的固定性，导致建筑企业施工生产的流动性，所以建筑企业需要搭建临时设施，以供给现场施工人员居住、办公、生活福利用房，以及一些必要的附属设施等。在工程完工以后，这些临时设施就必须拆除或作其他处理。

建筑工地搭建的临时设施，通常可分为大型临时设施和小型临时设施两类。

大型临时设施主要有以下几类。

（1）干部、工人和勤杂人员的临时宿舍。

（2）食堂、浴室、医务室、厨房、俱乐部、图书室等现场临时性文化福利设施。

（3）施工单位及附属企业设在现场的临时办公室。

（4）现场各种料具库、成品、半成品库和施工机械设备库。

（5）临时道路、围墙、塔式起重机路基、围墙等。

（6）施工过程中应用的临时给水、排水、供电、供热和管道（不包括设备）等。

（7）现场的混凝土构件预制厂、混凝土搅拌站、钢筋加工厂、木材加工厂、附属加工厂等临时性建筑物。

小型临时设施主要有以下几类。

（1）现场施工和警卫安全用的作业棚、工地收发室、机棚、休息棚、自行车棚、队组工具库、现场临时厕所、吸烟室、茶炉棚。

（2）灰池、蓄水池、工地内部行人道、施工用不固定的水管电线、宽3m以内的便道、临时刺网等。

（二）临时设施的核算

为核算临时设施所发生的各种费用，计算临时设施的实际成本，企业应开设"临时设施"账户。借方登记建造临时设施所发生的各项支出，贷方登记出售、拆除、报废不需要或不能继续使用的临时设施价值；期末借方余额表示使用中的临时设施，本账户应按临时设施的种类和使用部门设置明细账，进行明细核算。

需要通过建筑安装活动才能完成的临时设施，其支出可先通过"在建工程"账户核算，安装完工交付使用时，再由"在建工程"账户转入"临时设施"账户。

企业所建造的各种临时设施，应根据使用年限和服务对象，按月分期摊销。为核算临时设施价值向工程成本中的转移，企业应开设"临时设施摊销"账户。贷方登记按规定计算的临时设施费用摊销额；借方登记报废清理设施的已提摊销数；期末贷方余额表示在用设施的累计摊销数。

临时设施报废清理的核算方法与固定资产报废清理相同，通过"固定资产清理——临时设施清理"账户核算。

【例7-10】 某施工企业一工地搭设临时作业棚，领用材料的计划成本30 000元，材料成本差异超支2%，人工费20 000元，用银行存款支付其他费用1 400元。本月应摊销1 250元。截止作业棚拆除时，已摊销50 250元，清理过程中，取得残料变价收入2 500元，支付清理费用450元，均通过银行办理收付。

计算领用材料应负担的成本差异＝30 000×2%＝600（元）

计算工棚清理净损益＝2 500－1 750－450＝300（元）

（1）搭设临时作业棚，支付各项费用

借：在建工程——作业棚	52 000
贷：原材料	30 000
材料成本差异	600
应付职工薪酬	20 000
银行存款	1 400

（2）临时工棚搭建完工交付使用

借：临时设施——作业棚	52 000
贷：在建工程——作业棚	52 000

（3）计提临时工棚本月摊销额

借：工程施工 1 250

　　贷：临时设施摊销 1 250

（4）临时工棚报废清理注销账面价值

借：临时设施摊销 50 250

　　临时设施清理 1 750

　　贷：临时设施 52 000

（5）支付临时工棚清理费用

借：临时设施清理 450

　　贷：银行存款 450

（6）取得工棚残料变价收入

借：银行存款 2 500

　　贷：临时设施清理 2 500

（7）结转临时工棚清理净收益

借：临时设施清理 300

　　贷：营业外收入 300

六、固定资产的减值

施工企业应当于每年年末对固定资产进行检查，判断固定资产是否存在可能发生减值的迹象。存在下列迹象的，表明固定资产可能发生了减值。

（1）资产的市价当期大幅度下跌，其跌幅明显高于因时间的推移或者正常使用而预计的下跌。

（2）企业经营所处的经济、技术或者法律等环境以及资产所处的市场在当期或者将在近期发生重大变化，从而对企业产生不利影响。

（3）市场利率或者其他市场投资报酬率在当期已经提高，从而影响企业计算资产预计未来现金流量现值的折现率，导致资产可收回金额大幅度降低。

（4）有证据表明资产已经陈旧过时或者其实体已经损坏。

（5）资产已经或者将被闲置、终止使用或者计划提前处置。

（6）企业内部报告的证据表明资产的经济绩效已经低于或者将低于预期，如资产所创造的净现金流量或者实现的营业利润（或者亏损）远远低于（或者高于）预计金额等。

（7）其他表明资产可能已经发生减值的迹象。

固定资产存在减值迹象的，施工企业应该进行减值测试，估计固定资产的可收回金额。资产的公允价值减去处置费用后的净额与资产预计未来现金流量的现值两者之间较高者就是固定资产的可回收金额。如果固定资产的可回收金额低于其账面价值，施工企业应当计提减值准备。企业应当设置"固定资产减值准备"科目用于核算计提的资产减值准备。

【例7-11】 阳光建筑公司一台设备2015年12月31日账面价值1 000万元，已经计提折旧300万元。经测算该设备目前的公允价值减去处置费用后的净额为500万元，未来预期该设备持续使用及处置中形成的现金流量现值为600万元。

该公司应计提的固定资产减值准备＝1 000－300－600＝100（万元）

账务处理如下。

借：资产减值损失——固定资产减值损失 1 000 000

　　　贷：固定资产减值准备　　　　　　　　　　　　　　　　　　　　1 000 000

第二节　无形资产的核算

一、无形资产概述

　　无形资产是指企业拥有和控制的没有实物形态的可辨认非货币性资产。根据《企业会计准则》规定无形资产必须同时满足下面两个条件才能予以确认：①与该无形资产有关的经济利益很可能流入企业；②该无形资产的成本能够可靠地计量。

　　无形资产一般具有以下特征：没有实物形态；能在较长的时期内使用并使企业获得经济效益；属于非货币性资产；具有可辨认性。

　　无形资产一般包括专利权、商标权、著作权、土地使用权、特许权、非专利技术等。

二、无形资产取得的核算

（一）外购无形资产的核算

　　外购的无形资产，应以外购无形资产的成本作为入账的价值；外购无形资产的成本，包括购买价款、相关税费以及直接归属于使该项资产达到预定用途所发生的其他支出。

　　购买无形资产的价款超过正常信用条件延期支付，实质上具有融资性质的，无形资产的成本以购买价款的现值为基础确定。实际支付的价款与购买价款的现值之间的差额，符合资本化条件的应予以资本化，不符合资本化条件的应当在信用期间内作为财务费用计入当期损益。

　　施工企业应该设置"无形资产"科目核算企业的无形资产业务。

　　【例7-12】　阳光建筑公司2014年1月8日，从宏达公司购买一项商标权，取得的增值税专用发票注明不含税价款为100 000元，增值税额为6 000（100 000×6%）元，以银行存款支付。账务处理如下。

　　　借：无形资产——商标权　　　　　　　　　　　　　　　　　　　　100 000
　　　　　应交税费——应交增值税（进项税额）　　　　　　　　　　　　　6 000
　　　　贷：银行存款　　　　　　　　　　　　　　　　　　　　　　　　106 000

（二）自行开发无形资产的核算

　　自行开发取得的无形资产，企业研究阶段的支出应当于发生时计入当期损益（管理费用）；企业内部研究开发项目阶段的开发支出只有同时符合下面五个条件的才能资本化，确认为无形资产，不符合资本化条件的计入当期损益（首先在研究开发支出中归集，期末结转管理费用）。

　　（1）完成该无形资产以使其能够使用或出售，在技术上具有可行性。

　　（2）具有完成该无形资产并使用或出售的意图。

　　（3）无形资产产生经济利益的方式，包括能够证明运用该无形资产生产的产品存在市场或无形资产自身存在市场，无形资产将在内部使用的，应当证明其有用性。

　　（4）有足够的技术、财务资源和其他资源支持，以完成该无形资产的开发。

（5）归属于该无形资产开发阶段的支出能够可靠地计量。

无形资产研究开发成功后，以前期间已经费用化的支出不再调整计入无形资产成本。

为核算自行开发无形资产的业务，施工企业应当设置"研发支出"科目。

【例 7-13】 阳光建筑公司自行研究开发一项新产品专利技术，在研究开发过程中发生材料费40 000 000元、人工工资10 000 000元，以及其他费用30 000 000元，总计80 000 000元，其中，符合资本化条件的支出为50 000 000元，期末，该专利技术已经达到预定用途。

（1）研究开发阶段

借：研发支出——费用化支出　　　　　　　　　　　　　　　30 000 000

　　　　　　——资本化支出　　　　　　　　　　　　　　　50 000 000

　　贷：原材料　　　　　　　　　　　　　　　　　　　　　40 000 000

　　　　应付职工薪酬　　　　　　　　　　　　　　　　　　10 000 000

　　　　银行存款　　　　　　　　　　　　　　　　　　　　30 000 000

（2）期末

借：管理费用　　　　　　　　　　　　　　　　　　　　　　30 000 000

　　无形资产　　　　　　　　　　　　　　　　　　　　　　50 000 000

　　贷：研发支出——费用化支出　　　　　　　　　　　　　　30 000 000

　　　　　　　　——资本化支出　　　　　　　　　　　　　　50 000 000

（三）投资者投入无形资产的核算

投资者投入的无形资产，应以投资各方确认的价值作为入账价值，借记"无形资产"科目，按投资各方确认的价值在其注册资本中所占的份额，贷记"实收资本""股本"等科目，按投资各方确认的价值与确认为实收资本或股本的差额，贷记"资本公积"科目。

（四）接受捐赠无形资产的核算

企业接受捐赠的无形资产的入账价值，应分别以下情况确定。

（1）捐赠方提供了有关凭据的，按凭据上标明的金额加上应支付的相关税费确定。

（2）捐赠方没有提供有关凭据的，按如下顺序确定：同类或类似无形资产存在活跃市场的，应按参照同类或类似无形资产的市场价格估计的金额，加上应支付的相关税费确定；同类或类似无形资产不存在活跃市场的，按该受赠无形资产的预计未来现金流量现值确定。

三、无形资产的摊销

（一）无形资产的摊销方法及其年限的确定

无形资产的摊销期自其可供使用时（即其达到能够按管理层预定的方式运作所必须的状态）开始至终止确认时止。对某项无形资产摊销所使用的方法应依据从资产中获取的预期未来经济利益的预计消耗方式来选择，并一致地运用于不同会计期间。无形资产的摊销方法包括直线法和生产总量法。

企业应当于取得无形资产时分析判断其使用寿命。无形资产的使用寿命为有限或确定的，应当估计该使用寿命的年限或者构成使用寿命的产量等类似计量单位数量；无法预见无形资产为企业带来经济利益期限的，应当视为使用寿命不确定的无形资产。使用寿命不确定的无形资产不应摊销。

（二）无形资产摊销的核算

摊销无形资产价值时，借记"管理费用"等科目，贷记"累计摊销"科目。

如果预计某项无形资产已经不能给企业带来经济利益，应当将该项无形资产的摊余价值全部转入当期管理费用。

【例 7-14】 接例 7-12 资料，假设该商标权使用期限为 10 年，净残值为零。无形资产摊销的账务处理如下。

借：管理费用   10 000

  贷：累计摊销   10 000

四、无形资产处置的核算

1. 无形资产出售

企业将无形资产出售，表明企业放弃无形资产所有权，此时，企业应将所得价款与该无形资产的账面价值之间的差额记入当期损益。企业应按实际取得的转让收入，借记"银行存款"等科目，按该项无形资产已计提的减值准备，借记"无形资产减值准备"科目，按无形资产的账面余额，贷记"无形资产"科目，按应支付的相关税费，贷记"银行存款""应交税金"等科目，按其差额，贷记"营业外收入——出售无形资产收益"科目或借记"营业外支出——出售无形资产损失"科目。

【例 7-15】 阳光建筑公司出售其拥有的一项专利权，账面价值为 600 000 元，累计摊销额为 200 000 元，相关减值准备 50 000 元，出售价款 300 000 元，相应的增值税额为 18 000（300 000×6％＝18 000）元。阳光公司账务处理如下。

借：银行存款   318 000

  累计摊销   200 000

  无形资产减值准备   50 000

  营业外支出——出售无形资产损失   50 000

  贷：无形资产   600 000

    应交税费——应交增值税（销项税额） 18 000

2. 无形资产出租

无形资产出租是指企业将其拥有的无形资产的使用权让渡给他人，并收取租金。在转让无形资产使用权的情况下，由于转让企业仍拥有无形资产的所有权，因此，不应注销无形资产的账面摊余价值，转让取得的收入计入其他业务收入。发生与转让有关的各种费用支出，计入其他业务成本。

:::::::::::::::::::::::::::::::::: 复习思考题 ::::::::::::::::::::::::::::::::::

7-1 思考题

（1）施工企业固定资产的概念及分类？

（2）固定资产计算折旧时要考虑哪些因素？ 施工企业常用的折旧方法有哪几种，它们各是怎样计算折旧额？

（3）固定资产增加和减少如何核算？

（4）什么是临时设施？ 如何进行临时设施报废清理的核算？

（5）确认无形资产应满足哪些条件？ 无形资产包括哪些内容，有哪些特征，如何计价？

（6）无形资产转让的核算方法是什么？

7-2 核算题

1. 胜华公司拥有一项固定资产原值为 17 550 元，预计使用年限为 4 年，预计净残值率为 4%。

要求：分别用双倍余额递减法和年数总和法计算各年的折旧额。

2. 鼎岚建筑公司 2016 年 3 月发生以下经济业务。

（1）2 日，公司有 1 台挖掘机，原值为 150 000 元，已计提折旧 74 000 元，已计提减值准备 3 000 元。 经领导批准准备出售，予以转账。

（2）4 日，出售上述挖掘机，取得 71 000 元，存入银行。

（3）5 日，将出售挖掘机的净损失转账。

（4）10 日，盘盈搅拌机 1 台，五成新，抽水机的原值为 9 000 元，予以转账。

（5）13 日，盘亏抽水机 1 台，原值为 9 000 元，已提折旧 6 000 元，已提减值准备 800 元，予以转账。

（6）30 日，盘盈的搅拌机和盘亏的抽水机经领导批准，准予核销转账。

要求：根据以上资料编制会计分录。

3. 新晨建筑公司发生以下经济业务（临时设施的核算）。

（1）公司 2016 年 3 月在施工现场搭建临时仓库和工地收发室，领用材料共 100 000 元（计划成本），当月材料成本差异超支 3%；应负担的职工薪酬为 15 000 元；其他由银行支付的费用 20 000 元。 月末搭建的临时仓库、工地收发室已竣工，达到预定可使用状态，验收使用。 这两项临时设施按 24 个月平均摊销，本月应摊销 5 750 元。

（2）某商品房工程竣工，拆除相关的临时实施。 账面原值为 25 000 元，已摊销 20 000 元经批准将转入清理。 清理过程支付拆除费用 700 元，残料估价 5 900 元收入库，结转清理损益。

要求：根据以上资料编制会计分录。

4. 2016 年多特建筑公司下列与无形资产有关的经济业务如下（无形资产的核算）。

（1）公司向西安土地管理局支付 980 000 元，取得土地使用权 40 年，洽购时，支付咨询费、手续费 10 000 元，款项一并签发转账支票支付。

（2）公司有一项专利权，账面原值为 140 000 元，已摊销 60 000 元，因该项专利权的盈利能力大幅下降，预计其未来现金流量的现值为 75 000 元，计提减值准备。

（3）接受顺发建筑公司一项专利权的投资，按照合同约定的价值 60 000 元入账。

（4）公司自行研究开发的一项施工新术，研发过程中发生材料费 500 000 元，人工工资 100 000 元，其他费用 200 000 元。 其中符合资本化条件的支出为 600 000 元，该项专利已达到预定用途。

（5）公司将一项土地使用权出售，该项土地使用权账面原值 800 000 元，已计提摊销额 300 000 元，取得出售收入 600 000 元，存入银行。

要求：根据以上资料编制会计分录。

第八章　负债的核算

【本章学习目标】

了解流动负债和长期负债概念、特点和计价。

熟悉流动负债和长期负债的核算。

掌握施工企业预收账款及应付职工薪酬的核算；长期借款的核算。

第一节　流动负债的核算

负债是指过去的交易或事项形成的现时义务，履行该义务预期会导致经济利益流出企业。负债具有过去的交易或事项形成和到期清偿预期会导致经济利益流出企业的特征。按照负债的流动性和偿还期限可将负债分为流动负债和长期负债，目的是可以了解企业流动资产与流动负债对比的流动比率，反映企业短期债务的偿付能力，为债权人提供所需会计信息。

一、流动负债的概念和特点

流动负债，是指将在一年内（含一年）或者超过一年的一个营业周期内偿还的债务，包括短期借款、应付票据、应付账款、其他暂收账款、预提费用和一年内到期的长期借款等。

流动负债特点如下：一是偿还期短，它是在一年内或在一个营业周期内债权人提出要求时必须偿付的债务；二是大部分流动负债属于货币性的，其流动性强，因此，偿还这些债务要用企业流动资产偿付。

二、流动负债的计价

施工企业流动负债的计量，一般应当采用历史成本计价，确定其金额。若需采用重置成本、公允价值计量的，应当保证所确定的负债金额能够取得并可靠计量，以有效确定其金额。如短期借款、应付账款、预付账款等，在会计期末应按正式合同或某种协议事先取得有关合同、协议价格或市场价格来确认。

三、流动负债的核算方法

（一）短期借款的核算

施工企业的短期借款，是施工企业在施工生产经营过程中用以满足短期资金需要，向银行或者其他金融机构借入的期限在一年以内的各种借款，主要包括季节性储备借款、小型技措借款等，应在"短期借款"账户进行核算。

1. 季节性储备借款

季节性储备借款是指为了解决施工企业季节性的超定额储备材料所需的流动资金而向银行等金融机构借入的款项，包括季度工作量扩大超定额储备借款和季节借款。

施工企业的季节性储备借款，一般须在六个月内偿还。如遇特殊情况不能按期偿还，要书面说明其原因。逾期不还的，银行可从企业结算存款中扣还。季节性储备借款的取得和归还，应在"短期借款——季节性储备借款"账户进行核算。取得借款时，应计入"短期借款——季节性储备借款"账户的贷方。

季节性储备借款的利息属于筹资费用，应按规定计息期和利率计算，计入"财务费用"账户。

【例 8-1】　阳光建筑公司因季节性储备借款不足，向银行借入10 000元，借款利息2 100元，一、二月每月预提借款利息700元，三月末归还借款本息。做如下分录入账。

（1）借入时

借：银行存款　　　　　　　　　　　　　　　　　　　　　　　　10 000
　　贷：短期借款——季节性储备借款　　　　　　　　　　　　　　　　10 000

（2）一、二月每月预提借款利息时

借：财务费用　　　　　　　　　　　　　　　　　　　　　　　　　700
　　贷：应付利息　　　　　　　　　　　　　　　　　　　　　　　　　700

（3）三月末归还借款本息时

借：应付利息　　　　　　　　　　　　　　　　　　　　　　　　1 400
　　财务费用　　　　　　　　　　　　　　　　　　　　　　　　　 700
　　短期借款——季节性储备借款　　　　　　　　　　　　　　　 10 000
　　贷：银行存款　　　　　　　　　　　　　　　　　　　　　　　12 100

2. 小型技措借款的核算

施工企业的技措借款是为了提高企业施工生产能力、降低工程产品成本等采取技术组织措施而向银行等金融机构借入的款项。这项借款一般都用措施项目投产后所增加的利润来归还。如果借款的目的是为了小型技措工程能在短期内完工，并以投产后所增加的利润在一年以内归还本息，属于短期借款。如果借款目的是为了进行大规模工程的技措改造，且工期较长，不能在一年内归还本息，则属长期借款，应在"长期借款"账户进行核算。

施工企业借入的小型技措借款，应在"短期借款——小型技措借款"账户进行核算。借入时，应计入"银行存款"账户的借方和"短期借款——小型技措借款"账户的贷方。

小型技措借款的利息，在技措工程进行期间发生的，应将它计入技措工程成本，计入"在建工程"账户的借方和"短期借款——小型技措借款"账户的贷方；小型技措借款在工程完工验收以后发生的利息，应作为一项营业费用，计入"财务费用"账户的借方和"短期借款——小型技措借款"账户的贷方。小型技措借款到期归还借款本息时，将它计入"短期借款——小型技措借款"账户的借方和"银行存款"账户的贷方。

（二）应付票据的核算

应付票据是由出票人出票，由承兑人承兑，在一定时期支付一定数额的凭证。它是在工程价款结算和材料、设备等商品购销活动中由于采用商业汇票结算而发生的，由收款人或付款人签发，承兑人承兑的票据。

采用商业承兑汇票的情况，承兑人应为付款人，承兑人对该债务做出在一定时期支付的承诺，作为企业一项负债。采用银行承兑则承兑人为银行，但银行承兑的票据，为收款人按期收回债权的信用票证，对付款人或承兑人，不会由银行承兑使该债务消失，即使由银行承兑的汇票，付款人或承兑人付款义务依然存在，作为一项负债。商业汇票承兑期通常不超过6个月。

【例8-2】 阳光建筑公司为增值税一般纳税人，5月18日购买材料价款20 000元，取得增值税专用发票注明增值税为3 400元，按合同开出面值为23 400元，为期三个月的商业汇票，并向开户的建设银行办理承兑手续，用以购买材料。有关业务的会计分录如下。

（1）银行受理后，企业按1%交纳银行承兑手续费

借：财务费用   234

    贷：银行存款   234

（2）用银行票据进行结算

借：材料采购   20 000

    应交税费——应交增值税（进项税额）   3 400

    贷：应付票据——银行承兑汇票   23 400

（3）票据到期前，企业应将票款足额存入开户银行，银行按期凭票支付款项

借：应付票据——银行承兑汇票   23 400

    贷：银行存款   23 400

（三）应付账款的核算

应付账款是指因购买材料、商品或接受劳务供应以及因分包工程应付给分包单位的工程价款等而发生的债务。应付账款入账时间，应以所有权的转移为标志。但在会计实务中，应区别情况处理：在货物和发票账单同时到达的情况下，应付账款一般待货物验收入库后，才按发票账单登记入库；在货物和发票账单不是同时到达的情况下，应付账款要根据发票账单入库，如果货物已到而发票账单未到，因为这笔负债已经成立，也应作为一项负债反映。

"应付账款"账户贷方核算企业购入材料、物资发生的应付款项，即与分包单位结算应付的已完工程价款，应付的劳务款项，月末暂估入账的材料账款，借方核算偿付的各项应付账款，开出商业汇票抵付的应付账款，支付给分包单位的工程价款；期末贷方余额为应支付的工程款和购货款，若为借方余额则为已支付的工程款和购货款。本账户下设"应付工程款"和"应付购货款"两个明细账户，并分别按分包单位和供应单位设置明细账。

【例8-3】 阳光建筑公司为增值税一般纳税人，2016年6月1日订购一批构件，价款20 000元，取得增值税专用发票注明增值税为3 400元，付款条件为2/10、全/30。做会计分录如下。

（1）购货发生时

借：材料采购   20 000

    应交税费——应交增值税（进项税额）   3 400

    贷：应付账款——应付购货款   23 400

（2）10天内支付货款时有2%的现金折扣

借：应付账款——应付购货款   23 400

    贷：银行存款   22 932

      财务费用   468

（3）超过 10 天支付货款时

借：应付账款——应付购货款 23 400

　　贷：银行存款 23 400

（四）预收账款的核算

预收账款是指企业按照工程合同规定预收客户的款项。包括预收的工程款和备料款，以及按照购销合同规定预收购货单位的购货款。

预收账款账户设置有两种方法：预收货款业务经常发生的企业，单设"预收账款"账户进行核算，它是负债类账户，其结构与一般负债类账户相同，下设"预收工程款"和"预收销货款"两个明细账户，并分别按客户和购货单位设置明细账；预收货款不多的企业，对发生的预付货款合并在"应收账款"账户中核算。采用后一种做法，期末编制资产负债表时，必须根据"应收账款"所属明细账户的余额计算确定纯应收账款（所属明细账户的期末借方余额之和）、预收账款（所属明细账户的期末贷方余额之和），并分别填列资产与负债项目。

【例 8-4】 阳光建筑公司为增值税一般纳税人，主要提供建筑工程安装服务，合同注明工程款50 000元（不含税），对方单位预付 20% 的工程款，余款工程完工后结清。做会计分录如下。

（1）预收货款时

借：银行存款 10 000

　　贷：预收账款 10 000

（2）付货后结清余款

借：银行存款 45 500

　　预收账款 10 000

　　贷：主营业务收入 50 000

　　　　应交税费——应交增值税（销项税额） 5 500

（五）应付职工薪酬的核算

职工薪酬，是指职工在职期间和离职后提供给职工的全部货币性薪酬和非货币性薪酬，既包括提供给职工本人的薪酬，也包括提供给职工配偶、子女或其他被赡养人的福利等。

1. 职工范围

（1）企业订立劳动合同的所有人员，含全职、兼职和临时职工。

（2）未与企业订立劳动合同、但由企业正式任命的人员，如董事会成员、监事会成员等。

（3）未与企业订立劳动合同，或企业未正式任命的人员、但为企业提供了类似服务，也视同企业职工处理。

2. 职工薪酬核算内容

（1）职工工资、奖金、津贴和补贴。

（2）职工福利费。

（3）社会保险费：指企业按照国家规定的基准和比例计算，向社会保险经办机构缴纳的医疗保险费、养老保险费、失业保险费、工伤保险费和生育保险费等。

（4）住房公积金。

（5）工会经费和职工教育经费。

（6）非货币性福利。

（7）因解除与职工的劳动关系给予的补偿：包括职工劳动合同尚未到期前，企业决定解除与职工的劳动关系而给予的补偿及职工劳动合同尚未到期前，为鼓励职工自愿接受裁减而给予的补偿。

（8）其他与获得职工提供的服务相关的支出。

3. 总账科目和明细科目

总账科目：应付职工薪酬。

明细科目：工资、职工福利、社会保险费、住房公积金、工会经费、职工教育经费、非货币性福利、股份支付、辞退福利。

4. 职工薪酬的记账原则

企业在职工为其提供劳务时，按照每位职工提供服务的受益对象，确认应付职工薪酬的负债金额。

【例 8-5】 阳光建筑公司 2016 年 11 月份的工资分配汇总表如表 8-1 所示（工资额按 11 月出勤和建筑工程量记录计算）。根据所在地政府规定，公司分别按职工工资总额 10%、12%、2% 和 9.5% 计提医疗保险费、养老保险费、失业保险费和住房公积金缴纳给社会保险机构和住房公积金管理中心。根据 2015 年公司实际福利费发生额度，公司预计 2016 年按本年度工资总额 4.5%、2% 和 2.5% 分别计提职工福利费、工会经费和职工教育经费。

表 8-1　工资分配汇总表　　　　　　　　　　　单位：元

应借科目	现场生产工人	公司管理人员	合计
工程施工	860 000		860 000
管理费用		180 000	180 000
合计	860 000	180 000	1 040 000

应计入工程施工的职工薪酬总金额为：

$86 + 86 \times (10\% + 12\% + 2\% + 9.5\% + 4.5\% + 2\% + 2.5\%) = 122.55$（万元）

应计入管理费用的职工薪酬总金额为：

$18 + 18 \times (10\% + 12\% + 2\% + 9.5\% + 4.5\% + 2\% + 2.5\%) = 25.65$（万元）

计提的各项费用为：

（1）社会保险费 $= 104 \times (10\% + 12\% + 2\%) = 24.96$（万元）

（2）住房公积金 $= 104 \times 9.5\% = 9.88$（万元）

（3）职工福利费 $= 104 \times 4.5\% = 4.68$（万元）

（4）工会经费 $= 104 \times 2\% = 2.08$（万元）

（5）职工教育经费 $= 104 \times 2.5\% = 2.6$（万元）

公司在分配工资、社会保险费、住房公积金、职工福利费、工会经费和职工教育经费时，会计分录如下。

借：工程施工——合同成本——某工程　　　　　　　　　　1 225 500

　　管理费用　　　　　　　　　　　　　　　　　　　　　256 500

　　贷：应付职工薪酬——工资薪金　　　　　　　　　　　1 040 000

　　　　　　　　　——职工福利费　　　　　　　　　　　　46 800

　　　　　　　　　——社会保险费　　　　　　　　　　　249 600

　　　　　　　　　——住房公积金　　　　　　　　　　　　98 800

——工会经费	20 800
——职工教育经费	26 000

【例 8-6】 接例 8-5，阳光建筑公司 2016 年 11 月份，为一名副总提供免费小轿车使用，月折旧额 6 600 元；为总会计师租赁一套 100 平方米公寓，月租金 2 200 元；另 2016 年政策减员 5 人每人补偿 30 000 元，至 11 月补偿金支付 80%，12 月将全额补偿到位，做分录如下。

(1) 支付总会计师公寓租金

借：应付职工薪酬——非货币性福利　　　　　　　　　　　　2 200
　　贷：银行存款　　　　　　　　　　　　　　　　　　　　　　2 200

(2) 摊销管理人员免费轿车折旧费和总会计师公寓租金

借：管理费用　　　　　　　　　　　　　　　　　　　　　　8 800
　　贷：应付职工薪酬——固定资产折旧费　　　　　　　　　　6 600
　　　　　　　　　　　——租赁费　　　　　　　　　　　　　2 200

(3) 计提管理人员免费轿车折旧费

借：应付职工薪酬——非货币性福利　　　　　　　　　　　　6 600
　　贷：累计折旧——运输工具　　　　　　　　　　　　　　　6 600

(4) 确认本年度辞退人员福利金额

辞退人员福利金额＝5×30 000＝150 000（元）

借：管理费用——职工福利　　　　　　　　　　　　　　　150 000
　　贷：应付职工薪酬——辞退福利　　　　　　　　　　　　150 000

(5) 至 11 月支付辞退人员福利

借：应付职工薪酬——辞退福利　　　　　　　　　　　　　120 000
　　贷：银行存款　　　　　　　　　　　　　　　　　　　　120 000

（六）应交税费的核算

施工企业必须按照国家规定履行纳税义务，对其经营所得依法缴纳各种税费。施工企业根据《中华人民共和国税法》（以下简称《税法》）规定应缴纳的各种税费包括：增值税、所得税、城市维护建设税、教育费附加、房产税、城镇土地使用税等。

施工企业应通过"应交税费"科目，核算各种税费的缴纳情况，并按照应交税费项目进行明细核算。该科目的贷方登记应交纳的各种税费，借方登记已交纳的各种税费，期末贷方余额反映尚未交纳的税费；期末如为借方余额则反映多交或尚未抵扣的税费。

"应交税费"科目核算的税费项目包括：增值税、企业所得税、城市维护建设税、教育费附加、房产税、土地使用税等。

1. 增值税

增值税是以商品（含应税劳务）在流转过程中产生的增值额作为计税依据而征收的一种流转税。按照财政部、国家税务总局 2016 年 3 月 24 日颁布的《营业税改征增值税试点实施办法》规定，在中华人民共和国境内销售服务、无形资产或者不动产的单位和个人，为增值税纳税人，应当按照本办法缴纳增值税，不缴纳营业税。按照新规定，施工企业提供建筑服务由原来缴纳营业税改为缴纳增值税。建筑服务，是指各类建筑物、构筑物及其附属设施的建造、修缮、装饰，线路、管道、设备、设施等的安装以及其他工程作业的业务活动。包括工程服务、安装服务、修缮服务、装饰服务和其他建筑服务。

增值税纳税人按其经营规模和会计核算的健全程度分为一般纳税人和小规模纳税人两类，具体由主管税务机关认定。

(1) 一般纳税人增值税业务的核算

施工企业如果被认定为一般纳税人，发生应税行为适用一般计税方法计税。按照《营业税改征增值税试点实施办法》规定，税率为11%。

① 施工企业应纳税额的计算。一般计税方法的应纳税额，是指当期销项税额抵扣当期进项税额后的余额。应纳税额计算公式：

$$应纳税额＝当期销项税额－当期进项税额$$

当期销项税额小于当期进项税额不足抵扣时，其不足部分可以结转下期继续抵扣。

销项税额，是指纳税人发生应税行为按照销售额和增值税税率计算并收取的增值税额。销项税额计算公式：

$$销项税额＝销售额×税率$$

由于增值税属于价外计税，因此销售额不包括销项税额。如果纳税人采用销售额和销项税额合并定价方法的，按照下列公式计算销售额：

$$销售额＝含税销售额÷(1＋税率)$$

进项税额，是指纳税人购进货物、加工修理修配劳务、服务、无形资产或者不动产，支付或者负担的增值税额。

② 施工企业应交增值税的账务处理。施工企业在应交税费下设置"应交增值税"和"未交增值税"两个二级明细科目核算增值税业务。

企业核算应交增值税业务，应在"应交税费——应交增值税"科目下设置"进项税额""已交税金""销项税额""进项税额转出""已交税金""转出未交增值税""转出多交增值税"等明细科目进行核算。

"进项税额"科目，核算施工企业购入货物或接受劳务而支付的、按规定准予抵扣的进项税额。"销项税额"科目，核算施工企业销售货物或提供劳务应收取的增值税。"进项税额转出"科目，施工企业将购进的货物或接受的应税劳务用于非应税项目、集体福利或个人消费等增值税法规规定的特定业务或事项时，购进的货物或接受劳务的进项税额不能从销项税额中抵扣，其进项税额应从此科目转出。"已交税金"科目，核算施工企业本月已交纳的增值税额。"转出未交增值税"科目，核算企业月终转出应交未交的增值税。"转出多交增值税"科目，核算企业月终转出本月多交的增值税。企业多交或未交的增值税，在月末转入"应交税金——未交增值税"科目。

"应交税金——未交增值税"的借方发生额，反映企业多交的增值税；贷方发生额，反映企业的应交未交增值税。

【例8-7】 阳光建筑公司为增值税一般纳税人，2016年11月份发生如下业务：采购建筑用构件一批，增值税专用发票上面注明价款200 000元，增值税额为34 000元，款项已经支付；11月底完成工程合同的20%，共计600 000万元（不含税），监理单位和建设单位审核后予以确认，增值税发票已经开出，价款已经到账；阳光建筑公司领用构件一批用于自建办公楼，不含税价格100 000元；月底，阳光建筑公司向税务局缴纳增值税30 000元。

(1) 购进材料账务处理如下

借：材料采购　　　　　　　　　　　　　　　　　　　　　　　　　200 000

　　应交税费——应交增值税（进项税额）　　　　　　　　　　　　　34 000

　　　　　　贷：银行存款　　　　　　　　　　　　　　　　　　　　　　234 000
　　（2）收到合同价款账务处理如下
　　　　借：银行存款　　　　　　　　　　　　　　　　　　　666 000
　　　　　　贷：工程结算　　　　　　　　　　　　　　　　　　　　600 000
　　　　　　　　应交税费——应交增值税（销项税额）　　　　　　　　66 000
　　（3）自建领用构件账务处理如下
　　　　借：在建工程　　　　　　　　　　　　　　　　　　　117 000
　　　　　　贷：原材料　　　　　　　　　　　　　　　　　　　　100 000
　　　　　　　　应交税费——应交增值税（进项税额转出）　　　　　　17 000
　　（4）缴纳增值税账务处理如下
　　　　借：应交税费——应交增值税（已交税金）　　　　　　30 000
　　　　　　贷：银行存款　　　　　　　　　　　　　　　　　　　　30 000
　　（5）月末将未交增值税结转，账务处理如下
　　　　借：应交税费——应交增值税（转出未交增值税）　　　19 000
　　　　　　贷：应交税费——未交增值税　　　　　　　　　　　　　19 000
　　（2）小规模纳税人增值税业务的核算

　　小规模纳税人发生应税行为适用简易计税方法计税。简易计税方法的应纳税额，是指按照销售额和增值税征收率计算的增值税额，增值税征收率为3％。应纳税额计算公式：

$$应纳税额＝销售额×征收率$$

　　小规模纳税人销售货物或提供应税劳务时只能开具普通发票，不能开具增值税专用发票。小规模纳税人不享有抵扣进项税额的权利，其购进货物或接受劳务支付的增值税直接计入有关货物或劳务成本。

　　为核算增值税业务，小规模纳税人在"应交税费"科目下设置"应交增值税"明细科目。"应交税费——应交增值税"科目贷方登记应交纳的增值税，借方登记已交纳的增值税；期末贷方余额为尚未交纳的增值税，借方余额为多交的增值税。

　　2. 企业所得税
　　企业所得税是对我国境内的企业和其他取得收入的组织的生产经营所得和其他所得征收的税种。应纳税所得额是企业所得税的计税依据，企业所得税的基本税率为25％。

　　施工企业应在"应交税费"科目下设置"应交所得税"二级明细科目，核算应交企业所得税的发生、交纳情况。该科目贷方登记应交纳的企业所得税，借方登记已交纳的企业所得税。施工企业按规定计算应交纳的所得税时，借记"所得税费用"等科目，贷记"应交税费——应交所得税"科目。

　　3. 城市维护建设税、教育费附加
　　城市维护建设税是以施工企业缴纳增值税额为依据计算征收的一种税。教育费附加是以施工企业缴纳增值税额为依据计算征收的一种附加费。

　　城市维护建设税应纳税额的计算如下：

$$应纳税额＝纳税人实际缴纳的增值税额×适用税率$$

　　按纳税人所在地不同，城市维护建设税采用7％、5％、1％的不同税率。
　　教育费附加应缴纳金额的计算如下：

$$应纳教育费附加＝纳税人实际缴纳的增值税额×适用比率$$

教育费附加的征收比率为 3%。

按规定应计算缴纳的城市维护建设税、教育费附加时，借记"税金及附加"，贷记"应交税费——应交城市维护建设税、应交教育费附加"；上交时，借记"应交税费——应交城市维护建设税、应交教育费附加"，贷记"银行存款"科目。

4. 房产税、城镇土地使用税、车船税

房产税是以房屋为征税对象，按照房屋的计税余值或租金收入，向产权所有人征收的一种财产税。城镇土地使用税是以国有土地为征税对象，对拥有土地的单位和个人征收的一种税。车船税是以车船为征税对象，向拥有车船的单位和个人征收的一种税。

施工企业按规定应计算缴纳的房产税、土地使用税、车船税，借记"管理费用"，贷记"应交税费——应交房产税、应交土地使用税、应交车船税"；上缴时借记"应交税费——应交房产税、应交土地使用税、应交车船税"，贷记"银行存款"。

（七）其他应付款的核算

其他应付款是指除了应付票据、应付账款、预收账款、应付职工薪酬、应交税费、应付利润、其他应交款等以外的其他各种应付、暂收单位或个人的款项。主要包括应付租入固定资产和包装物的租金、暂存职工未按期领取的工资以及存入保证金等。

为了核算其他各种应付及暂收款项，企业应设置"其他应付款"账户，贷方登记其他各种应付与暂收款项，借方登记应付与暂收款项，期末贷方余额反映尚未支付的各种其他应付及暂收款余额。本账户应按债权人姓名或单位设置明细账户进行明细核算。

第二节　长期负债的核算

一、长期负债的概念和特征

长期负债，是指偿还期在一年或者超过一年的一个营业周期以上的负债，包括长期借款、应付债券、长期应付款等。

长期负债具有以下特征：债务偿还期限较长（超过一年的一个营业周期），债务的金额较大，债务不会影响企业原有投资者的投资比例及其对企业的控制权，举借长期负债可以给企业带来税收上的好处，转移通货膨胀的风险，长期负债本金与利息的偿还将会导致企业未来大量的现金流出，长期负债会给企业未来的经营活动和财务政策带来某些方面的限制等。

二、长期借款的核算

长期借款是指企业向银行或其他金融机构借入的偿还期在一年以上的各种借款，包括基本建设投资借款、技措借款、流动资金借款。企业应设置"长期借款"科目，用来核算各种长期借款的增加、应计利息、归还和结欠情况。该账户贷方反映借入的款项和预计的应付利息；借方反映还本付息的数额；期末余额在贷方，反映尚未偿还的长期借款本息数额。

施工企业计入各种长期借款时，按实际收到的款项，借记"银行存款""在建工程"等科目，贷记"长期借款"科目。

在建工程交付使用前发生的借款利息，计入有关固定资产的购建成本，借记"在建工程"科目；在建工程交付使用后发生的借款利息，以及在建设活动发生非正常中断、且中断时间连续超过 3 个月以上时停建期间的投资借款利息，应列作当期损益，计入"财务费用"账户的借方。

施工企业按照借款合同规定偿还借款时，应计入"长期借款"账户的借方和"银行存款"账户的贷方。

【例 8-8】　阳光建筑公司因建设办公楼，2013 年 1 月 1 日向银行借入两年期人民币 1 000 000 元，年利率 6%，准备在借款到期时一次偿还本息。办公楼于 2014 年 8 月 31 日完工。有关会计分录如下。

(1) 借入基本建设款项时

借：银行存款　　　　　　　　　　　　　　　　　　　　　　1 000 000

　　贷：长期借款　　　　　　　　　　　　　　　　　　　　　　1 000 000

(2) 每年借款的利息

1 000 000×6%＝60 000（元）

第一年末　借：在建工程　　　　　　　　　　　　　　　　　　60 000

　　　　　　贷：应付利息　　　　　　　　　　　　　　　　　　60 000

第二年末　借：在建工程　　　　　　　　　　　　　　　　　　40 000

　　　　　　　　财务费用　　　　　　　　　　　　　　　　　　20 000

　　　　　　贷：应付利息　　　　　　　　　　　　　　　　　　6 000

(3) 2015 年 1 月 1 日偿还借款时

借：长期借款　　　　　　　　　　　　　　　　　　　　　　1 000 000

　　应付利息　　　　　　　　　　　　　　　　　　　　　　120 000

　　贷：银行存款　　　　　　　　　　　　　　　　　　　　　1 120 000

【例 8-9】　阳光建筑公司为扩建加工厂，在 2010 年年初向银行借入 2 000 000 元，2011 年年初再向银行借入 1 200 000 元，2012 年加工厂建成投入使用，年利率为 10%，每年计息一次，合同规定从 2012 年起，在年末分三年等额偿还基本建设投资借款的本息，则各年末应偿还的本息为表 8-2 所列。

表 8-2　基本建设投资借款还本付息计算表　　　　　　　　　　　　单位：元

年　份	年初借款累积	本年借款	本年应计利息	年末借款累积	本年还本付息		
					合计	利息	本金
建设期2010		2 000 000	200 000	2 200 000			
建设期2011	2 200 000	1 200 000	340 000	3 740 000			
还款期2012	3 740 000		374 000	4 114 000	1 503 854	374 000	1 129 854
还款期2013	2 610 146		261 015	2 871 161	1 503 854	261 015	1 242 839
还款期2014	1 367 307		136 731	1 504 038	1 504 038①	136 731	1 367 307
合　计					4 511 746	771 746	3 740 000

① 调整计算误差 184 元。

根据表 8-2 资料，该公司在各年应做如下分录入账。

(1) 2010 年年初向银行借入 2 000 000 元时

借：银行存款　　　　　　　　　　　　　　　　　　　　　　2 000 000

　　贷：长期借款——基本建设投资借款　　　　　　　　　　　2 000 000

(2) 2010 年年末根据银行计息通知单位应计利息入账时

借：在建工程   200 000

 贷：长期借款——基本建设投资借款   200 000

（3）2011年年初向银行借入1 200 000元时

借：银行存款   1 200 000

 贷：长期借款——基本建设投资借款   1 200 000

（4）2011年年末根据银行计息通知单位应计利息入账时

借：在建工程   340 000

 贷：长期借款——基本建设投资借款   340 000

（5）2012年年末偿还借款本息1 503 854元时

借：财务费用   374 000

  长期借款——基本建设投资建设   1 129 854

 贷：银行存款   1 503 854

（6）2013年年末偿还借款本息1 503 854元时

借：财务费用   261 015

  长期借款——基本建设投资借款   1 242 839

 贷：银行存款   1 503 854

（7）2014年年末偿还借款本息1 504 038元时

借：财务费用   136 731

  长期借款——基本建设投资借款   1 367 307

 贷：银行存款   1 504 038

三、应付债券的核算

应付债券是指企业为筹集长期资金依照法定程序而实际发行的一种有价证券。施工企业发行债券一般应在债券上注明：债券的面值，即本金；债券利率，即票面利率或名义利率；付息日，即支付利息的当日日期；到期日，即清偿债券面值的日期。

（一）按面值发售企业债券的核算

施工企业如以票面价值发售债券，则在收到款项时，计入"银行存款""现金"等账户的借方和"应付债券——债券面值"账户的贷方。

企业应付给代理发售债券的银行或其他金融机构的发行手续费和债券印刷费，应在按协议规定支付后计入"在建工程"，或"财务费用"账户的借方和"银行存款"账户的贷方。凡属与购建固定资产有关的债券发行手续费和债券印刷费，应计入"在建工程"账户的借方。凡属与补充流动资金有关的债券发行手续费和债券印刷费，应计入"财务费用"账户的借方。

【例8-10】 阳光建筑公司2016年7月1日委托某银行发售年利率10%，为期两年，面值为300万元的企业债券用于扩建混凝土构件加工厂，银行按面值发售后将存款存入企业的银行账户，商定用银行存款另支付按发售面值5‰的发行手续费和债券印刷费，该公司按季计算应计债券利息，则每期应计债券利息为75 000（3 000 000×10%×3/12）元，企业债券到期，支付债券本息时，全过程应做如下分录入账。

（1）发行时

借：银行存款   3 000 000

　　　贷：应收债券——债券面值　　　　　　　　　　　　　　　　　　　　3 000 000

（2）按规定用银行存款支付手续费15 000（3 000 000×5‰）元时

　　借：在建工程　　　　　　　　　　　　　　　　　　　　　　　　　　　15 000

　　　贷：银行存款　　　　　　　　　　　　　　　　　　　　　　　　　　　15 000

（3）在每季末计算应计债券利息时

　　借：在建工程　　　　　　　　　　　　　　　　　　　　　　　　　　　75 000

　　　贷：应付债券——应付利息　　　　　　　　　　　　　　　　　　　　　75 000

（4）企业债券到期，支付债券本息时

　　借：应付债券——债券面值　　　　　　　　　　　　　　　　　　　　3 000 000

　　　　应付债券——应计利息　　　　　　　　　　　　　　　　　　　　　600 000

　　　贷：银行存款　　　　　　　　　　　　　　　　　　　　　　　　　3 600 000

（二）按溢价发售企业债券的核算

　　施工企业发行的企业债券，如果高于票面价值发售，叫做溢价发售，发售债券价格超过债券面值的部分，叫做债券溢价。债券溢价是在债券整个举债期间内对企业多付利息的一种补偿，也是对票面利息费用的一项调整。因此，债券溢价也可以说是债券发行企业预收债券投资者的一笔款项，将在以后通过债券溢价的摊销，陆续冲减企业的债券利息费用。

　　企业债券溢价，是发行债券企业举债期间应计入利息费用的一项调整，因此企业债券溢价应逐期在债券利息费用中扣除，这种将债券溢价逐期调整债券利息费用的方法，叫做"溢价摊销"。企业债券溢价的摊销，一般可按直接法，即在债券举债期间平均摊销的方法。

（三）按折价发售企业债券的核算

　　施工企业发行的企业债券，如果低于票面价值发售，企业债券出售价格低于债券票面价值的部分叫债券折价。与债券溢价发售相反，债券折价是在债券整个举债期间预付给债券投资者的一笔利息。因此，债券折价也应通过摊销增加企业的债券利息费用。

（四）可转换债券的核算

　　可转换债券是指企业依据法定程序发行，在一定期间内依据约定的条件可以转换成股票的债券。可转换债券既具有债券的性质，又具有股票的性质，是一种混合型有价证券。债券持有者在转换期间内若将债券转换为股票，即成为企业的股东，享有股东的权利；未将债券转换为股票的，则仍为企业的债权人，有权要求企业清偿债券本息。债券持有者是否将债券转换成股票，可由其自行决定。

　　对于可转换债券的核算可在"应付债券"总账账户下设置"可转换债券"明细账户进行核算。

　　可转换债券在未转换为股票前或到期末转换成股票的，其会计核算与一般债券相同，即按期计提利息并摊销溢折价到期偿还本息或本金。可转换债券在转换为股票时，按可转换债券的面值借记"应付债券——可转换债券（债券面值）"账户，按尚未摊销的溢价或折价借记或贷记"应付债券——可转换债券（债券溢价）或（债券折价）"账户，按已提的利息借记"应付债券——可转换债券（应计利息）"账户，按每股股票面值和转换的股数计算的股票面值总额贷记"库存现金"或"银行存款"账户，借贷方的差额贷记"资本公积——股本溢价"账户。

四、长期应付款的核算

长期应付款是指除了长期借款和应付债券以外的其他长期负债，主要包括应付补偿贸易引进设备款和应付融资租赁款等。为了核算各种长期应付款的发生和偿还情况，企业应设置"长期应付款"账户，并在其下分设"应付引进设备款""应付融资租赁款"等二级账户，再按长期应付款的种类进行明细核算。

================================= 复习思考题 =================================

8-1 思考题

1. 短期借款包括哪些内容？ 如何进行短期借款的会计处理？

2. 在考虑货币时间价值时，如何进行长期借款本息的核算？

3. 如何确认我国"资本化"的借款费用的条件？ 如何进行利息的核算？

4. 如何进行长期应付债券发行至偿还全部业务的会计处理？ 长期应付债券溢价或折价发行的，如何计算直线法下摊销溢、折价额？

8-2 核算题

1. 安吉建筑公司 2013 年应发工资2 000万元，其中：施工现场直接生产工人工资1 000万元；现场管理人员工资200万元；公司管理部门人员工资360万元；建造厂房人员工资320万元；内部开发存货管理系统人员工资120万元。

根据所在地政府规定，公司分别按照职工工资总额的 10%、12%、2%和 10.5%计提医疗保险费、养老保险费、失业保险费和住房公积金，缴纳给当地社会保险经办机构和住房公积金管理机构。 公司内设医务室，根据 2012 实际发生的职工福利费情况，公司预计 2013 年应承担的职工福利费义务金额为职工工资总额的 2%，职工福利的受益对象为上述所有人员。 公司分别按照职工工资总额的 2%和 1.5%计提工会经费和职工教育经费。 为上述业务做会计分录。

2. 某企业为建造一幢厂房，2016 年 1 月 1 日借入期限为两年的长期专门借款1 000 000元，款项已存入银行。 借款利率按市场利率确定为 9%，每年付息一次，期满后一次还清本金。 2016 年年初，以银行存款支付工程价款共计600 000元，2017 年年初又以银行存款支付工程费用400 000元。 该厂房于 2017 年 8 月底完工，达到预定可使用状态。 假定不考虑闲置专门借款资金存款的利息收入或者投资收益。 根据上述业务编制有关会计分录。

第九章　所有者权益的核算

【本章学习目标】

了解施工企业所有者权益的内容。

熟悉所有者权益的性质、特点和来源途径。

掌握：包括实收资本（股本）、资本公积、盈余公积和未分配利润核算。

所有者权益是所有者在企业中享有的经济利益，其金额为资产减负债后的余额。所有者权益通常由实收资本（股本）、资本公积和留存收益三部分构成。

第一节　实收资本的核算

一、实收资本概述

《中华人民共和国企业法人登记管理条例》规定，企业申请开业，必须具备国家规定的与其生产经营和服务规模相适应的资金。实收资本是指企业按照章程规定或合同、协议约定，接受投资者投入企业的资本。实收资本的构成比例（即投资者的出资比例或股东的股权比例）是确定所有者在企业所有者权益中份额的基础，也是企业进行利润分配的主要依据。

二、施工企业实收资本的核算

一般施工企业是指除股份有限公司以外的各类施工企业。根据国家有关规定，投资者投入资本的形式可以有许多种，如投资者可以用现金投资，也可以用非现金资产投资，符合规定比例的，还可以用无形资产投资。为了核算实收资本的增减情况，一般企业应设置"实收资本"账户。

（一）企业接受投资者以现金投入的资本

企业接受投资者以现金投入的资本，应当以实际收到或者存入企业开户银行的金额作为实收资本入账，借记"现金""银行存款"账户，贷记"实收资本"账户。对于实际收到或存入企业开户银行的金额超过投资者在企业注册资本中所占份额部分，应记入资本公积。

【例9-1】 恒大建设有限公司2014年3月5日注册成立，注册时在工商管理部门登记的注册资本为5 000万元，实际收到的投资额为6 000万元，全部为银行存款，做会计分录如下。

借：银行存款		60 000 000
贷：实收资本		50 000 000
资本公积——资本溢价		10 000 000

股份有限公司是指全部资本由等额股份构成并通过发行股票筹集资本，股东以其所持股

份对公司承担有限责任，公司以其全部资产对公司债务承担责任的企业法人。

为了如实反映公司的股本情况，股份有限公司应设置"股本"账户进行核算。在收到现金等资产时，按实际收到的金额，借记"现金""银行存款"等账户，按股票面值和核定股份总额的乘积计算的金额，贷记"股本"账户，按其差额，贷记"资本公积——股本溢价"账户。

【例 9-2】 兴城建设股份有限公司发行普通股 5 000 万股，每股面值 1 元，股票发行价格为 1.5 元/股。假定无其他费用，股票发行成功，股款 7 500 万元已全部收到。兴城建设股份有限公司做如下会计分录。

```
借：银行存款                                    75 000 000
    贷：股本                                     50 000 000
        资本公积——股本溢价                       25 000 000
```

（二）企业接受投资者以非现金资产投入的资本

企业接受投资者以非现金资产投入的资本时，应按投资各方确认的价值作为实收资本入账，在办理有关产权转移手续后，借记"固定资产""库存材料""库存商品"等账户，贷记"实收资本"账户。对于投资各方确认的资产价值超过其在注册资本中所占份额的部分，应计入资本公积。

【例 9-3】 恒远建设有限公司设立时收到大兴公司作为资本投入的商用办公室一套，合同约定该办公室的价值为 700 万元，且合同约定的固定资产价值与公允价值相符，不考虑其他因素，恒远建设有限公司应编制如下会计分录。

```
借：固定资产                                     7 000 000
    贷：实收资本                                  7 000 000
```

（三）企业接受外币资本投资

企业接受外币资本投资主要是针对外商投资企业而言的。外商投资企业在接受外币资本投资时，采用交易发生日的即期汇率将外币金额折算为记账本位币金额入账；借记"银行存款"账户，贷记"实收资本"账户。

【例 9-4】 利华建设有限公司设立时收到海外 A 公司投入的资本金 200 万美元，收到 200 万美元当日的汇率为 1 美元＝6.15 元人民币，利华建设有限公司做如下会计分录。

```
借：银行存款                                    12 300 000
    贷：实收资本                                 12 300 000
```

三、资本变动的核算

根据我国的有关法律规定，企业资本（或股本）除下列情况外，不得随意变动：一是符合增资条件，并经有关部门批准增资；二是企业按法定程序报经批准减少注册资本。

（一）企业增资

1. 企业接受投资者额外投入实现的增资。在企业按规定接受投资者额外投入实现增资时，企业应按实际收到的款项或其他资产，借记"银行存款"等账户，按增加的实收资本或股本金额，贷记"实收资本"或"股本"账户，按两者之间的差额，贷记"资本公积——资本溢价"或"资本公积——股本溢价"账户。

【例 9-5】 B 公司决定对恒大建设有限公司投资 2 500 万元，合同约定其中 2 000 万元用于增加注册资本，其余增加公司资本公积，做如下会计分录。

借：银行存款　　　　　　　　　　　　　　　　　　　　25 000 000
　　贷：实收资本　　　　　　　　　　　　　　　　　　　20 000 000
　　　　资本公积——资本溢价　　　　　　　　　　　　　 5 000 000

2. 资本公积转增资本。企业采用资本公积转增资本时，应按照转增资本的金额，借记"资本公积——资本（或股本）溢价"账户，贷记"实收资本"或"股本"账户。

3. 盈余公积转增资本。企业采用盈余公积转增资本时，应按照转增资本金额，借记"盈余公积"账户，贷记"实收资本"或"股本"账户。

【例 9-6】　恒大建设有限公司共有两名投资人，其中 A 公司投资 5 000 万元，占总投资额的 71%，B 公司投资 2 000 万元，占总投资额的 29%。现恒大建设有限公司决定用 1 000 万盈余公积增加注册资本，并已报批，做如下会计分录。

借：盈余公积　　　　　　　　　　　　　　　　　　　　10 000 000
　　贷：实收资本——A 公司　　　　　　　　　　　　　　 7 100 000
　　　　　　　　——B 公司　　　　　　　　　　　　　　 2 900 000

4. 采用发放股票股利方式增资。公司应在实施该方案并办理完增资手续后，根据实际发放股票股利数，借记"利润分配——转作股本的股利"账户，贷记"股本"账户。

（二）企业减资

企业按法定程序报经批准减少注册资本时，应按减少金额，借记"实收资本"或"股本"账户，贷记"现金""银行存款"等账户。

四、上级企业拨入资金的核算

施工企业由于业务需要收到上级企业拨付的生产经营用资金或固定资产用"上级拨入资金"账户核算。本科目借方核算上级企业从本单位收回的拨入资金，贷方核算上级企业实际拨入的资金，期末贷方余额反映上级企业拨入资金期末数额。收到上级企业拨入的固定资产，应按其净值入账；拨入的流动资产，按其实际拨入数入账。

【例 9-7】　正兴建设有限公司收到集团总公司拨付的生产经营用资金 100 万元，施工设备一台，原值 200 万元，已提折旧 80 万元，做如下会计分录。

借：银行存款　　　　　　　　　　　　　　　　　　　　 1 000 000
　　固定资产　　　　　　　　　　　　　　　　　　　　　 2 000 000
　　贷：上级拨入资金　　　　　　　　　　　　　　　　　 2 200 000
　　　　累计折旧　　　　　　　　　　　　　　　　　　　　 800 000

第二节　资本公积的核算

一、资本公积概述

资本公积通常是指投资者或者其他人投入到企业，所有权归属于投资者，并且投入金额超过法定资本部分的资金。资本公积从来源上看，它不是由企业实现的利润转化而来的，本质上属于投入资本的范畴。《中华人民共和国公司法》规定，资本公积主要用来转增资本

（或股本）。

二、资本公积的核算

企业应设置"资本公积"账户进行资本公积的核算。"资本公积"应分"资本（或股本）溢价""其他资本公积"进行明细核算。

（一）资本（或股本）溢价

"资本公积——资本（或股本）溢价"核算的主要内容如下。

1. 有限公司股东投入资本形成的资本溢价：借记有关科目，贷记"实收资本"。

2. 股份公司股东投入股本形成的股本溢价：借记有关科目，贷记"股本"。

3. 同一控制下企业合并涉及的资本公积：同一控制下企业合并形成的长期股权投资，应在合并日按取得被合并方所有者权益账面价值的份额，借记"长期股权投资"科目，按享有被投资单位已宣告但尚未发放的现金股利或利润，借记"应收股利"科目，按支付的合并对价的账面价值，贷记有关资产科目或借记有关负债科目，按其差额，贷记或借记"资本公积——资本溢价（股本溢价）"科目，资本公积不足冲减的，应借记"盈余公积""利润分配——未分配利润"科目。

4. 拨款转入形成的资本溢价：是指企业收到国家拨入的专门用于技术改造、技术研究等的拨款项目完成后，按规定转入资本公积的部分。"拨款转入"在"资本公积——资本溢价"中过渡，最终转为实收资本或股本。

【例 9-8】 正兴建筑有限责任公司收到国家拨入专款 20 万元，专门用于技术研究。正兴公司用专款购入 12 万元的试验设备，其余款项全部用于研究费支出。该项目已完成，正兴公司做如下会计分录。

（1）收到拨入款项时

借：银行存款	200 000
贷：专项应付款	200 000

（2）购入试验设备时

借：固定资产	120 000
贷：银行存款	120 000

（3）发生研究费支出时

借：管理费用	80 000
贷：银行存款	80 000

（4）项目完成时

借：专项应付款	200 000
贷：管理费用	80 000
资本公积——资本溢价	120 000

（5）转增资本金时

借：资本公积——资本溢价	120 000
贷：实收资本	120 000

5. 将债务转为资本形成的资本溢价：将债务转为资本形成的资本溢价计入资本公积，形成的债务重组利得计入"营业外收入——债务重组利得"科目。

（二）其他资本公积

"资本公积——其他资本公积"核算的主要内容如下。

1. 采用权益法核算的长期股权投资：投资企业对于被投资单位除净损益以外所有者权益的其他变动，企业按持股比例计算应享有的份额，借记或贷记"长期股权投资"科目，贷记或借记"资本公积——其他资本公积"科目；处置权益法核算的长期股权投资，还应结转原已计入资本公积的相关金额，借记或贷记"资本公积——其他资本公积"科目，贷记或借记"投资收益"。

【例 9-9】　正兴建筑有限责任公司持有 D 公司 60％的股份，D 公司于 2016 年 11 月 3 日接受了 100 万元的现金捐赠，2017 年 6 月 8 日正兴公司将持有的 D 公司股份全部转让。正兴公司做如下会计分录。

（1）2016 年 11 月 3 日

借：长期股权投资——D 公司（股权投资准备）　　　　　　　　600 000
　　贷：资本公积——其他资本公积　　　　　　　　　　　　　　　　600 000

（2）2017 年 6 月 8 日

借：资本公积——其他资本公积　　　　　　　　　　　　　　　600 000
　　贷：投资收益　　　　　　　　　　　　　　　　　　　　　　　600 000

2. 以权益结算的股份支付：以权益结算的股份支付换取职工或其他方提供服务的，应按照确定的金额，借记"管理费用"等科目，贷记"资本公积——其他资本公积"科目。在行权日，应按实际行权的权益工具数量计算确定的金额，借记"资本公积——其他资本公积"科目，按计入实收资本或股本的金额，贷记"实收资本"或"股本"科目，按其差额，贷记"资本公积——资本溢价或股本溢价"科目。

3. 存货或自用房地产转换为公允价值计量的投资性房地产：按照"投资性房地产"科目的相关规定进行处理，相应调整资本公积。

4. 可供出售金融资产公允价值的变动：将持有至到期投资重分类为可供出售金融资产，或将可供出售金融资产重分类为持有至到期投资，按照"持有至到期投资""可供出售金融资产"等科目的相关规定调整"资本公积——其他资本公积"科目。

将可供出售金融资产重分类为采用成本或摊余成本计量的金融资产，对于原计入"资本公积"的相关金额，还应分别不同情况，相应调整"资本公积——其他资本公积"科目。

可供出售金融资产的后续计量，按相关规定，相应调整"资本公积——其他资本公积"。

5. 采用收购股票方式减资所涉及的资本公积核算：股份有限公司采用收购本公司股票方式减资的，应按股票面值和注销股数计算的股票面值总额，借记"股本"科目，按所注销的库存股的账面余额，贷记"库存股"科目，按其差额，借记"资本公积——股本溢价"科目，股本溢价不足冲减的，应借记"盈余公积""利润分配——未分配利润"科目；购回股票支付的价款低于面值总额的，应按股票面值总额，借记"股本"科目，按所注销的库存股的账面余额贷记"库存股"科目，按其差额，贷记"资本公积——股本溢价"科目。

6. 资产负债表日：满足运用套期会计方法条件的现金流量套期和境外经营净投资套期产生的利得或损失，属于有效套期的，借记或贷记有关科目，贷记或借记"资本公积——其他资本公积"科目；属于无效套期的，借记或贷记有关科目，贷记或借记"公允价值变动损益"科目。

第三节　留存收益的核算

一、留存收益概述

留存收益是指企业从历年实现的利润中提取或形成的留存于企业内部的积累。留存收益来源于施工企业的施工生产经营活动所实现的净利润，包括企业的盈余公积和未分配利润。

盈余公积是从企业当年实现的净利润中按一定比例提取的各种积累资金，是有指定用途的留存收益。企业提取的盈余公积主要用于弥补亏损、转增资本（股本）以及发放现金股利或利润。盈余公积由法定盈余公积、任意盈余公积两项组成。

未分配利润是企业实现的净利润经过弥补亏损，提取盈余公积和向投资者分配利润后留存在企业的、历年结存的利润。

二、盈余公积的核算

（一）盈余公积增加的核算

对于一般企业和股份有限公司，在按规定提取各项盈余公积时，应当按照提取的各项盈余公积金额，借记"利润分配——提取法定盈余公积""利润分配——提取任意盈余公积"账户，贷记"盈余公积——法定盈余公积""盈余公积——任意盈余公积"账户。

【例 9-10】　正兴建筑有限责任公司 2012 年实现税后利润6 000万元，按 10% 提取法定盈余公积 600 万元，会计处理如下。

　　借：利润分配——提取法定盈余公积　　　　　　　　　　　　　　　　6 000 000
　　　　贷：盈余公积——法定盈余公积　　　　　　　　　　　　　　　　　　　　6 000 000

（二）盈余公积减少的核算

1. 盈余公积弥补亏损

企业经股东大会或类似机构决议，用盈余公积弥补亏损时，应当借记"盈余公积"账户，贷记"利润分配——盈余公积补亏"账户。

【例 9-11】　利华公司经股东大会决议，用以前年度提取的法定盈余公积弥补当期亏损，当期弥补亏损的数额为 80 万元。会计处理如下。

　　借：盈余公积——法定盈余公积　　　　　　　　　　　　　　　　　　800 000
　　　　贷：利润分配——盈余公积补亏　　　　　　　　　　　　　　　　　　　800 000

2. 盈余公积转增资本（或股本）

盈余公积转增资本时借记"盈余公积"账户，贷记"实收资本"（股本）账户。

3. 用盈余公积分配现金股利或利润

企业经股东大会或类似机构决议，用盈余公积分配现金股利或利润时，借记"盈余公积"账户，贷记"应付股利"账户。

【例 9-12】　利华公司经股东大会决议，用以前年度提取的法定盈余公积分配现金股利，当期共分配现金股利 120 万元。会计处理如下。

　　借：盈余公积——法定盈余公积　　　　　　　　　　　　　　　　　　1 200 000

贷：应付股利　　　　　　　　　　　　　　　　　　　　　　　　　　1 200 000

三、未分配利润的核算

未分配利润是通过"利润分配"科目核算的。利润分配科目应当分别"提取法定盈余公积""提取任意盈余公积""应付现金股利或利润""转作股本的股利""盈余公积补亏"和"未分配利润"等进行明细核算。

外商投资企业则应设置"提取储备基金""提取企业发展基金""提取职工奖励及福利基金"等科目。

（一）分配股利或利润的核算

企业经股东大会或类似机构决议，分配给股东或投资者的现金股利或利润，借记"利润分配——应付现金股利或利润"科目，贷记"应付股利"科目；企业经股东大会或类似机构决议，分配给股东的股票股利，应在办理增资手续后，借记"利润分配——转作股本的股利"科目，贷记"股本"科目。

（二）期末结转的核算

企业期末结转利润时，应将各损益类科目的余额转入"本年利润"科目。结转后"本年利润"的贷方余额为当期实现的净利润，借方为当期实现的净亏损。

年度终了，应将"本年利润"科目的余额转入"利润分配——未分配利润"科目；同时将"利润分配"科目所属的其他明细科目的余额，也转入"利润分配——未分配利润"科目。

结转后，"利润分配——未分配利润"科目的贷方余额，就是未分配利润的金额；如出现借方余额，则表示未弥补亏损的金额。"利润分配"科目所属的其他明细科目应无余额。

（三）弥补亏损的核算

企业以当年实现的利润弥补以前年度结转的未弥补亏损时，不需要进行专门的账务处理。因为企业年终结转当年实现的利润时，借记"本年利润"科目，贷记"利润分配——未分配利润"科目，其"未分配利润"的贷方发生额（本年形成）与借方余额（以前年度累计形成）自然抵消。

【例 9-13】　利华公司本年实现净利润 200 万元，弥补以前年度亏损 50 万元；按 10％提取法定盈余公积 15（150×10％）万元；经股东大会决议分配现金股利 25 万元；年终会计处理如下。

借：本年利润　　　　　　　　　　　　　　　　　　　　　　　　　　2 000 000
　　贷：利润分配——未分配利润　　　　　　　　　　　　　　　　　　2 000 000
借：利润分配——提取法定盈余公积　　　　　　　　　　　　　　　　　150 000
　　贷：盈余公积——法定盈余公积　　　　　　　　　　　　　　　　　　150 000
借：利润分配——应付现金股利或利润　　　　　　　　　　　　　　　　250 000
　　贷：应付股利　　　　　　　　　　　　　　　　　　　　　　　　　250 000
同时，
借：利润分配——未分配利润　　　　　　　　　　　　　　　　　　　　400 000
　　贷：利润分配——提取法定盈余公积　　　　　　　　　　　　　　　　150 000
　　　　　　——应付现金股利或利润　　　　　　　　　　　　　　　　250 000

假定利华公司年末未结账前"利润分配——未分配利润"账户的余额为借方 50 万元，经过年末结转后，该账户余额为贷方 110（－50＋200－40）万元。也就是说企业尚有 110 万元的利润可供分配。

【例 9-14】 利华公司本年实现净利润 100 万元，弥补以前年度亏损 100 万元；年终会计处理如下。

借：本年利润 1 000 000
贷：利润分配——未分配利润 1 000 000

假定利华公司年末未结账前"利润分配——未分配利润"账户的余额为借方 200 万元，经过年末结转后，该账户余额为借方 100（－200＋100）万元。也就是说企业尚有 100 万元的亏损留待以后年度弥补。

····· 复习思考题 ·····

9-1 思考题

1. 所有者权益的性质、特点和来源途径是什么？

2. 所有者权益和负债有哪些区别？

3. 施工企业（或股份制施工企业）所有者权益的会计处理方法如何确定？

4. 资本公积及留存收益的内容有哪些？ 如何核算？

9-2 核算题

1. 目的：练习实收资本的核算。

（1）资料

① 某公司收到国家投资 120 万元，法人投资 50 万元，个人投资 30 万元，共计人民币 200 万元，收到的款项全部存入该公司的开户银行。

② A 企业收到 B 公司作为资本投入的库存材料一批，该批库存材料有投资双方确认的价值80 000元。经税务部门认定应交增值税额为13 600元。 B 公司已开具了增值税专用发票。

（2）要求

进行相应的账务处理。

2. 目的：练习资本公积的核算。

（1）资料

某施工企业原来由甲、乙、丙 3 个投资者组成，每个投资者各出资600 000元，共计实收资本1 800 000元。 经营两年后，有一丁投资者加入该企业，经协商，企业将注册资本增加到2 400 000元，该投资者缴入850 000元拥有该企业 25% 的股份。

（2）要求

对该企业进行账务处理。

3. 目的：练习留存收益。

（1）资料

某企业本年实现税后利润 500 万元，按 10% 的比例提取法定盈余公积，按 5% 的比例提取任意盈余公积。 经股东大会决议，用以前年度提取的法定盈余公积弥补当期亏损，当期弥补亏损的数额为 60 万元。经企业批准，在本期将盈余公积 40 万元用于转增资本。

（2）要求

对该企业全过程进行账务处理。

第十章 工程施工成本的核算

【本章学习目标】

了解施工企业工程成本核算组织、核算要求及成本核算对象、核算的一般程序。

熟悉施工企业工程成本的概念及工程成本核算项目。

掌握施工企业各项成本费用归集和分配过程,解决实际成本核算的问题,编制竣工工程成本决算表。

第一节　工程施工成本概述

工程施工成本核算是项目成本管理的一个重要环节,是通过一定的方法对施工项目过程中发生的各项成本费用进行逐一统计考核并以此为基础确立降低成本、提高效益的一种科学管理活动。

一、工程施工成本的含义和分类

工程施工成本是指施工企业以施工项目为核算对象,在施工过程中实际发生的、与施工项目直接相关的物化劳动的耗费和活劳动中必要劳动耗费的各项支出总和。也就是说,工程施工成本是指施工企业为进行一定的工程施工所发生的直接人工、直接材料、机械使用费、其他直接费和间接费的全部生产费用的总和。根据施工项目的特点和成本管理要求、按成本计算标准、成本计算范围和成本核算项目的不同,可将工程施工成本分为以下几类。

1. 按成本计算标准不同的分类

按成本计算标准不同,可将工程施工成本分为预算成本、计划成本和实际成本。

预算成本是按建筑安装工程实物量及国家和地区或企业制定的预算定额及取费标准计算的社会平均成本或企业平均成本,是以施工图预算为基础进行分析、预测、归集和计算确定的。预算成本由直接费和现场管理费组成,工程预算成本加间接费、计划利润、税金构成工程项目预算造价,在招标投标时,预算造价是施工企业与发包单位签订承包合同和进行工程价款结算的主要指标。

计划成本是在预算成本的基础上,根据上级下达的成本降低任务和企业采用各项技术组织措施后预计形成的降本潜力,预先确定的计划施工费用,亦称标准成本或目标成本。计划成本是控制施工项目成本支出的标准,也是成本分析和考核的管理目标。

实际成本是在施工过程中实际发生的可以列入成本支出的各项费用总和,是工程项目施工活动中各种耗费的综合反映,是衡量企业施工管理水平和成本降低任务完成情况的重要依据。

总之,预算成本反映施工项目的预计支出,实际成本反映施工项目的实际支出,两者的差额为企业的工程成本降低额，预算成本与计划成本的差额为项目计划成本降低额。

2. 按成本计算范围不同的分类

按成本计算范围不同可将工程施工成本分为建设项目工程成本、单项工程成本、单位工程成本、分部工程成本和分项工程成本。

建设项目工程成本是指一个总体设计或初步设计范围内，由一个或几个单项工程组成，经济上独立核算，行政上实行统一管理的建设单位，建成后可独立发挥生产能力或效益的各项工程所发生的施工费用的总和，如某个汽车制造厂的工程成本。

单项工程成本是指在一个建设项目中，具有独立的设计文件，竣工后可以独立发挥生产能力和效益的各项工程所发生的施工费用。如一个仓库工程成本、一栋住宅工程成本。

单位工程成本是指具有独立的设计文件，具有独立的施工组织设计和图纸，但完工后一般不能独立发挥生产能力和效益的工程施工中所发生的施工费用。如厂房建筑工程成本、设备安装工程成本。

分部工程成本是指对单位工程按工程的结构部位和主要工种部位进行施工所发生的施工费用。如基础、钢筋混凝土主体、电气和通风工程成本等。

分项工程成本是指分部工程中最小施工过程施工时所发生的施工费用。如基础开挖、砌砖、绑扎钢筋等工程成本，是组成建设项目成本的最小成本单元。

3. 按计算实际工程施工成本项目不同的分类

施工企业在计算实际工程施工成本时，就是按照成本项目和成本核算对象不同来归集企业在施工生产经营过程中所发生的各项费用。包括直接人工费、直接材料费、机械使用费、其他直接费和间接费用。

（1）直接人工费指直接从事建筑安装工程施工的工人和在施工现场直接为工程制作构件的工人以及在现场运料、配料等辅助施工人员的工资、奖金、职工福利费、工资性质的津贴等。在实务中，施工企业在核算时直接人工费是指支付给具有从事建筑安装劳务资质的劳务公司的劳务款项。

（2）直接材料费指在施工过程中所耗用的、构成工程实体的各种主要材料、结构件和有助于工程形成的其他辅助材料的费用，以及周转材料的摊销额及租赁费用。

（3）机械使用费指在施工中，使用自有施工机械所发生的机械使用费，使用外单位施工机械的租赁费，以及按规定支付的施工机械安装、拆卸和进出场费。

（4）其他直接费是指除上述直接费以外的施工过程中发生的其他费用。同材料费、人工费、机械使用费相比，其他直接费具有较大弹性。具体包括：设计有关的技术援助费用、施工现场材料的二次搬运费、生产工具和用具使用费、检验试验费、工程定位复测费、工程点交费用、场地清理费用等其他直接费用。

（5）间接费用是企业下属的施工、生产单位为组织和管理施工生产活动所发生的费用，通常是指分公司或项目经理部为施工准备、组织施工生产和管理所需的费用，包括施工、生产单位管理人员工资、奖金、职工福利费、劳动保护费、行政管理、固定资产折旧费及修理费、物料消耗、低值易耗品摊销、取暖费、水电费、办公费、差旅费、财产保险费、工程保修费、劳动保护费、排污费及其他费用等。

第（1）～（4）项内容计入直接费用，在发生时应当直接计入合同成本；第（5）项内容计入间接费用，应当在期末按照合理的方法分摊计入合同成本。

二、工程计价中建筑安装工程费用的组成

在工程计价中，从 2016 年 5 月 1 日起施工企业实行增值税，工程项目计价发生了改变，工程造价＝税前工程造价×(1＋11％)。其中，11％为建筑业增值税税率，税前工程造价为人工费、材料费、施工机具使用费、企业管理费、利润和规费之和，各费用项目均为不包含增值税可抵扣进项税额的价格。

（一）直接费概念及内容

直接费由直接工程费和措施费组成。

直接工程费是指施工过程中耗费的构成工程实体的各项费用，包括人工费、材料费、施工机械使用费。其中人工费是指直接从事建筑安装工程施工的生产工人开支的各项费用，包括基本工资、工资性补贴、职工福利费、生产工人劳动保护费等；材料费是指施工过程中耗费的构成工程实体的原材料、辅助材料、构配件、零件、半成品的费用，包括材料原价（或供应价格）、材料运杂费、运输损耗费、采购及保管费等；施工机械使用费是指施工机械作业所发生的机械使用费以及机械安拆费和场外运费。

措施费是指为完成工程项目施工，发生于该工程施工前和施工过程中非工程实体项目的费用，包括环境保护费、文明施工费、安全施工费、临时设施费、夜间施工费、二次搬运费、混凝土、钢筋混凝土模板及支架费、脚手架费、已完工程及设备保护费、施工排水、降水费等。

（二）间接费用的概念及内容

间接费是由规费、企业管理费组成。

规费是指政府和有关权力部门规定必须缴纳的费用，包括工程排污费、工程定额测定费、社会保障费、住房公积金、危险作业意外伤害保险等。

企业管理费是指建筑安装企业组织施工生产和经营管理所需费用，内容包括：管理人员工资、办公费、差旅交通费、固定资产使用费、工具用具使用费、劳动保险费、工会经费、职工教育经费、财产保险费、财务费、税金和其他。

（三）利润

利润是指施工企业完成所承包工程获得的盈利。按照不同的计价程序，利润的计价方法有所不同。利润等于计算基数和利润率的乘积。计算基数分别可以按直接费和间接费的合计、人工费和机械费的合计以及人工费确认。

（四）税金

税金是指《税法》规定缴纳的增值税和应计入建筑安装工程造价内的城市维护建设税、教育费附加及地方教育费附加等组成。

工程施工成本会计核算项目与工程造价口径的区别如下。

一是工程施工成本会计核算项目包括直接人工费、直接材料费、机械使用费、其他直接费和间接费用五项内容，但在工程造价计算依据《建筑安装工程费用项目组成》中，没有其他直接费项目，而是将成本会计核算中的其他直接费、临时摊销费以及直接费用中非实体消耗费用合并为措施费，因此预算项目和会计入账在成本核算项目及内容上均有差别。

二是《建筑安装工程费用项目组成》规定：检验试验费计入材料费核算，而会计上将检验试验费计入其他直接费核算；另外非实体消耗费用均计入措施费项目核算，而会计上将周

转材料计入材料费用核算，因此检验试验费和周转材料在预算成本和实际成本归集费用的口径不同。

三、工程施工成本核算的基本要求

（一）执行工程成本开支范围和费用标准

加强对生产费用的审核和控制，严格执行国家、行业、企业有关工程预算定额、企业施工定额、成本计划、成本管理与核算的法规、规章和制度要求，严格遵守国家规定的工程成本开支范围和费用开支标准，这是工程项目成本核算的先决条件和首要任务。

（二）正确划分成本费用的界限

（1）正确划分成本费用支出与非成本费用支出的界限，包括划分资本性支出与收益性支出、营业支出与营业外支出的界限。

（2）正确划分生产费用及期间费用的界限。

（3）正确划分本期工程成本和下期工程成本的费用界限。

（4）正确划分不同工程成本核算对象之间的成本费用界限。

（5）正确划分已完工程和未完工程的界限。按月结算方式下的期末未完工程，要求项目在期末未完施工进行盘点，按照预算定额规定的工序，折合成已完分部分项工程费，再按照期末未完施工成本计算方法确认期末未完分部分项工程成本。

（三）做好成本核算的基础工作

建立企业必须加强成本核算的五项基础工作。一是建立健全企业内部的成本管理责任制；二是健全各种材料物资的收发、领退、转移、报废、清查、盘点制度；三是建立健全与成本核算有关的各项原始记录和工程量统计制度；四是强化定额管理制度，制定和修订工时、材料、费用等各项内部消耗定额，制定合理的材料、结构件、劳务等内部结算价格；五是完善各种计量检测设施，严格计量检验制度，使成本核算具有可靠的基础。

（四）建立健全企业内部成本核算的其他各项工作

（1）企业必须根据计算期内已完成工程材料采购的数量以及实际消耗和实际价格，计算工程和材料的实际成本。不得以估计成本、预算成本或计划成本代替实际成本。

（2）企业进行实际成本核算时，其实际成本的核算范围、项目设置和计算口径，应与国家有关财务制度、施工图预算、施工预算或成本计划取得一致。投标承包和投标包干的工程，其实际成本的核算范围、项目设置和计算口径，应与按中标价或合同编制的施工预算取得一致。

（3）企业成本核算的各种处理方法，包括材料的计价、材料成本差异的调整、周转材料和低值易耗品的摊销、费用的分配、已完工工程和未完工程的计算等，前后各期必须一致，不得任意变更成本核算方法，如需变更，需报经主管部门批准，并将变更的原因及其对成本和财务状况的影响，在当期的财务报告中加以说明。

四、施工企业成本核算的组织

（一）三级核算体制

在实行总公司、分公司、项目经理部三级管理体制的企业一般可以把工程成本计算工作划归分公司，实行总公司汇总企业的生产成本，分公司计算工程成本，项目经理部计算本项目发生的工料等直接费，见表 10-1 所示。

表 10-1 施工企业三级成本核算体制及核算内容

总公司	汇总收入	成本（费用）支出
	总公司全部收入合计	汇总各公司成本、营业（销售）费用、管理费用、财务费用
	（税金）	
分公司	汇总收入	成本支出
	项目经理部及其他基层核算单位全部收入合计	在汇总项目部直接费成本或其他核算单位成本的基础上，摊销分公司本级管理费用支出，计提分公司工资五险一金，统一计提工会经费
	（税金）	
项目经理部	收入	成本支出
	人工费 材料费 机械费 临时设施费 周转材料费 文明施工安全管理费 现场经费 工程水电费 其他直接费 分包项目费用 计取利润	人工费 材料费 机械费 临时设施费 周转材料费 文明施工安全管理费 现场经费 工程水电费 其他直接费 分包项目费用
	（税金）	

（二）两级核算体制

在实行公司、项目经理部两级管理体制的企业，一般可在项目经理部（或施工队）计算工程成本，公司进行全面的成本核算工作，汇总核算全部工程、产品、作业的实际生产成本。项目经理部核算工程、产品、作业的直接费用及现场管理费，及时向公司提供成本核算资料。

第二节 工程施工成本核算对象和程序

一、工程施工成本核算对象

成本核算对象是指施工企业在进行工程成本核算时，选择什么样的工程作为目标，归集和分配建筑工程的生产成本，即建筑工程建造成本的承担者。

一般情况下，施工企业应根据建设项目规模大小、结构类型、工期长短和施工现场的条件等具体情况，以单项工程为对象编制施工图预算，再以施工图预算为依据和甲方（建设单位等发包方）就所承接的每一建设项目签订施工承包合同。因此，施工承包合同与工程成本核算对象之间有着非常密切的关系。施工企业一般应按照与施工图预算相适应的原则，以每一独立签订施工承包合同的单项工程为依据，并结合企业施工组织的特点和加强工程成本管理的要求，来确定工程成本核算对象。

所谓建设项目是基本建设工程项目的简称，是指在一个场地上或几个场地上按一个总体设计进行施工的各个工程项目的总和。单项工程是指在一个建设项目中，具有独立的设计文件，竣工后可以独立发挥生产能力或效益的工程，它是建设项目的组成部分。单位工程是指具有独立设计文件，但完工后一般不能独立发挥生产能力或效益的工程。

工程成本的核算对象包括以下五种情况。

（1）原则上，施工企业应该以每一单项工程作为成本核算的对象，简称单工号单账套核算。在实务中，施工企业基本采用此种核算方法进行工程成本核算。

（2）两个或两个以上施工单位共同承担一项单位工程施工任务的，以单位工程作为成本核算的对象，各自核算其自行施工的部分。

（3）如果一项建造合同包括多项资产，且同时具备下列条件，应将每项资产确定为成本核算对象。

① 每项资产均有独立建造计划，有独立的施工图预算。

② 在签订合同时，施工企业与客户就每项资产单独进行谈判，双方能够接受或拒绝与每项资产有关的合同条款。

③ 每项资产的收入和成本可以单独辨认，有各自的预算成本和收入。

（4）一组合同无论对单个客户还是多个客户，如同时具备下列条件，应把一组合同作为一个成本核算对象，统一计算和确认该组合同的收入、费用和利润。

① 该组合同按一揽子交易签订，由本企业同时施工，并根据整个项目施工进度办理价款结算。

② 该组合同密切相关，建造工程由本企业统一管理，统一调配施工人员和集中用料；每项合同各自的完工进度直接关系到整个建设项目的完工进度和价款结算，构成该组综合利润率的组成部分。

③ 该组合同同时或依次履行。

（5）对于规模大、工期长的合同项目，或采用新结构、新技术、新工艺的分部位工程，为了取得单项资产的某一部位的核算资料，在施工企业内部可以将工程划分为若干部位，以分部位工程为成本核算对象，以便总结经验，但不作为和客户结算的依据。

二、工程施工成本核算程序

对各种生产费用进行审核、控制，并将它们按照经济用途进行归类，计入各个成本核算对象，成本核算程序一般分为工程成本的总分类核算和明细分类核算。

（一）工程施工成本总分类核算程序

工程成本的总分类核算程序是指根据施工企业的组织特点，所承包工程的实际情况和工程价款结算办法，总括地核算工程成本时一般应采取的步骤和顺序。

1. 总分类主要账户的设置

（1）"工程施工"账户，属于成本类账户。该账户按照成本核算对象和成本项目归集施工生产费用。本账户设置"合同成本"和"合同毛利"两个明细账户。合同成本账户的借方计入施工企业生产过程中发生的人工费、材料费、机械使用费、其他直接费和间接费用。合同毛利账户核算各项工程施工合同确认的合同毛利。施工企业进行施工发生的各项费用，借记"工程施工"，贷记"应付职工薪酬""原材料"等科目。按建造合同准则确认工程合同收入、费用时，借记"主营业务成本"科目，贷记"主营业务收入"科目，按其差额，借记或贷记"工程施工（合同毛利）"。合同完工结清"工程施工"和"工程结算"账户时，借记"工程结算"，贷记"工程施工"。

"工程施工"账户贷方登记结转已完工程实际成本，期末借方余额为未完工程的工程施工合同成本和合同毛利。

（2）"辅助生产"账户，属于成本类账户。该账户核算企业内部非独立核算的辅助生产部门为工程施工、机械作业等提供劳务作业和建筑产品所发生的各项费用。该账户的借方计入提供劳务作业和建筑产品（如施工机械的装卸、设备维修、现场制作构件等）所发生的各项生产费用；贷方登记结转已完作业和产品的实际成本；期末借方余额为未完作业和产品的实际成本。

（3）"机械作业"账户，属于成本类账户。该账户核算企业承建项目使用自有施工机械和运输设备所发生的各项费用。该账户的借方计入发生的各项机械使用费支出；贷方登记期末按受益对象分配结转机械使用费实际成本；期末无余额。从外单位或其他内部独立核算单位租入的施工机械租赁费应直接计入"工程施工"账户，不在本账户核算。

（4）"工程结算"账户，属于成本类账户。该账户核算施工企业根据工程施工合同的完工进度向业主开出工程价款结算单办理结算的价款，本账户应按工程施工合同设置明细账，进行明细核算。贷方登记向业主开出工程价款结算单办理结算时，结算单所列金额，借记"应收账款"账户，贷记本账户。工程施工合同完工后，将本账户余额与相关工程施工合同的"工程施工"账户对冲，借记本账户，贷记"工程施工"账户。本账户期末贷方余额，反映尚未完工工程已开出工程价款结算单办理结算的价款。

2. 工程施工成本在总分类账户间的归集结转程序

施工企业对施工过程中发生的各项工程成本，应先按其用途和发生的地点进行归集，然后再按照一定的方法分配计入受益的各个工程成本核算对象的成本中。归集结转程序如下。

（1）将本期发生的施工费用，按其发生地点和经济用途分别分配和归集到有关的施工成本和费用账户的借方。

（2）月末，将归集在"施工间接费用"账户的费用，按照一定的分配标准分配计入有关工程成本的借方。

（3）月末，将归集在"辅助生产"账户中的费用，按各受益对象进行分配并转入"工程施工""机械作业"和"管理费用"等账户的借方。

（4）月末，将归集在"机械作业"账户中的费用，按各受益对象进行分配并转入"工程施工"等账户的借方。

（5）月末，将由本月成本负担的待摊费用和预提费用，计入有关的工程成本费用账户的借方。

（6）月末，将已计算确定的已完工程实际成本从"工程施工"账户转入"工程结算"成本账户。

（二）明细分类核算程序

1. 实际成本计算的程序

（1）审核、控制生产费用，确定费用是否计入工程成本。

（2）按照费用的用途和发生地点归集当期发生或支付的各项生产费用，并按照成本项目归集应计入当期工程成本的各种要素费用。

（3）按各成本核算对象分配当期所归集的应计入工程成本的各项要素费用；按照各受益

对象分配辅助生产费用；分配结转应当由当期成本负担的待摊、预提费用；汇总计算各项工程成本。

（4）将各项工程成本费用在当期已完工程和期末在建工程之间进行分配，结算当期已完工程或竣工工程的实际成本。

2. 实际成本和预算成本计算的基本程序

（1）确定成本计算对象，开设成本明细账（成本卡）。

（2）按成本计算对象和成本项目汇总分配材料、工资及工资附加费、折旧等生产费用。

（3）分配辅助生产费用。

（4）分配施工机械使用费。

（5）分配其他直接使用费。

（6）分配施工间接费用。

（7）计算本期已完工程和未完工程的实际成本。

（8）计算已完施工的预算成本。

（9）计算竣工单位工程的实际成本和预算成本，编制单位工程成本决算。

第三节　工程施工成本项目的核算

一、人工费的归集和分配

人工费指直接从事建筑安装工程施工的工人和在施工现场直接为工程制作构件的工人以及在现场运料、配料等辅助工人的工资、奖金、津贴和补贴，职工福利费，社会保险费（包括医疗保险费、养老保险费、失业保险费、工伤保险费和生育保险费），住房公积金，工会经费和职工教育经费，非货币性福利，因解除与职工的劳动关系给予的补偿以及其他与获得职工提供的服务相关的支出。

这些发生的费用应根据受益对象在"工程施工"账户归集。

在工程成本计算中，采用计件工资形式时，应根据"施工任务单""工资结算汇总表"和有关的工资结算凭证，直接将人工费计入各受益对象的人工费成本项目中。采用计时工资时，对于工人同时参与多个工程施工项目，其发生的人工费用无法直接计入有关受益对象，一般应以实用工日数为标准进行分配，编制人工费分配表，再分别计入有关受益对象"工程成本明细账"所发生的人工费。一般可采用实用工时比例或定额工时比例。

实用工时比例计算公式如下：

$$分配系数 = \frac{生产工人的人工费}{工日总数}$$

$$某成本受益对象的工资额 = 各该对象实际耗用工日 \times 分配系数$$

财务部门根据各施工队、项目管理部等单位的"考勤记录""施工任务单""用工记录""工资卡""扣款通知单"以及"工资结算汇总单"等资料，编制工资费用分配表进行分配。

辅助生产部门的工人、机上人员的人工费、施工管理部门工作人员的人工费，应分别计入"辅助生产""机械作业"和"施工间接费用"账户，其他部门人员的工资应计入其他各有关账户。

如果项目经理部与外单位签订的是包清工合同，可选用定额工时比例法，则月末以当月验收完工的工程实物量计算出定额工日数，乘以合同人工单价确定人工费。

【例 10-1】　鸿达建筑公司第一施工队同时承担雅阁机械厂机加车间厂房和职工宿舍两项施工任务。该施工队本月的计时工资总额为408 000元，实际耗用6 000个工日（其中厂房耗用3 800个工日、宿舍耗用2 200个工日）。

则：该施工队工人日平均计时工资＝408 000÷6 000＝68（元）

机加车间厂房应分配的计时工资＝3 800×68＝258 400（元）

职工宿舍应分配的计时工资＝2 200×68＝149 600（元）

为了正确反映和监督工程成本的形成情况，建筑安装工人工资原则上应分别按施工队和成本计算对象进行分配。每月月末，施工企业的财会部门应根据各个施工队的"施工任务单""用工记录"和"工资结算汇总表"等资料，编制"建筑安装工人工资分配表"。其基本格式如表 10-2 所示。

表 10-2　建筑安装工人工资分配表

编制单位：鸿达第一施工队　　　　　　　2013 年 10 月 30 日　　　　　　　　单位：元

核算对象	实际耗用工日数	日均工资	应分配工资合计
机加车间厂房	3 800	68	258 400
职工宿舍	2 200	68	149 600
合计	6 000		408 000

根据分配表，可做如下会计分录。

借：工程施工——合同成本——机加车间厂房　　　　　　　258 400

　　　　　　　　　　　——职工宿舍　　　　　　　　　149 600

贷：应付职工薪酬——应付工资　　　　　　　　　　　　　408 000

计提本月职工薪酬：根据"建筑安装工人工资分配表"，编制"职工薪酬计提表"，如表10-3 所示。

表 10-3　职工薪酬计提表

编制单位：鸿达第一施工队　　　　　　　2013 年 10 月 30 日　　　　　　　　单位：元

核算对象	工资总额	社会保险费20%	住房公积金10%	工会经费2%	职工教育经费2.5%	合计
机加车间厂房	258 400	51 680	25 840	5 168	6 460	89 148
职工宿舍	149 600	29 920	14 960	2 992	3 740	51 612
合计	408 000	81 600	40 800	8 160	10 200	140 760

根据职工薪酬计提表，可做如下会计分录。

借：工程施工——合同成本——机加车间厂房　　　　　　　89 148

　　　　　　　　　　　——职工宿舍　　　　　　　　　51 612

贷：应付职工薪酬——社会保险费　　　　　　　　　　　　81 600

　　　　　　　　——住房公积金　　　　　　　　　　　40 800

　　　　　　　　——工会经费　　　　　　　　　　　　8 160

　　　　　　　　——职工教育经费　　　　　　　　　　10 200

根据上述会计分录，编制机械厂机加车间厂房和职工宿舍建造合同成本明细账。

二、材料费的归集和分配

（一）材料费的概念及内容

材料费是指在施工中耗用的，能构成工程实体的主要材料、结构件、未完工程的费用和有助于工程形成的其他材料费以及周转材料的摊销费和租赁费等。实际工程中，对材料的日常核算采用实际成本计价。

（二）材料费用的核算方法及其归集

施工企业发生材料收发业务时，有关部门和人员必须根据不同情况分别填制"领料单""定额领料单"和"大堆材料耗用单"等领料凭证归集材料费用。

（1）凡领用时能点清数量和分清用料对象的，应在领料单上注明成本核算对象，财会部门据以直接计入成本核算对象下。

（2）领用时虽能点清数量但需集中配料的，则需在领料单上注明"集中下料"字样。财会部门月末根据配料情况，结合材料消耗定额，据以编制"集中配料耗用计算单"，计入成本核算对象下。

（3）对于不能点清数量，难以分清用料对象的砖、瓦、白灰、砂石等大堆材料，财会部门于月末根据核算对象的实物量和材料消耗定额，采用倒扎法确立本月实际数量，编制"大堆材料耗用计算单"，据以计入各成本核算对象下。计算公式：

$$某成本核算对象本期实耗量＝\frac{该成本核算对象的定额耗用量×}{本月材料实际耗用占本月材料定额耗用量}$$

（4）周转材料，应根据各个工程成本核算对象在用的数量，按照规定的摊销方法计提当月的摊销额，并编制各种"周转材料摊销计算表"。

月末，财务部门必须严格审核各种领退料凭证，并根据各种领料凭证、退料凭证及材料成本差异，编制"材料费分配表"，计算收益对象应分配的材料费。

（三）材料费用的分配

材料费用的分配，就是定期地将审核后的领料凭证，按材料的用途归类，并将应计入工程成本的材料费用计入工程成本，将不应计入工程成本的材料费记入各自费用项目。

每月月终，财会部门应根据审核无误的"领料单""定额领料单""退料单""大堆材料耗用计算表""周转材料摊销计算表"等原始凭证，汇总编制"工程施工材料费耗用分配表"，汇总计算各成本计算对象耗用材料计划成本和分摊的材料成本差异，据以记入各项工程成本的材料费项目。这些发生的材料费应根据受益对象分别借记"工程施工——合同成本——直接材料费"，贷记"库存材料——主要材料""周转材料"等账户。

【例10-2】 2016年10月，鸿达建筑公司第一施工队同时承担雅阁机械厂机加车间厂房和职工宿舍两施工任务。该施工队根据审核无误的各种领料凭证，按材料的用途归类本月材料耗用的情况，见"材料耗用分配表"（表10-4）、"建筑构件材料等耗用分配表"（表10-5）等成本计算对象，编制会计分录，登记"机械厂机加车间厂房和职工宿舍建造合同成本明细账"。

表 10-4 材料耗用分配表

编制单位：鸿达第一施工队　　　　　2016 年 10 月 30 日　　　　　单位：元

核算对象	主要材料			
	钢材	水泥	木材	合计
机加车间厂房	120 000	32 000	22 000	174 000
职工宿舍	85 000	12 000	10 000	107 000
合计	205 000	44 000	32 000	281 000

表 10-5 建筑构件材料等耗用分配表

编制单位：鸿达第一施工队　　　　　2016 年 10 月 30 日　　　　　单位：元

核算对象	结构件	其他材料	合计	周转材料摊销额
机加车间厂房	95 000	22 000	117 000	6 000
职工宿舍	50 500	12 000	62 500	2 000
合计	145 500	44 000	179 500	8 000

根据"工程施工材料费耗用分配表"，可做如下会计分录。

（1）建造机加车间厂房领用材料时

借：工程施工——合同成本——机加车间厂房——材料费　　　　291 000

贷：原材料——主要材料　　　　174 000

　　——结构件　　　　95 000

　　——其他材料　　　　22 000

（2）机加车间厂房周转材料摊销时

借：工程施工——合同成本——机加车间厂房——材料费　　　　6 000

贷：周转材料摊销　　　　6 000

（3）建造职工宿舍领用材料时

借：工程施工——合同成本——职工宿舍——材料费　　　　169 500

贷：原材料——主要材料　　　　107 000

　　——结构件　　　　50 500

　　——其他材料　　　　12 000

（4）职工宿舍周转材料摊销时

借：工程施工——合同成本——机加车间厂房——材料费　　　　2 000

贷：周转材料摊销　　　　2 000

根据上述会计分录，登记机械厂机加车间厂房和职工宿舍建造合同成本明细账。

三、机械使用费的归集和分配

机械使用费指施工企业采用施工机械、运输设备进行机械作业所发生的各项费用。包括企业自有施工机械发生的机械使用费和租用外单位施工机械的租赁费，以及施工机械安装、拆卸和进出场费。

（一）施工机械的管理

目前，对施工机械的管理一般分为对中小施工机械和大型施工机械的两种管理方法。对中小施工机械如小型挖土机、机动翻斗车、混凝土搅拌机、砂浆搅拌机等，由土建施工单位使用并负责管理。对大型施工机械和数量不多的特殊机械设备如大型挖土机、推土机、压路机、大型吊车、升板滑模设备等，由机械施工单位负责管理，根据各土建施工单位施工的需要，由机械施工单位进行施工，或将机械租给土建施工单位，向土建施工单位结算机械台班费或机械租赁费。

（二）机械使用费包括的内容

（1）人工费：指机械操作人员的基本工资和福利等费用。

（2）燃料及动力费：指机械运转所消耗的电动力、燃料费用。

（3）材料费：指施工机械耗用的润滑及擦拭材料等费用。

（4）折旧及修理费：指按规定对机械计提的折旧基金，大修理基金和实际发生的经常修理费。

（5）更换工具、部件费用：指施工机械使用的传动皮带、轮胎、胶皮管、钢丝绳、变压器、开关、电线、电缆等替换工具和部件摊销费和维修费等。

（6）养路费、牌照税：指为施工机械如铲车、压路机等缴纳的养路费、牌照税。

（7）运输装卸费：指将施工机械运到施工现场、远离施工现场或在工地范围内转移的运输、安装、拆卸及试车等费用，若运往其他施工现场，运出费用由其他施工现场的工程成本负担。

（8）辅助设施费：是指使用施工机械建造、铺设的基础、底座、工作台、行走轨道等费用。

（9）间接费用：指机械施工队为组织机械施工、管理运输作业以及停机棚的折旧修理费等其他材料费用，如港口费、过渡费等。

（三）施工机械使用费的归集和分配

施工企业使用的施工机械可分为租赁和自行管理两种。

1. 租赁施工机械使用费的归集

对于施工企业各工程项目租赁施工机械而支出的租赁和进出场费，应根据结算账单直接记入有关各工程成本"机械使用费"项目，不通过"机械作业"账户。账务处理见如下分录。

借：工程施工——合同成本——某工程（机械使用费）

贷：银行存款

2. 自有施工机械使用费的归集

在使用自有机械费用时，对于发生的费用应首先按机组或单机归集，计算每台班的实际成本，然后根据各个成本核算对象使用台班数，确定应计入各成本核算对象的机械使用费。进行机械作业所发生的各项费用的归集和分配，通过"机械作业"账户进行核算，设置"机械作业明细账"，归集发生的机械使用费。

【例 10-3】 2016 年 3 月，黎明公司第一施工队使用自有的砂浆搅拌机进行施工，本月发生的有关费用包括：支付工资 10 000 元；支付电费 18 000 元；领用润滑油 2 400 元；计提折旧 14 000 元；支付修理费 7 000 元；领用替换工具及部件 1 000 元。根据上述业务可做如下会计分录。

借：机械作业——砂浆搅拌机   52 400

  贷：应付职工薪酬   10 000

    库存材料——润滑油   2 400

——机械配件　　　　　　　　　　　　　　　　　　　　　　1 000

　累计折旧　　　　　　　　　　　　　　　　　　　　　　　14 000

　银行存款　　　　　　　　　　　　　　　　　　　　　　　25 000

同时，财会部门根据有关凭证登记"机械作业明细账"，见表10-6所示。

表 10-6　砂浆搅拌机机械作业明细账　　　　　　　　单位：元

2014年		凭证号数	摘要	借方明细发生额							贷方	余额
月	日			人工费	燃料及动力	材料	折旧及修理费	其他直接费	间接费	合计		
3	10	付2	支付工资	10 000								
3	14	付4	支付电费		18 000							
3	14	付6	支付修理费				7 000					
3	15	转7	领用润滑油			2 400						
3	22	转8	领用替换工具及部件			1 000						
3	30	转9	计提折旧				14 000					
3	31		合计	10 000	18 000	3 400	21 000			52 400	52 400	0

3. 自有施工机械使用费的分配

期末，根据各成本计算对象的使用情况，确认机械台班数、作业量等，将机械使用费分配给各个成本计算对象，编制"机械使用费分配表"。分配方法如下。

（1）台班分配法。即按各成本核算对象使用施工机械的台班数进行分配。它适用于单机核算情形。

$$某项工程应分配的机械使用费 = 该项工程使用的机械工作台时 \times 机械使用费合计/机械工作台时合计$$

（2）预算分配法。即按实际发生的机械作业费用占预算定额规定的机械使用费的比率进行分配。它适用于不便计算台班的机械使用费。

$$某项工程应分配的机械使用费 = 该项工程使用的机械工作台时 \times 机械使用台时合计/机械预算台时合计$$

（3）作业量分配法。即以各种机械所完成的作业量为基础进行分配。诸如，以吨公里计算汽车费用。

某项工程应分配的机械使用费＝该项工程使用某机械完成的作业量×单位里程费等

（4）工料成本分配法。即按各成本核算对象使用施工机械的人工费和材料费进行分配。

（5）计划实际综合调整法。即先按机械的计划台时费分配，然后将机械使用费计划成本调整为实际成本的机械使用费的分配方法。此方法主要适用于钢筋加工机械、木工加工机械、自动翻斗车、卷扬机、蛙式打夯机、水泵等中型自有施工机械的核算。具体步骤如下。

① 确定各种施工机械每种台时费计划数。

② 求出各种施工机械按台时费计划数计算的机械使用费合计。

③ 根据"机械作业明细分类账"汇总计算实际发生的机械使用费。

④ 计算机械使用费实际数占按台时费计划数计算的百分比。

⑤ 将各成本计算对象按台时费计划数计算的机械使用费，按算得的百分比加以调整。

⑥ 做出相关机械使用费分配的会计分录。

【例 10-4】 建宏建筑施工企业 2013 年 6 月拥有中型施工机械如表 10-7 所示。

表 10-7　建宏建筑施工企业机械使用费资料

2013 年 6 月份

施工机械名称	计划台时费/(元/台时)(1)	本期实际使用台时/台时(2)	合计/元(3)=(1)×(2)
0.3 立方米履带挖土机	220.00	290 台时(其中:甲工程 240 台时,丙工程 50 台时)	63 800
0.4 立方米混凝土搅拌机	64.20	300 台时(其中:甲工程 140 台时,乙工程 100 台时,丙工程 60 台时)	19 260
其他施工机械			304 140
合计			387 200

(1) 该企业"机械作业明细分类账"汇总计算实际发生的机械使用费为 367 840 元。

现以 0.3 立方米履带挖土机为例,计算其每个台时的计划单价为 220 元的分解过程。

随机操作人员工资(220 天/年×8 台时/天×60 元/台时)　　105 600
随机操作人员福利费(操作人员工资总额 14%)　　14 784
动力用电费(年工作 220 台班×台班电费 254 元)　　55 880
折旧费(机械原值 811 200 元×年折旧率 10%)　　81 120
大修理费　　34 288
经常修理费　　34 288
运输装卸费(12 次×每次 3 000 元)　　36 000
替换工具、部件费及其他　　25 240
年度机械使用费计划数合计　　387 200
每个台班费计划数为:387 200/220=1 760(元)
每个台时费计划数为:1 760/8=220(元)

(2) 各种施工机械按台时费计划数计算的机械使用费合计为 387 200 元。

(3) 该企业"机械作业明细分类账"汇总计算实际发生的机械使用费为 367 840 元。

(4) 机械使用费实际数占按台时费计划数计算的百分比=367 840/387 200=0.95。

(5) 各成本计算对象按台时费计划数计算的机械使用费,按算得的百分比加以调整后可得表 10-8。

表 10-8　机械使用费分配表　　　　2013 年 6 月份

工程名称	使用 0.3 立方米履带挖土机总费用(计划数 220 元/台时)(1)	使用 0.4 立方米混凝土搅拌机总费用(计划数 64.20 元/台时)(2)	使用其他施工机械总费用/元(3)	按台时费计划数计算的机械使用费合计/元(4)=(1)+(2)+(3)	机械使用费调整分配数(调整比例 95%)/元(5)=0.95×(4)
甲工程	240×220=52 800	140×64.20=8 988	78 800	140 588	133 558.60
乙工程		100×64.20=6 420	129 500	135 920	129 124.00
丙工程	50×220=11 000	60×64.20=3 852	52 700	67 552	64 174.40
丁工程			43 140	43 140	40 983.00
合计	63 800	19 260	304 140	387 200	367 840.00

根据表 10-8,其机械使用费分配的会计分录如下。

借：工程施工——合同成本——甲工程　　　　　　　　133 558.60

　　工程施工——合同成本——乙工程　　　　　　　　129 124.00

　　工程施工——合同成本——丙工程　　　　　　　　 64 174.40

　　工程施工——合同成本——丁工程　　　　　　　　 40 983.00

　　贷：机械作业——挖土机　　　　　　　60 610 （63 800×0.95）

　　　　　　　　——搅拌机　　　　　　　18 297 （19 260×0.95）

　　　　　　　　——其他机械　　　　　 288 933 （304 140×0.95）

4. 租入机械的使用费核算

【例 10-5】　建宏建筑施工企业另向施工机械公司租入挖土机一台，用于甲、乙、丙工程施工，其 2013 年 6 月份使用的台班数如表 10-9 所示。该月份总的机械使用费为 41 800 元，该笔费用已用银行存款进行支付。

表 10-9　建宏建筑施工企业租赁机械月报表

机械名称	台数	工作台时			小计
		甲工程	乙工程	丙工程	
0.3 立方米履带挖土机	1	100	50	40	190

要求：（1）计算甲、乙、丙工程各自应承担的机械使用费。

　　　（2）进行账务处理。

解：（1）根据这笔业务的发生，应先将机械使用费在甲、乙、丙三个工程项目之间按使用的台班数进行分配，各自的分配率如下。

甲工程分配率＝100÷190＝0.526

乙工程分配率＝50÷190＝0.263

丙工程分配率＝40÷190＝0.211

甲工程承担的使用费＝0.526×41 800＝21 986.80（元）

乙工程承担的使用费＝0.263×41 800＝10 993.40（元）

丙工程承担的使用费＝0.211×41 800＝8 819.40（元）

（2）根据上面计算的结果可做如下会计分录。

借：工程施工——甲工程——机械使用费　　　　　　21 986.80

　　　　　　——乙工程——机械使用费　　　　　　10 993.40

　　　　　　——丙工程——机械使用费　　　　　　 8 819.40

　　贷：银行存款　　　　　　　　　　　　　　　　41 800.00

四、其他直接费的归集和分配

其他直接费是指不包括在人工费、材料费、机械使用费项目内而在预算定额以外，在施工现场发生的环境保护费，安全施工费，施工排水、降水费，冬季施工费，雨季施工费，夜间施工增加费，土方的运输费，材料二次搬运费，临时设施摊销费，生产工具用具使用费，检验试验费，工程定位复测费，工程点交费及场地清理费等。

施工企业发生的其他直接费，凡是能分清成本对象的，应直接计入各受益的工程成本核算对象下的"其他直接费"项目中。当由于某种原因（如几个工程共同发生），不能直接确定成本核算对象的其他直接费，可以先行汇总在"其他直接费"明细账中归集，并按照定额用量预算费用或以工程的工料成本作为分配基数，月末或竣工时编制"其他直接费分配表"

分配计入各成本核算对象。

【例10-6】 某建筑公司本月份发生施工生产用具使用费1.8万元（其中：厂房工程为1万元，仓库工程为0.8万元）；以银行存款直接支付场地清理费0.7万元（其中：厂房为0.4万元，仓库为0.3万元），要求进行账务处理。

借：工程施工——合同成本——其他直接费——厂房工程　　　　10 000

　　　　　　　　　　　　　　　　　——仓库工程　　　　　 8 000

　　贷：低值易耗品——低值易耗品摊销　　　　　　　　　　18 000

借：工程施工——合同成本——其他直接费——厂房工程　　　　 4 000

　　　　　　　　　　　　　　　　　——仓库工程　　　　　 3 000

　　贷：银行存款　　　　　　　　　　　　　　　　　　　　 7 000

五、间接费用的归集和分配

（一）间接费用的内容

间接费用是指为完成合同所发生的、不易直接归属于成本核算对象而应分配计入有关合同成本核算对象的，企业内部各施工单位（工区、分公司、工程处、项目部、施工队）为组织和管理工程施工所发生的各项费用支出。

（二）间接费用的归集和分配

间接费用属于共同费用，难以分清受益对象。为了归集和分配间接费，企业应在"施工间接费用"账户下进行核算，汇总本期发生的各种间接费用，并按费用项目进行明细核算。

土建工程一般应以工程成本的直接费用为分配标准。

安装工程应以安装工程的人工费用为分配标准。

间接费用的第一次分配是将发生的全部间接费用在不同类的工程进行分配。一般是以各类工程的人工费为基础进行分配，其计算公式如下。

$$间接费用分配率 = \frac{间接费总额}{各类工程成本中人工费总额} \times 100\%$$

某类工程应分配的间接费用＝该类工程成本中的人工费×间接费用分配率

间接费用的第二次分配是将第一次分配到各类工程的间接费用再分配到本类的工程中去。第二次分配是按各类工程发生的直接费或人工费为基础进行分配的，其计算公式如下。

（1）土建工程：以工程的直接成本（即人工费、材料费、机械使用费、其他直接费之和）实际发生数或已完工程直接费预算数为标准进行分配。

$$间接费用分配率 = \frac{建筑工程分配的间接费总额}{全部土建工程直接费总额} \times 100\%$$

某土建工程应分配的间接费用＝该土建工程直接费×间接费用分配率

（2）安装工程：以工程实际发生人工费或已完工程人工费预算数作为标准分配。

$$间接费用分配率 = \frac{安装工程应分配的间接费总额}{各安装工程人工费总额} \times 100\%$$

某安装工程应分配的间接费用＝该安装工程人工费×间接费用分配率

【例10-7】　永和建筑公司同时进行甲、乙两个土建工程施工，2016年12月"施工间接费用"账户期末借方余额为14 562元，本月甲工程施工直接费用为259 820元，乙工程直接费用为168 500元。

各工程应负担的施工间接费用：

本月甲工程施工间接费用分配率＝14 562/(259 820＋168 500)＝3.4％

本月甲工程应负担的施工间接费用＝259 820×3.4％＝8 833.88（元）

本月乙工程应负担的施工间接费用＝14 562－8 833.88＝5 728.12（元）

借：工程施工——甲工程　　　　　　　　　　　　　　　　8 833.88

　　　　　　——乙工程　　　　　　　　　　　　　　　　5 728.12

　　贷：施工间接费用　　　　　　　　　　　　　　　　　14 562

【例10-8】　某建筑公司第一工程处在本期只有建筑工程，没有安装工程和其他产品和劳务。本期发生的间接费172 430元。其中分配给1＃工程129 931元，2＃工程42 499元。账务处理程序如以下分录。同时记入工程成本计算单见表10-10～表10-12。

表10-10　施工间接费用明细账

单位名称：第一工程处　　　　　　　　　　　　　　　　　　　　　　　　　单位：元

日期		凭证及摘要	借　方										贷方
月	日		工作人员工资	奖金	职工福利费	办公费差旅费	工具使用费	劳动保护费	工程保修费	财产保险费	其他	合计	
		工资汇总分配表	36 725	15 305								52 030	
		工资附加提存表			31 500							31 500	
		折旧计算表					5 215					5 215	
		低耗品摊销表						1 420				1 420	
		材料汇总分配表					6 370	8 415				14 785	
		以现金支付费用				6 825		5 325	12 806			24 956	
		以银行存款支付				10 400		9 290	13 669	7 465	1 700	42 524	
		分配施工间接费用											172 430
		合　计	36 725	15 305	31 500	17 225	11 585	24 450	26 475	7 465	1 700	172 430	172 430

假设，该建筑公司第一工程处本期发生的间接费如表10-10。分配系数计算见表10-11。

分配系数＝172 430/2 016 728＝0.0855

表10-11　施工间接费用分配表

单位：元

工程项目	直接费	分配系数	金额
1＃工程	1 519 664		129 931
2＃工程	497 064		42 499
合计	2 016 728	0.0855	172 430

根据分配表10-10做会计分录。

借：工程施工——合同成本——1＃工程　　　　　　　　　129 931

　　工程施工——合同成本——2＃工程　　　　　　　　　42 499

　　贷：施工间接费用　　　　　　　　　　　　　　　　　172 430

至此，应计入本月工程成本的各项生产费用，都已计入"工程施工——合同成本"账户的借方，并已在各个成本计算对象之间进行划分，分别计入了各个工程的成本计算单，计入各工程的成本。如表10-13、表10-14所示。

表 10-12　建筑安装工程成本明细账

单位名称：某建筑公司第一工程处

日期 月	日	凭证及摘要	材料费	人工费	机械使用费	其他直接费	施工间接费用	合计
6	1	期初未完施工	3 800	1 400	240			5 440
6	30	分配材料费	1 427 130					
		分配人工费		346 138				
		分配机械使用费			121 760			
		分配其他直接费				59 800		
		分配辅助生产费用			61 900			
		分配间接费					172 430	
		本期生产费用合计	1 427 130	346 138	183 660	59 800	172 430	2 189 158
		减：期末未完施工	1 530	540				1 870
		本期已完工程实际成本	1 429 400	346 998	183 660	59 800	172 430	2 187 288
		自年初累计已完工程实际成本	2 261 790	443 240	336 026	120 310	435 699	3 489 785

表 10-13　建筑安装工程成本计算单

成本核算对象：1♯工程　　　　建筑面积：　　　　　预算造价：

日期 月	日	凭证及摘要	材料费	人工费	机械使用费	其他直接费	间接费	合计
6	1	期初未完施工	3 800	1 400	240			5 440
6	30	材料费分配表	1 080 700					
		人工费分配表		249 158				
		机械使用费分配表			106 400			
		其他直接费分配表				37 800		
		辅助费用分配表			45 600			
		施工间接费用分配表					129 931	
		本期生产费用合计	1 080 700	249 158	152 000	37 800	129 931	1 649 589
		减：期末未完施工	1 530	340				1 870
		本期已完工程实际成本	1 082 970	250 218	152 000	37 800	129 931	1 653 159
		自开工起累计已完工程实际成本	1 573 930	263 820	274 486	75 310	353 590	2 433 856

表 10-14　建筑安装工程成本计算单

成本核算对象：2♯工程　　　　建筑面积：2 352m²　　　预算造价：

日期 月	日	凭证及摘要	材料费	人工费	机械使用费	其他直接费	间接费	合计
6	1	期初未完施工						
6	30	材料费分配表	346 430					
		人工费分配表		96 980				
		机械使用费分配表			15 360			
		其他直接费分配表				22 000		
		辅助费用分配			16 300			
		施工间接费用分配表					42 499	
		本期生产费用合计	346 430	96 980	31 660	22 000	42 499	539 569
		减：期末未完施工						
		本期已完工程实际成本	346 430	96 980	31 660	22 000	42 499	539 569
		自开工起累计已完工程实际成本	687 860	179 420	61 540	45 000	82 109	1 055 929

至此，应计入本月工程成本的各项生产费用，都已计入"工程施工——合同成本"账户的借方，并已在各个成本计算对象之间进行划分。

六、辅助生产费用的归集和分配

施工企业一般都设置若干个非独立核算的辅助生产部门。辅助生产部门主要是为工程施工服务，机修车间、木工车间、供水站、供电站、混凝土搅拌站、运输队等。为工程施工、管理部门和企业内部其他部门提供产品（如材料、构件、水、电等）和劳务（设备维修、安装和拆卸、运输等）。

辅助生产部门所发生的各项费用的归集和分配，首先通过"辅助生产"账户进行，并按辅助生产车间、单位和产品、劳务的品种设置明细账，按规定的成本项目归集费用。费用发生记入该账户的借方，月末根据归集的费用计算产品、劳务的总成本和单位成本，然后再按各工程和部门的受益数量分配计入各项工程成本、机械作业成本以及其他费用项目中，同时记入"辅助生产"账户贷方。期末若有借方余额，为产品实际成本。

辅助生产费用常用的分配方法有：直接分配法、一次交互分配法、计划成本分配法和代数分配法等。由于施工企业辅助生产一般规模较小，品种比较单一，各辅助生产单位之间相互服务数量也较少，因此，多采用直接分配法。

所谓直接分配法，就是将各辅助生产单位所实际发生的全部费用，直接分配给辅助生产单位以外的各受益单位，而不考虑各辅助生产单位之间相互服务情况的一种分配方法。

【例10-9】　泛美建筑公司运输队本月发生各种费用共261 900元，已根据有关凭证登记入账表10-15。做会计分录如下。

借：辅助生产	261 900
贷：原材料	134 500
应付职工薪酬	71 800
累计折旧	17 200
低值易耗品摊销	800
工程施工——合同成本——其他直接费	1 600
制造费用	36 000

表 10-15　**辅助生产费用明细账**

类别：运输费　　　　　　　　　　　　　　　　　　　　　　　　　　　　　　　　　单位：元

日期		凭证及摘要	借方						贷方
月	日		人工费	材料费	折旧费	运输及摊销费	制造费用	合　计	
		材料分配表		134 500		1 600		136 100	
		折旧计算表			17 200			17 200	
		修理费					33 800	33 800	
		低值易耗品摊销				800		800	
		工资分配表	71 800					71 800	
		分配运输费					2 200	2 200	
		合计	71 800	134 500	17 200	2 400	36 000	261 900	261 900

月末，根据各辅助生产明细账借方发生额及实际提供的产品、劳务数量，编制"辅助生产费用分配表"（表10-16）。

表 10-16　辅助生产费用分配表

受益对象	受益数量/(t 或 km)	分配系数	金额/元
×项目部	18 580		92 900
绿园项目部	12 380		61 900
其中：1♯工程	9 120		45 600
2♯工程	3 260		16 300
材料供应站	21 420		107 100
合计	52 380	5	261 900

根据分配表做会计分录如下。

借：工程施工——合同成本——××项目经理部　　　92 900

　　　　　　　　　　　——绿园项目部　　　　　61 900

　　机械作业　　　　　　　　　　　　　　　　107 100

　　贷：辅助生产　　　　　　　　　　　　　　　261 900

七、未完施工和已完工程成本结算

（一）月度工程成本结算

1. 未完施工成本的计算

对虽已投入人工、材料进行施工，但尚未达到预算定额规定的全部工程内容的一部分工序，则视为建筑"在产品"，称为未完施工（或未完工程），不能据以收取工程价款。

未完施工成本的计算，通常是由统计人员月末到施工现场实地丈量盘点未完施工实物量，并按其完成施工的程度折合为已完工程数量，根据预算单价计算未完施工成本。计算公式如下：

$$未完施工成本＝未完施工实物量×完工程度×预算单价$$

期末未完施工成本一般不负担管理费。如果未完施工工程量占当期全部工程量的比重很小，或期初、期末数量相差不大，可以不计算未完施工成本。

根据计算结果填制"未完施工盘点单"，并记入"工程成本计算单"，即可据以结转已完工程实际成本。

2. 已完工程实际成本的计算

月末未完施工成本确定后，即可根据下列公式确定当月各个成本核算对象已完工程的实际成本。

$$已完工程实际成本＝月初未完施工成本＋本月生产费用－月末未完施工成本$$

3. 已完工程预算成本的计算

已完工程实际成本确定以后，为了对比考察成本的升降情况和与客户进行结算，还要计算当月已完工程的预算成本和预算价值。

已完工程预算成本的计算，是根据已完工程实物量、预算单价和间接费定额进行的。其计算公式如下：

$$已完工程预算成本＝\Sigma(实际完成工程量\times预算单价)\times(1＋间接费定额)$$

$$已完安装工程预算成本＝\Sigma(实际完成安装工程量\times预算单价)$$

$$＋(已完安装工程人工费\times间接费定额)$$

（二）竣工工程成本决算

竣工决算（实际造价）是指在竣工验收阶段，由建设单位编制的建设项目从筹建到建成投产或使用的全部实际成本的技术经济文件。编制"竣工成本决算"可以反映竣工单位工程的预算价值、预算成本和实际成本，是核算单位工程成本、考核工程预算执行情况、分析工程成本节约或超支原因的主要依据，为同类型工程编制成本计划等提供参考资料。

"竣工成本决算"格式如表10-17。该决算除预算成本各项根据预算部门提供的资料填列，其余均可根据成本计算单和其他明细核算资料填列。"竣工成本决算"编制程序可概括如下。

（1）工程竣工后，及时根据施工图预算和工程变更资料，调整工程预算，编制"单位工程竣工结算书"，确定该项工程预算成本和预算造价。

（2）盘点剩余材料，办理退料手续，冲减工程成本。

（3）审查、核实成本核算资料，并在此基础上编制竣工成本决算。

表 10-17　竣工成本决算表

客户：机具厂　　　　　　工程结构：砖混　　　　　开工日期：2013 年 1 月 25 日

工程名称：2#工程　　　　建筑面积：425m²　　　　竣工日期：2013 年 6 月 10 日

成本项目	预算成本	实际成本	成本降低额	成本降低率 %	工、料、机械的用量比较					
					项目	单位	预算用量	实际用量	节约超支(一)	节约超支率(一)
材料费/元	721 850	687 860	33 990	4.71						
人工费/元	180 430	179 420	1 010	0.56	一、人工	工日	8 120	7 795	325	4
机械使用费/元	61 570	61 540	30	0.05	二、机械 1. 大型机械 2. 中小机械	台班 台班	22 76			
其他直接费/元	43 726	45 000	−1 274	−2.91						
施工间接费用/元	82 910	82 109	801	0.97	三、材料 1. 木材	m²	18.5	18.2	0.3	1.62
合计/元	1 090 486	1 055 929	34 557	3.17	2. 水泥	t	315.5	302.3	13.2	4.18
简要分析及说明					3. 砖	千块	263.48	248.24	15.24	5.78
预算总价值:321 520元					（以下略）					
单方价值: 预算:756 元										

已完工程的实际成本计算，是根据已完工程数量，按照单位估价表计算的。其计算公式如下：

某工程本月完成的预算成本 ＝ 本月完成分项工程（或结构构件）工程量 × 单位估价表中的预算单价

② 按实际成本计算方法。

[⋯⋯ 正文部分被遮挡]

十、已完工程和未完工程

（二）已完工程成本核算

[⋯⋯ 被遮挡部分]

────────────────────────── 复习思考题 ──────────────────────────

10-1　思考题

1. 简述加强成本管理的意义和对象？

2. 简述成本核算对象和成本核算的基本要求有哪些？

3. 正确计算成本，必须划清哪几方面的费用界限？

4. 简述工程成本核算的程序。计算工程成本一般应设置哪些会计科目？

5. 机械使用费包括哪些内容，如何进行费用的归集和分配？

6. 什么叫"已完工程"？什么叫"未完工程"？为什么必须将施工工程分为已完工程和未完工程？未完工程成本是怎样进行计算的？

10-2　核算题

1. 目的：练习施工机械使用费的核算。

（1）资料

① 以某施工企业对施工机械使用费分大型施工机械、中型施工机械和小型施工机械进行明细分类的核算。

大型施工机械——120 吨塔吊使用费按各项工程实际台时分配。

中型施工机械先按各种机械台时费算出按台时费计划数计算的机械使用费合计，然后据实加以调整。各种机械台时费计划数分别如下。

0.4 立方米混凝土搅拌机	28 元
0.5 立方米履带挖土机	140 元
2～6 吨塔吊	72 元

小型施工机械仅计算折旧费、大修理支出和经常修理费，按各项工程工料费比例分配。

② 2004 年 10 月份共发生下列有关施工机械使用费的经济业务。

用银行存款支付 0.5 立方米履带挖土机进场运输费 500 元。

根据其他材料的领料凭证，各种施工机械领用油料实际成本如下。

0.4 立方米混凝土搅拌机	800 元
0.5 立方米履带挖土机	400 元
2～6 吨塔吊	800 元

③ 根据机械配件领料凭证，各种施工机械领用经常修理用机械配件实际成本如下。

120 吨塔吊	350 元
0.4 立方米混凝土搅拌机	92 元
0.5 立方米履带挖土机	174 元
2～6 吨塔吊	206 元
小型施工机械	560 元

用银行存款支付 0.4 立方米混凝土搅拌机动力用电费 240 元。

10 月份摊销各种施工机械辅助设施费如下。

120 吨塔吊	1 000 元
0.4 立方米混凝土搅拌机	100 元
2～6 吨塔吊	390 元

④ 10 月份应计折旧的施工机械的原值及折旧率如表 10-18 所示。

表 10-18 应计折旧的施工机械的原值及其折旧率

机械名称	原值/元	月折旧率
0.4 立方米混凝土搅拌机	60 000	6%
0.5 立方米履带挖土机	160 000	6%
2～6 吨塔吊	320 000	6%
小型施工机械	160 000	6%

120 吨塔吊按每台 50 元计提折旧（10 月份实际工作 100 台时）。

⑤ 10 月份应摊销的施工机械大修理支出如表 10-19 所示。

表 10-19 10 月应摊销施工机械大修理支出

机械名称	月摊销额/元
0.4 立方米混凝土搅拌机	180
0.5 立方米履带挖土机	480
2～6 吨塔吊	960
小型施工机械	480

⑥ 10 月份各种施工机械操作人员的工资及应提福利费如表 10-20 所示。

表 10-20 施工机械操作人员工资及应提福利费

机械名称	工资/元	应提福利费/元
0.4 立方米混凝土搅拌机	300	42
0.5 立方米履带挖土机	200	28
2～6 吨塔吊	200	28
小型施工机械	500	70

⑦ 10 月份各种机械的工作台时如表 10-21 所示。

表 10-21 各机械工作台时

机械名称	205 工程	206 工程	207 工程	208 工程
0.4 立方米混凝土搅拌机	60	40		
0.5 立方米履带挖土机	100	140	60	
2～6 吨塔吊			160	
小型施工机械		100	120	80

⑧ 10 月份各项工程的工料费如下。

205 工程	120 000元
206 工程	102 000元
207 工程	30 000元
208 工程	48 000元

（2）要求

① 将有关施工机械使用费分别计入 120 吨塔吊、中型施工机械、小型施工机械的"机械作业明细分类账"。

② 计算各项工程应分配的机械使用费，并编制 10 月份"机械使用费分配表"。

③ 为各项经济业务做会计分录。

2. 目的：练习生产费用归集和分配的核算。

（1）资料

① 某工程队本月自有施工机械发生下列经济业务（见表 10-22）。

表 10-22　自有施工机械发生经济业务　　　　　　单位:元

项目	机动翻斗车	搅拌机	合计
(1)耗用机械配件	6 000	1 200	7 200
(2)耗用油料	87 000	3 000	90 000
(3)分配材料成本差异	9 300	420	9 720
(4)分配机上人员工资	13 700	2 600	16 300
(5)计提折旧	22 000	1 420	23 420
(6)修理费(摊销)	8 250	1 500	9 750
(7)耗用电力(由银行支付)		1 200	1 200
合　　计	146 250	11 340	157 590

② 机械使用情况如表 10-23 所示。

表 10-23　机械使用情况

机械名称	单位	施工对象			合计
		101♯工程	102♯工程	201♯工程	
机动翻斗车	台班	125	150	50	325
搅拌机	m³	140	80	50	270

（2）要求

① 计算各工程机械使用费。

② 编制费用发生(归集)和分配的会计分录。

3. 目的: 工程成本计算练习。

（1）资料

某公司本月继续对甲工程施工,并在本月已竣工,另乙工程新开工。

① 本月发生生产费用如下。

a. 材料费(实际成本)225 750元,其中:甲工程201 350元,乙工程24 400元。

b. 人工费共17 825元。 实际耗用工日775个,其中:甲工程 628 工日,乙工程 147 工日。

c. 机械使用费14 362元,实际耗用机械台班 167 台班。 其中:甲工程 161 台班,乙工程 6 台班。

d. 现场用电7 194元(其他直接费),实际耗电16 350度,其中:甲工程16 150度,乙工程 200 度。

e. 间接费43 143元。

② 期初未完施工成本(甲工程)10 800元,累计已完工程实际成本103 500元,如表 10-24 所示。

表 10-24　期初未完施工成本及累计已完工程实际成本　　　单位:元

项目	材料费	人工费	机械使用费	其他直接费	间接费	合计
期 初 未 完 施 工 成本	7 560	864	702	24	1 640	10 800
期初累计已完工 程实际成本	693 450	101 430	67 275	12 420	160 425	103 500

③ 期末未完施工成本(乙工程)3 924元,见表 10-25。

表 10-25　期末未完施工成本　　　　　　　　单位:元

材料费	人工费	机械使用费	其他直接费	间接费	合计
1 680	168	156	12	384	2 400

④ 本月已完工程预算成本见表 10-26。

表 10-26　本月已完工程预算成本　　　　单位：元

工程	材料费	人工费	机械使用费	其他直接费	间接费	合计
甲工程	217 600	13 800	16 200	7 340	39 760	294 700
乙工程	22 100	2 960	210	100	3 927	29 297

⑤ 竣工工程（甲工程）预算成本2 431 570元。各项预算成本见表 10-27。

表 10-27　甲工程竣工预算成本　　　　单位：元

材料费	人工费	机械使用费	其他直接费	间接费	合计
1 018 412	112 248	83 493	19 758	197 656	1 431 570

（2）要求

① 计算甲、乙工程实际成本。

② 根据有关资料编制费用分配表，并记入建筑安装工程成本明细账。

③ 编制已完工程成本表和竣工工程成本表。

4. 目的：工程成本核算练习。

（1）资料

泰安建筑公司第一项目经理部本月对 601# 工程连续施工，并在本月内竣工；另有 602# 工程新开工。本月发生生产费用如下。

① 由银行提取现金2 000元，供零星开支。

② 工区工作人员报销差旅费2 388元，预借2 500元，余款交回现金。

③ 由银行提取现金84 560元，已备发放工资。

④ 发放职工工资。

⑤ 以现金支付办公用零星开支 450元。

⑥ 本月用电1 120度，以银行存款支付电费5 040元。其中：601# 工程8 700度，602# 工程1 300度，管理用电1 200度。

⑦ 以银行存款支付本月水费 200元。

⑧ 以银行存款支付本月施工机械租赁费5 040元。其中：601# 工程 6 台班，602# 工程 42 台班。

⑨ 本月耗用材料108 500元，（计划成本）材料成本差异+2%。其中：601# 工程14 000元，602# 工程92 000元，管理用2 500元。

⑩ 工程用人工费78 960元（601# 工程 500 工日，602# 工程3 260工日），工区管理人员工资5 600元。

⑪ 按规定比例 14% 提取职工福利费。

⑫ 本月摊销工具用具使用费2 400元（601# 工程 620 元，602# 工程1 780元），临时设施摊销费4 500元（601# 工程3 000元，602# 工程1 500元）。

⑬ 该项目经理部管理部门提取折旧费2 800元。

⑭ 月终按本月直接费分配本月施工间接费用。

⑮ 当月初末完施工成本（601# 工程）13 357元。其中：人工费4 560元，材料费6 040元，机械使用费210元，其他直接费1 707元，间接费 840元。

⑯ 当月初累计已完工程实际成本（601# 工程）1 063 600元。其中：人工费403 500元，材料费548 690元，机械使用费24 200元，其他直接费14 970元，间接费72 240元。

⑰ 当月末末完工程实际成本（602# 工程）26 220元。其中：人工费9 870元，材料费13 500元，机械使用费 640元，其他直接费 370元，间接费1 840元。

⑱ 本月已完工程预算成本见表 10-28。

表 10-28　已完工程预算成本　　　　　　单位:元

工程	人工费	材料费	机械使用费	其他直接费	间接费	合计
601#	14 850	22 860	920	48 000	2 160	45 590
602#	64 500	89 400	3 800	5 420	9 210	172 330

（2）要求

① 编制材料、人工、机械、用电和施工间接费用分配表。

② 根据发生业务和费用分配编制做会计分录。

③ 根据①、②登记成本明细账。

④ 计算已完工程成本和 601# 工程竣工成本。

⑤ 编制完工成本比较表。

5. 目的：工程成本核算练习

（1）资料

黎明施工单位于 2016 年 7 月继续对 105 宿舍建筑工程、106 机修车间建筑工程进行施工，并新开工 107 仓库建筑工程。 截至 2016 年 6 月 30 日，105 工程、106 工程的累计实际成本和月末未完施工成本如表 10-29 所示。

表 10-29　105 工程、106 工程的累计实际成本和月末未完施工成本　　　单位:元

项　　目	材料费	人工费	机械使用费	其他直接费	施工间接费用	合计
105 工程：						
累计实际成本	331 760	35 200	19 720	6 800	23 120	416 600
其中:月末未完施工成本	6 400	880	480	240	480	8 480
106 工程：						
累计实际成本	294 400	40 480	22 080	11 040	25 200	393 200
其中:月末未完施工成本	8 000	1 080	620	300	600	10 600

① 7 月份内，发生了下列有关经济业务。

a. 根据主要材料领料凭证，各项工程领用主要材料的实际金额如下。

　　　　　105 工程　　　　　　　　　20 000元

　　　　　106 工程　　　　　　　　　19 000元

　　　　　107 工程　　　　　　　　　13 500元

b. 根据结构件领料凭证，各项工程耗用结构件实际成本如下。

　　　　　105 工程　　　　　　　　　8 674元

　　　　　106 工程　　　　　　　　　27 772元

　　　　　107 工程　　　　　　　　　13 128元

c. 7 月份各项工程木模立模和竹脚手搭建的面积见表 10-30。

表 10-30　木模立模数量与竹脚手搭建面积

项目	木模立模数量	竹脚手搭建的面积
105 工程	50	
106 工程	200	200
107 工程	50	300

木模摊销率每平方米立模 6 元。

竹脚手摊销率每平方米搭建面积 1 元。

d. 根据其他领料凭证,各项工程和各个部门领用其他材料的实际金额如下。

工程施工——105 工程　　　　　　　　1 000元

　　　　——106 工程　　　　　　　　1 000元

　　　　——107 工程　　　　　　　　　500元

机械作业——塔式起重机　　　　　　　 800元

　　　　——挖土机　　　　　　　　　 100元

施工间接费用——交通车辆油料　　　　 400元

　　　　　　——烧水用煤　　　　　　 200元

e. 根据机械配件领料凭证,各类施工机械领用机械配件实际成本如下。

机械作业——塔式起重机　　　　　　　 200元

　　　　——挖土机　　　　　　　　　　65元

　　　　——其他机械　　　　　　　　 780元

f. 根据"一次报耗低值易耗品领用单",领用低值易耗品实际成本如下。

机械作业——塔式起重机　　　　　　　　91元

　　　　——混凝土搅拌机　　　　　　　46元

　　　　——挖土机　　　　　　　　　　79元

施工间接费用——工具用具　　　　　　 100元

　　　　　　——劳保用具　　　　　　 160元

g. 根据"分次摊销低值易耗品借用单"和"报废单",领用和报废低值易耗品实际成本如表 10-31(采用五五摊销法)。

表 10-31 领用和报废低值易耗品实际成本　　　　　　　　　　　　　　单位:元

项目	领　用	报　废
机械作业——塔式起重机	400	
施工间接费用——工具用具	1 000	
——劳保用具	1 000	680

报废低值易耗品残值 40 元,估价入库。

h. 7月份的应付工资、实发工资和应付福利费见表 10-32。

表 10-32 7 月应付工资、实发工资和应付福利费　　　　　　　　　　单位:元

项目	应付工资总额	扣款额	实发工资	应付福利费
建筑安装工程施工工人	11 500	800	10 700	1 500
机械施工机上人员	500	30	470	70
其中:塔式起重机机上人员	300	30	270	42
混凝土搅拌机机上人员	100		100	14
挖土机机上人员	100		100	14
管理人员	3 000	100	2 900	420

i. 7月份各项工程实际作业工时为6 500工时。

　　　　　　　　其中:　　105 工程　　　　2 800工时

　　　　　　　　　　　　 106 工程　　　　2 200工时

　　　　　　　　　　　　 107 工程　　　　1 500工时

j. 7月份应计折旧固定资产的原值及其折旧率如表 10-33 所示。

表 10-33　固定资产原值及折旧率

项目	原　值/元	月折旧率
房屋及建筑物	240 000	0.2%
机械作业：		
塔式起重机	160 000	0.6%
混凝土搅拌机	60 000	0.6%
挖土机	60 000	0.6%
其他施工机械	180 000	0.6%
其他固定资产	20 000	0.6%

房屋建筑物和其他固定资产折旧记入施工间接费用。

k. 7月份应摊销固定资产大修理支出如表 10-34。

表 10-34　固定资产大修理费摊销

项目	月摊销额/元
房屋及建筑物	240
机械作业：	
塔式起重机	480
混凝土搅拌机	180
挖土机	180
其他施工机械	540
其他固定资产	60

l. 用银行存款支付塔式起重机进场运输费 511 元。

m. 塔式起重机、混凝土搅拌机、挖土机的机械使用费按机械工作台时分配。 7月份上列各类机械对各项工程的实际工作台时如表 10-35。

表 10-35　各机械实际工作台时

项目	塔式起重机	混凝土搅拌机	挖土机
105 工程	200	56	
106 工程	100	84	
107 工程			90

其他施工机械的机械使用费按各项工程工料费的比例分摊于各项工程成本。

n. 用银行存款支付 7月份水费 210 元，电费1 120 元。 各项工程及管理部门耗用水电量如表 10-36。

表 10-36　各项工程及管理部门耗用水电量

项目	用水立方米	用电度数
105 工程	250	2 750
106 工程	300	1 200
107 工程	200	1 250
管理部门	300	400

o. 用银行存款支付 107 工程土方运输费 1 210 元。

p. 用银行存款支付差旅交通费 316 元，办公费 565 元，其他施工间接费用 267 元。

7月份应摊销临时设施费 800 元。

q. 施工间接费用按各项工程直接费的比例分摊于各项工程成本。

② 7月末 105 工程竣工，汇总该项工程各月已完工程结算表中已完工程的预算成本为 474 880 元（包括 7月份已完工程预算成本 43 400 元），其中：材料费为 372 560 元、人工费为 42 400 元、机械使用费为 24 880 元、施工间接费用为 26 880 元。

③ 7月末盘点 106 工程、107 工程的未完施工和已完工程预算成本如表 10-37。

表 10-37　　106 工程、107 工程的未完和已完工程预算成本 　　　　　　　　　单位：元

项目	未完施工	已完工程
106 工程	12 720	62 000
107 工程	9 540	27 000

④ 计算各项已完工程预算成本和实际成本，并将本月已完工程实际成本自"工程施工——合同成本"账户转入"工程结算成本"账户。

（2）要求

① 编制 7 月份主要材料、结构件、其他材料机械配件分配表。

② 编制 7 月份周转材料摊销额和低值易耗品摊销额计算表。

③ 编制 7 月份人工费分配表和职工福利费计算表。

④ 编制 7 月份折旧费用分配表。

⑤ 登记塔式起重机、混凝土搅拌机、挖土机和其他施工机械的"机械作业明细分类账"。

⑥ 登记"施工间接费用明细分类账"。

⑦ 编制 7 月份"机械使用费"分配表。

⑧ 编制 7 月份"施工间接费用"分配表（建筑工程施工间接费用定额为直接费的 6%）。

⑨ 根据各项费用分配表和计算表，登记 105 工程、106 工程和 107 工程的"工程施工——合同成本明细分类账"。

⑩ 为各项经济业务做会计分录，并为每笔会计分录注明经济业务的号数。

⑪ 编制 105 工程"竣工成本决算"。

表 10-37　105 工程、107 工程期末实际未完工程的核算　　　　单位：元

项目	未完工程	已完工程
105 工程	13 740	24 040
107 工程	3 960	27 100

第十一章　收入与利润的核算

【本章学习目标】

了解工程结算收入、成本及费用的确认条件、范围、具体内容以及企业所得税的内容。

熟悉利润总额的构成，净利润的分配顺序、亏损的弥补途径及其会计处理。

掌握各种工程结算方式、建造合同收入、费用的确认以及收入、损失的会计核算；企业所得税的核算。

第一节　建造合同收入的概述

一、施工企业营业收入

施工企业营业收入，是指企业在销售商品、提供劳务及其在让渡资产使用权等日常活动中形成的经济利益总流入。施工企业的营业收入是指企业在施工生产经营活动中，由于承包工程、销售产品、提供劳务等实现的收入。营业收入是施工企业生产经营成果的价值表现，是企业的一项重要财务指标。

营业收入包括主营业务收入和其他业务收入。其中：主营业务收入主要为建造合同收入，其他业务收入主要为兼营收入。

根据国家财政部文件规定，从 2001 年 1 月 1 日起股份有限制施工企业应执行《企业会计制度》和《企业会计准则第 15 号——建造合同》的有关规定，企业承包工程的营业收入应当按"建造合同收入"予以确认和核算。

二、建造合同含义

建造合同是指对房屋、道路、桥梁、水坝等建筑物以及船舶、大型机械设备等资产进行设计、施工等生产活动，达到新建或改造的目的而订立的合同。

三、建造工程合同收入

建造工程合同收入是指施工企业承包工程所获得的收入。包括合同中规定的初始收入和因合同变更、索赔、奖励等形成的收入。

工程结算收入在施工企业的营业收入中占有较大比重，其中主要内容包括如下几点。

（1）建造工程合同收入，指建造承包方与业主（发包方）在双方签订合同中的总金额。包括合同工程价款以及向客户收取的临时设施费、劳动保险费、施工机构调迁费等。

（2）合同变更收入，是指因业主改变合同规定的作业内容增加的收入。

（3）工程索赔款收入，是指非承包原因造成的支出增加等事件。承包方应收取的，用以

补偿不包括在合同造价中的成本款项。

（4）奖励款，是指根据合同约定，在工程达到或超过规定的标准时，业主同意支付给建造承包方的额外款项。

其中，合同变更收入、索赔款和奖励款三部分收入不能随意确定这部分收入，只有在符合规定条件时，经承包方与业主确认后，才能构成合同总收入。

四、建造合同收入、费用的确认

营业收入采用"完工百分比法"予以确认，即按照完工进度根据建造承包合同规定的结算方式和结算时间，与业主结算建造合同收入时确认收入的实现。

根据完工进度的不同分为以下几种情况。

1. 以前年度开工、本年度完工和本年开工本年度完工的建造合同

该类合同应在合同项目完工时，根据合同总收入和实际合同成本确认收入和费用。按下列公式确认：

$$\text{当期计量和确认的合同收入} = \text{合同总收入} - \text{以前年度累计已确认的收入}$$

$$\text{当期计量和确认的合同毛利} = \text{合同总收入} - \text{实际合同总成本} - \text{以前年度累计已确认的毛利}$$

$$\text{当期计量和确认的合同费用} = \text{当期确认的合同收入} - \text{当期确认的合同毛利} - \text{以前年度预计损失准备}$$

2. 在资产负债表日尚未完工的建造合同

该类合同要区分合同结果的估计情况采取不同的处理方法，一般分两种情况。

（1）如果建造合同的结果能可靠地估计，按照"完工百分比法"确认合同收入和费用。这种方法需确认"完工进度"，完工进度是采用完工百分比法确认合同收入、费用的非常关键的因素，可采用公式计算和技术测定两种方法。计算公式如下：

$$\text{合同完工进度} = \frac{\text{累计实际发生的合同成本}}{\text{合同预计的总成本}} \times 100\% \tag{11-1}$$

或者

$$\text{合同完工进度} = \frac{\text{已经完成的合同工作量}}{\text{合同预计的总工作量}} \times 100\% \tag{11-2}$$

需要说明的是，如果按公式（11-1）计算合同完工进度，其中，累计实际发生的合同成本不包括与合同未来活动相关的合同成本，如施工中尚未安装、使用或耗用的材料成本和在分包工程的工作量完成之前预付给分包单位的款项。

如果企业无法根据上述两个公式确定合同完成进度，可以采用特殊的技术测量方法，由专业人员现场测定合同完工进度。

完工百分比法确认合同收入和费用，采用计算公式如下：

$$\text{当期确认的收入} = \text{合同总收入} \times \text{完工进度} - \text{以前会计年度累计已确认的收入}$$

$$\text{当期确认的合同毛利} = (\text{合同总收入} - \text{合同预计总成本}) \times \text{完工进度} - \text{以前会计年度累计已确认的毛利}$$

$$当期确认的合同费用 = \begin{array}{l} 当期确认的合同收入 - 当期确认的合同毛利 - \\ 以前会计年度预计损失准备 \end{array}$$

根据建造合同的不同类型，建造合同的结果能可靠估计应具备的条件也不相同。一般分为：固定造价合同和成本加成合同。

① 固定造价合同。它是指按照固定总价或固定单价确定工程价款的建造合同。具备以下四个条件，就可作为"结果能可靠估计"。

a. 合同总收入能够可靠计量。

b. 与合同相关的经济利益能够流入企业。

c. 在资产负债表日合同完工进度和未完成合同尚需发生的成本能够可靠地确定。

d. 未完成合同已经发生的合同成本能够清楚地区分和可靠地计量，以便实际合同成本能够与以前的预计成本相比较。

② 成本加成合同。它是指以合同成本为基础，加上该成本一定比例或定额费用，构成工程价款的建造合同。具备以下条件，就可作为"结果能够可靠地估计"。

a. 与合同相关的经济利益能够流入企业。

b. 实际发生的合同成本，能够清楚地区分，并能可靠地计量。

(2) 如果建造合同的结果不能可靠地估计，分以下两情况介绍。

合同成本能够收回。合同收入根据能够收回的实际合同成本予以确认，合同成本在其发生的当期确认为费用。

【例 11-1】 利华建筑公司 2016 年初承建一项工程，工期 3 年，当年实际发生合同成本 170 万元，由于该建造合同结果不能可靠地估计，但双方均能履行合同规定的义务，当年发生的合同成本均能收回，当年的合同收入和合同成本均确定为 170 万元，不确定利润。

借：主营业务成本   1 700 000

  贷：主营业务收入   1 700 000

合同成本不能收回。不确认合同收入，合同成本在发生时即确认为费用，不能收回部分为亏损。

【例 11-2】 沿上例，利华建筑公司 2017 年实际发生合同成本 192 万元，由于客户宣告破产，在实际发生的合同成本中有 80 万有可能收不回来。由此，当年只能将 112 万元确认为合同收入，合同成本 192 万元，确认合同亏损 80 万元（建造合同损失）。

借：主营业务成本   1 920 000

  贷：主营业务收入   1 120 000

    工程施工——合同毛利   800 000

第二节　建造合同收入的核算

一、账户设置

为真实、准确、及时、系统地核算和反映实施建造合同所发生的各项经济业务，企业应设置下列会计账户。

(1) "工程施工——合同成本（合同毛利）" 和 "工程施工——合同毛利" 账户。用于核算企业实际发生的合同成本和合同毛利。实际发生的合同成本记入该账户的借方，当合同收入大于合同成本时，两者差额计入"工程施工——合同毛利"的借方，当合同收入小于合同成本时，两者差额计入"工程施工——合同毛利"的贷方。

（2）"工程结算"账户。本账户是成本类账户，用于核算经业主审核确认的施工企业合同完工进度的工程价款结算。此科目通过"工程施工——合同成本"科目对冲。见图 11-1 所示。

借：工程施工——合同成本
　　贷：原材料/人工费/机械使用费
借：工程结算
　　贷：工程施工——合同成本
借：本年利润
　　贷：工程结算

图 11-1　合同履约后"工程结算"核算示意图

① 登记实际发生的合同成本

借：工程施工——合同成本——××（合同）工程——成本项目（直接费用：材料费用、人工费用、机械使用费；其他间接费用：包括临时设施摊销费用及管理施工生产活动所发生的费用，如管理人员薪酬、劳动保护费、固定资产折旧费及修理费、物料消耗、取暖费、水电费、办公费、差旅费、财产保险费、工程保修费、排污费等）

　　　　应交税费——应交增值税（进项税额）

　　贷：应付职工薪酬、原材料、机械使用费等

② 登记已结算的合同价款

借：应收账款

　　贷：工程结算

　　　　应交税费——应交增值税（销项税额）

③ 施工企业按合同规定实际收到业主的工程款或备料时

借：银行存款（按实际收到的金额）

　　贷：应收账款——××（业主）

借：原材料（按实际收到材料调拨金额）

　　贷：应收账款——预收备料款——××（业主）

④ 确认计算合同收入和费用

借：主营业务成本

　　工程施工——合同毛利

　　贷：主营业务收入

⑤ 工程完工后，工程结算与工程施工经结转冲平后无余额

借：工程结算（按账面累计余额）

　　贷：工程施工——合同成本

　　　　　　　　——合同毛利

（3）"应收账款"账户。用以核算企业与业主办理工程价款结算时，应向业主收取而未收取的工程价款和能够可靠计量的按照规定标准单独计算收取的临时设施费和劳动保险费。本账户借方登记根据工程价款结算账单确定的工程价款和同工程价款一并向业主收取的临时设施费和劳动保险费；贷方登记收到的工程款、临时设施费、劳动保险费和根据工程合同规定扣还预收的工程款；余额在借方，反映尚未收到的应收工程款。本账户应按业主和工程合同进行明细分类核算。

（4）"主营业务收入"账户和"主营业务成本"账户。用于核算当期确认的合同收入和合同成本。

（5）"合同预计损失"账户和"预计损失准备"账户。前者属于损益类账户，后者是资产负债表账户，分别用于核算当期确认的合同预计损失和建造合同计提的损失准备。

二、实例运用

【例 11-3】 富华建筑公司于 2016 年 5 月开始承包一项房屋建筑工程，预计 2018 年 10 月完成。合同总造价 4 500 000 元，估计成本为 4 000 000 元，2017 年总成本将增加 50 000 元，具体如表 11-1～表 11-4 所示。

表 11-1 富华建筑公司三年成本　　　　　　　　　　　　　单位：元

项目	2016 年	2017 年	2018 年
累计发生的成本	1 000 000	2 916 000	4 050 000
估计应完工的成本	3 000 000	1 134 000	
应收工程款项	900 000	2 400 000	1 200 000
当年收回的现金	750 000	1 750 000	2 000 000

表 11-2 完工进度计算表　　　　　　　　　　　　　　　单位：元

项目	2016 年	2017 年	2018 年
合同价格	4 500 000	4 500 000	4 500 000
减：估计成本			
累计发生的成本	1 000 000	2 916 000	4 500 000
完成合同尚需发生的成本	3 000 000	1 134 000	
估计成本合计	4 000 000	4 050 000	4 050 000
估计毛利	500 000	450 000	450 000
完工比例	25％	72％	100％

表 11-3 应当确认的收入和毛利计算　　　　　　　　　　　单位：元

项目	2016 年	2017 年	2018 年
应确认的收入			
2010 年 4 500 000×25％	1 125 000		
2011 年 4 500 000×72％		3 240 000	
减：1998 年已确认的收入		1 125 000	
2011 年的收入		2 115 000	
2012 年 4 500 000×100％			4 500 000
减：前两年已确认的收入			3 240 000
应确认的毛利			126 000
应确认的毛利			
2010 年 4 500 000×25％	1 125 000		
2011 年 4 500 000×72％		324 000	
减：2010 年已确认的收入		125 000	
2011 年毛利		199 000	
2012 年 4 500 000×100％			450 000
减：前两年已确认的毛利			324 000
2012 年毛利			126 000

根据以上资料和计算，现以2016年发生的会计业务，会计分录如下。

（1）2016年当工程领用材料、发生人工等累计发生的工程成本时

借：工程施工——合同成本　　　　　　　　　　　　　　　　　1 000 000

　　贷：原材料等　　　　　　　　　　　　　　　　　　　　　　　　1 000 000

根据合同规定，2016年确认应收工程价款时如下。

借：应收账款——应收工程款　　　　　　　　　　　　　　　　900 000

　　贷：工程结算　　　　　　　　　　　　　　　　　　　　　　　　810 810

　　　　应交税费——应交增值税（全项税额）　　　　　　　　　　　89 190

（2）2016年收取工程价款时

借：银行存款　　　　　　　　　　　　　　　　　　　　　　　750 000

　　贷：应收账款——应收工程款　　　　　　　　　　　　　　　　　750 000

（3）根据计算所得，2016年度应确认的收入和毛利为

借：工程施工——合同成本及毛利　　　　　　　　　　　　　　125 000

　　主营业务成本　　　　　　　　　　　　　　　　　　　　　1 000 000

　　贷：主营业务收入　　　　　　　　　　　　　　　　　　　　　1 125 000

2016年、2017年、2018年3年会计事项和分录比较汇总表如表11-4所示。

表11-4　汇总表　　　　　　　　　　　　　　　　　　　　单位：元

会计事项和分录	2016年	2017年	2018年
记录工程成本			
借:工程施工——合同成本	1 000 000	1 916 000	1 134 000
贷:原材料等	1 000 000	1 916 000	1 134 000
记录已结算的工程价款			
借:应收账款	900 000	2 400 000	1 200 000
贷:工程结算	810 810	2 162 162	1 081 081
应交税费——应交增值税(全项税额)	89 190	237 838	118 919
记录已结算的工程价款			
借:银行存款	750 000	750 000	2 000 000
贷:应收账款	750 000	750 000	2 000 000
记录已结算的工程价款			
借:工程施工——毛利	125 000	199 000	126 000
主营业务成本	1 000 000	1 916 000	1 134 000
贷:主营业务收入	1 125 000	2 115 000	1 260 000

2018年记录工程完工，结转工程成本时如下。

借：工程结算　　　　　　　　　　　　　　　　　　　　　　4 500 000

　　贷：工程施工——合同成本　　　　　　　　　　　　　　　　　4 500 000

如果不符合完工百分比法的条件，则应采用完工法确认建造合同的收入。完工法相对比较简单，平时只是累计建造过程中发生的成本，登记应收的工程结算款，等到工程全部完工后确认收入。

在上例，除确认收入的会计分录外，其他完全相同。工程完工后，确认工程收入并结转工程成本，分录如下。

借：工程结算　　　　　　　　　　　　　　　　　　　　　　4 500 000

　　贷：主营业务收入　　　　　　　　　　　　　　　　　　　　　4 500 000

借：主营业务成本　　　　　　　　　　　　　　　　　　　　4 050 000

　　贷：工程施工——合同成本及毛利　　　　　　　　　　　　　　4 050 000

第三节　建造合同损失的核算

建造合同出现损失时会直接影响到毛利的确认，因此，无论采用完工百分比法还是完工法，都应当关注建造合同的损失。建造合同的损失有两种，即盈利合同在当前发生的损失和亏损合同的损失。

一、盈利合同在当前发生的损失

在合同履行过程中，由于某种原因，工程成本大量增加，但合同本身还是盈利的。在完工百分比下，应当视同会计估计变更，在当前调整以前年度确认过高的毛利，计入当前损失。

【例 11-4】　上例中，假定该公司 2017 年年底估计完成房屋建造成本尚需 1 468 962 元，而不是 1 134 000 元。如果其他数据不变，该公司计算的完工百分比和确认的损失应如下。

累计发生的成本（2017 年 12 月）	2 916 000
完成合同尚需发生的成本（修改后）	1 468 962
估计总成本	4 384 962
完成百分比（2 916 000/4 384 962）	66.5%
2017 年应确认的收入（4 500 000×66.5%－1 125 000）	1 867 500
2017 年累计发生的成本	1 916 000
2017 年确认的损失	－48 500

如果不考虑完工百分比的变化，该公司 2017 年确认损失的会计分录如下。

借：工程施工——合同成本及毛利　　199 000
　　主营业务成本　　　　　　　　1 916 000
　　贷：主营业务收入　　　　　　　　　2 115 000

同时，

借：合同预计损失　　48 500
　　贷：预计损失准备　　48 500

"合同预计损失"列入利润表，"预计损失准备"作为"工程施工——合同成本"的备抵账户。如果考虑完工百分比的变化，应当做如下分录。

借：主营业务成本　　1 916 000
　　贷：工程施工——合同毛利　　48 500
　　　　主营业务收入　　　　　　1 867 500

这样，2017 年的利润表将会反映 48 500 元的损失。2018 年，该公司将确认剩余的 33.5% 的收入 1 507 500 元，以及成本 1 468 962 元，毛利 38 538 元。3 年毛利合计为 115 038 元。

二、亏损合同的损失

在合同履行过程中的某一会计年度，经过重新估计成本后，发现合同完成后将会出现亏损。在这种情况下，无论采取完工百分比法还是完工法，都应当在当期确认损失。

【例 11-5】　例 11-3 中，假定富华建筑公司 2017 年年底估计完成该项工程还需要

1 640 250元，而不是1 134 000元。这样，工程成本发生了根本性变化，如表11-5所示。

表11-5 工程成本变化表
单位：元

项目	2016年原来的估计	2017年现在的估计	项目	2016年原来的估计	2017年现在的估计
合同造价	4 500 000	4 500 000	估计毛利	500 000	−56 250
估计总成本	4 500 000	4 556 250			

在完工百分比下，2016年已经确认了125 000元的毛利，而按现在的估计，合同是亏损的。因此，应当在2017年冲抵已经确认的125 000元毛利，再确认56 250元的损失，两项合计，2017年应当确认的损失为181 250元。2017年应确认的收入如表11-6所示。

表11-6 合同收入表
单位：元

合同造价	4 500 000	2017年应确认的收入	1 755 000
完工百分比	64%＝2 916 000/4 556 250	累计发生的成本	2 916 000
可确定的收入	2 880 000	完成合同尚需发生的成本	1 640 250
减：2010年确认的收入	1 125 000	估计总成本	4 556 250

为计算2011年的主营业务成本，需要确认总的损失，计算如表11-7所示。

表11-7 合同损失表
单位：元

2017年应确认的收入	1 755 000	2017年应确认的收入	181 250
2017年应确认的损失	56 250	累计发生的成本	1 936 250
转回2016年的毛利	125 000	估计总成本	

为此，富华建筑公司2017年的会计分录如下。

确认的收入如下。

借：主营业务成本　　　　　　　　　　　　　　　　　　　1 936 000

　　贷：主营业务收入　　　　　　　　　　　　　　　　　　1 755 000

　　　　工程施工——合同成本及毛利　　　　　　　　　　　　181 000

同时，本期应预计的损失如下。

借：合同预计损失　　　　　　　　　　　　　　　　　　　　　56 250

　　贷：预计损失准备　　　　　　　　　　　　　　　　　　　　56 250

如果不考虑完工百分比的变化，该公司2017年确认损失的会计分录如下。

借：工程施工——合同成本及毛利（损失）　　　　　　　　　199 000

　　主营业务成本　　　　　　　　　　　　　　　　　　　1 916 000

　　贷：主营业务收入　　　　　　　　　　　　　　　　　　2 115 000

同时，本期应预计的损失如下。

借：合同预计损失　　　　　　　　　　　　　　　　　　　　181 250

　　贷：预计损失准备　　　　　　　　　　　　　　　　　　　181 250

"合同预计损失"列入利润表，"预计损失准备"作为"工程施工——合同成本"的备抵账户，这样，"工程施工——合同成本"的净值为2 859 750元。

如果考虑完工百分比的变化，应当做以下分录。

借：主营业务成本　　　　　　　　　　　　　　　　　　　1 936 250

　　贷：工程施工——合同成本及毛利（损失）　　　　　　　　181 250

　　　　主营业务收入　　　　　　　　　　　　　　　　　　1 755 000

2018年不应当有任何毛利。

在完工百分比法下，2017年直接确认损失56 250元。

借：合同预计损失   56 250

  贷：预计损失准备   56 250

如果不采用备抵法，则应如下。

借：合同预计损失   56 250

  贷：工程施工——合同成本   56 250

第四节　建造合同工程结算及主营业务收入的核算

一、工程价款的内容

工程价款是指施工企业因承包工程，按照合同和工程结算办法的规定，将已完工程或竣工工程向客户办理工程结算而取得的价款，即建筑产品的价格，也就是建造合同完成的总金额。工程价款收入是施工企业的主营业务收入，是企业获取利润的源泉。工程价款收入扣除工程结算成本、税金及附加的部分，即为工程结算利润，它是施工企业利润的主要部分。

由于建筑产品及销售（结算）方式的特殊性，工程价款是以预算价格为基础确定的。工程预算价格由已完工程的直接费用、间接费用、计划利润和税金四部分组成。

（1）直接费用。即根据已经办理工程结算的实际完成的工程量，按照预算单价计算的人工费、材料费、机械使用费和其他直接费。

（2）间接费用。即根据直接费数额（或人工费），按照间接费收费标准计算费用，包括施工管理费和其他间接费。其他间接费包括临时设施费、劳动保险费和施工机构调迁费。

（3）计划利润。它指根据已经完工结算的建筑安装工程价值，按规定的结算办法向客户应收取的计入工程造价的利润。根据直接费、间接费的合计数额，按照规定的计划利润率计算。

（4）税金。它指根据已经完工结算的建筑安装工程价值，按规定的结算办法向客户应收的计入工程造价的增值税及其附加。

二、工程结算的核算

施工企业为了正确计算当期经营成果，必须合理确认营业收入的实现，并将已实现的收入及时入账。就建造工程合同收入而言，确认营业收入的原则应当根据完工百分比法确认收入，就是按照完工进度根据建造合同规定的结算方式和结算时间，与客户结算建造合同收入时确认收入的实现。

在实务中，在采用完工百分比法确认营业收入时，所确认的"建造合同收入"与"工程结算"是有一定差别的。工程结算是根据实际已结算的工程价款金额确认为合同收入，没有考虑合同的最终结果；建造合同收入是在建造合同能可靠估计的情况下，企业根据完工百分比法在资产负债表日按完工进度确认合同收入。前者是建立在实际结算工程价款金额的基础上，后者则以完工进度可靠估计为依据，包含了科学合理的估计在内，即预先估计了工程可能的盈亏并计算在内，体现了稳健原则。

（一）工程结算方式及收入确认

按照《施工企业会计制度》规定，企业的工程结算收入，应于施工企业与客户进行工程价款结算时，确认为收入的实现。本期工程结算收入的确认根据工程合同中所确定的结算方式的不同有所不同。

1. 工程价款结算方式

工程价款结算是施工企业按照建造合同向客户交付已完工程（竣工工程或已完分部分项工程），收取工程价款而发生的一种货币结算行为。工程价款结算方式如图 11-2 所示。

$$
\text{工程价款结算方式}
\begin{cases}
\text{竣工结算方式} \\[1mm]
\text{非竣工结算方式}
\begin{cases}
\text{按月结算法} \\
\text{分段结算法} \\
\text{其他结算法}
\end{cases}
\end{cases}
$$

图 11-2　工程价款结算方式分类

工程价款结算方式是施工企业承包建造项目时与客户签订建筑工程承包合同，双方商定的工程价款具体结算方式，是建造合同的重要内容之一。工程价款结算方式可分为竣工结算方式和非竣工结算方式两种。

竣工结算方式。竣工结算，就是在施工过程中不办理结算，工程竣工合同完成后一次性结算工程的办法，又称合同完成法。按照"建设工程结算价款的规定"，建设项目或单项工程全部建筑安装工程建设期在 12 个月以内，或者工程承包合同价值在 100 万元以下的，工程价款实行竣工后决算。实行竣工结算办法的工程，在施工过程中不办理工程价款结算，但是在合同中可以约定建造承包方在施工过程中向客户预支工程款或预收部分备料款。

非竣工结算方式。非竣工结算就是工程价款按月或按工程施工进度结算的办法，又称完成进度法。非竣工结算，是目前施工企业较普遍实行的办法。非竣工结算的办法很多，概括起来有以下三种。

（1）按月结算法。即工程价款是实行旬末或月中预支、月终结算、竣工后清算的办法。跨年度施工的工程，在年终进行盘点，办理年度结算。

（2）分段结算法。即当年开工，当年不能竣工的单项工程或单位工程，按照工程形象进度，划分不同阶段进行结算。分段结算的工程，可以在月中向客户预支工程款。

（3）其他结算法。施工企业和客户双方约定并经开户银行同意的其他结算方式。

在工程价款结算中承包方与客户之间发生的材料往来，可以按以下方法结算。

（1）建造承包方自行采购建筑材料的，客户可以在双方签订工程承包合同后按年度工作量的比例向建造承包方预付备料款，并应在一个月内付清。备料款的预付额度，建筑工程一般不得超过当年建筑（包括水、电、暖、卫等）工程工作量的 20％，大量采用预制构件以及工期在 6 个月以内的工程，可以适当增加。安装工程一般不得超过当年安装工作量的 10％，安装材料用量较大的工程，可以适当增加。

预付的备料款，从竣工前未完工程所需材料价值相当于预付备料款额度时起，在工程价款结算时，按材料所占的比例陆续抵扣。

（2）按工程承包合同规定由建造承包方包工包料的，由承包方购货付款，并向客户收取备料费。

（3）按工程承包合同规定由客户供应材料的，其材料可按材料预算价格转给建造承包方。材料价款在结算工程款时陆续抵扣，这部分材料，承包方不应收取备料款。

施工企业向客户预支工程款时，应根据工程进度填列"工程价款预支账单"（见表11-8），送客户和建设银行办理付款手续。预支的款项，应在月终和竣工结算时抵扣应收的工程款。

表 11-8　工程价款预支账单

客户名称：　　　　　　　　年　　　　月　　　　日　　　　　　　　单位：元

单位工程项目名称	合同预算价值	本月(或半月)完成数	本旬(或半月)预支工程款	本月预支工程款	应扣预收款项	实支款项	说明

施工企业（盖章）：　　　　　　　　财务负责人（盖章）：

实行预付款结算，每月终了，施工企业应根据当月完成的工作量以及施工图预算所列出的工程单价和取费标准，计算已完工程价值，编制"工程价款结算账单"（见表 11-9）和"已完工程月报表"（见表 11-10），送客户和建设银行办理结算。

表 11-9　工程价款结算账单

客户名称：　　　　　　　　年　　　　月　　　　日　　　　　　　　单位：元

单项工程项目名称	合同预算		本期应收工程款	应抵扣款项					本期实收款	备料款余额	本期止已收工程价款累计	说明
	预算价值	其中：计划利润		合计	预支工程款	备料款	客户供给材料款	各种往来款				
1	2	3	4	5	6	7	8	9	10	11	12	13

承包单位（盖章）：　　　　　　　　财务负责人（盖章）：

表 11-10　已完工程月报表

客户名称：　　　　　　　　年　　　　月　　　　日　　　　　　　　单位：元

单项工程项目名称	施工图预算（或计划投资额）	建筑面积	开、竣工日期		实际完成数		说明
			开工日期	竣工日期	至上月止累计已完工程	本月已完工程	
1	2	3	4	5	6	7	8

为了保证工程按期收尾竣工，工程完工验收合格后，其结算价款经双方认可后，结算价款可付至认可价款的95％。工程在施工期间，不论工期长短，其结算价款累计一般不得超过承包工程合同价值的80％，结算双方可以在5％幅度内协商确认尾款的比例，并在工程承包合同中注明。尾款应存入建设银行，等工程竣工验收以后清算，承包方已向客户出具履约保证函或有其他保证，可以不留工程尾款。

2. 工程结算收入的确认

企业的工程结算，按规定应于施工企业与客户进行工程价款结算时，确认为收入的实现。本期工程结算收入的确认根据结算方式的不同，具体有以下几种情况。

（1）实行竣工结算工程价款办法的工程合同，应于合同完成、施工企业与客户进行工程价款结算时，确认工程结算收入的实现，实现的收入额为承发包双方结算的合同价款总额。

（2）实行旬末或月中预支、月终结算、竣工后清算办法的工程项目，应分期确认工程结算收入的实现。即各月份终了，与客户进行已完工程价款结算时，确认合同已完工部分工程结算收入的实现。本期收入额为月终结算的已完工程价款的金额。

（3）实行按工程进度划分不同阶段、分段结算工程价款办法的工程项目，应按合同规定的形象进度分次确认已完阶段工程结算收入的实现。即应于完成合同规定的工程进度或工程阶段、与客户进行已完工程价款结算时，确认已完工程收入的实现。本期实现的收入额为本期已结算的分段工程价款的金额。

（4）实行其他结算方式的工程项目，其工程结算收入应按合同规定的结算方式和结算时间，与客户进行工程价款结算时，一次或分次确认工程结算收入。本期实现的收入额为本期结算的已完工程价款或竣工一次结算的全部合同价款总额。

（二）工程结算的核算

为了反映施工企业已完工程结算收入，工程结算成本和税金及附加，应设置主营业务收入和主营业务成本会计账户（分别核算施工企业的工程合同收入和工程合同费用）。

（1）"主营业务收入"账户，用以核算工程合同收入，企业承包工程实现的工程价款收入，向客户收取的各种索赔款，以及按照规定列作营业收入的临时设施费、劳动保险费、施工机构迁移费等其他款项。本账户贷方登记企业实现的工程价款收入和应向客户收取的临时设施费、劳动保险费及施工机构迁移费等其他款项；借方登记实现的工程价款转入"本年利润"账户的数额，结转后本账户应无余额。如果工程施工合同的结果能够可靠地估计，企业应当根据完工百分比法在资产负债表日确认工程合同收入和工程合同费用。如果工程施工合同的结果不能够可靠地估计，应当区别情况处理：若合同成本能够收回的，工程合同收入根据能够收回的实际合同成本加以确认，合同成本在其发生的当期确认为工程合同费用；若合同成本不能够收回的，不能收回的金额应当在发生时立即作为工程合同费用，不确认收入。

（2）"主营业务成本"账户，用以核算企业已完工程的实际成本。本账户借方登记本月办理已完工程价款结算的已完工程的实际成本；贷方登记期末转入"本年利润"账户的数额，期末结转后无余额。按规定确认工程合同收入和工程合同费用时，按当期确认的工程合同费用，借记"主营业务成本"科目，按当期确认的工程合同收入，贷记"主营业务收入"科目，按其差额，借记或贷记"工程施工——合同毛利"科目。合同完工确认工程合同收入、费用时，应转销合同预计损失准备，按累计实际发生的合同成本减去以前会计年度累计已确认的工程合同费用后的余额，借记"主营业务成本"科目，按实际合同总收入减去以前会计年度累计已确认的工程合同收入后的余额，贷记"主营业务收入"科目，按其差额，借记或贷记"工程施工——合同毛利"科目。同时，按相关工程施工合同已计提的预计损失准备，借记"存货跌价准备——合同预计损失准备"科目，贷记"管理费用"科目。

（3）"税金及附加"账户，用以反映施工企业应从事建筑安装生产活动取得工程价款结算收入而按规定缴纳的增值税（销项税额减进项税额）、城市维护建设税和教育费附加等。本账户借方登记企业按规定计算出应缴纳的各种增值税及附加费；贷方登记期末转入"本年利润"的数额，结转后本账户应无余额。

（4）"应收账款——应收工程款"账户，用以核算企业与客户办理工程价款结算时，按照工程合同规定应向其收取的工程价款和按照规定标准单独计算收取的临时设施费和劳动保险费。本账户借方登记根据工程价款结算账单确定的工程价款和同工程价款一并向客户收取的临时设施费和劳动保险费；贷方登记收到的工程款、临时设施费、劳动保险费和根据工程合同规定扣还预收的工程款以及一定比例的预收备料款；余额在借方，反映尚未收到的应收工程款。本账户应按客户和工程合同进行明细分类核算。

1. 竣工结算方式的核算

【例11-6】 某市施工企业（一般纳税人）2016年8月承包一项工程，工期11个月，施工图预算造价500 000元。工程合同约定，按造价30%付备料款，其中20%由客户直接拨付水泥、钢材抵付备料款。工程价款竣工后一次性付款。

（1）收到发包合同约定拨付的备料款50 000元。做如下分录。

借：银行存款   50 000
    贷：预收账款——预收备料款   50 000

（2）收到客户按约定拨付抵作备料款的水泥、钢材，预算价格为100 000元。该批钢材计划价格与预算价格相同。分录如下。

借：原材料——水泥、钢材   100 000
    贷：预收账款——预收备料款   100 000

（3）年末工程按期竣工交付使用，企业开出"工程价款结算账单"向客户结算工程价490 000元。分录如下。

借：应收账款——应收工程款（某单位）   490 000
    贷：工程结算——某工程   441 441
       应交税费——应交增值税（销项税额）   48 559

（4）从应收款中扣还客户预收的备料款150 000元，分录如下。

借：预收账款——预收备料款   150 000
    贷：应收账款——应收工程款   150 000

（5）结转本月办理结算已完工程的实际收入490 000元（含税）及成本380 000元。分录如下。

借：主营业务成本   380 000
    工程施工——甲合同——合同毛利   110 000
    贷：主营业务收入——甲合同   490 000

（6）若该企业可抵扣的进项税为32 559元，应交的城市建设维护税(48 559－32 559)×7％＝1 120（元）。分录如下。

借：税金及附加   1 220
    贷：应交税费——应交城市建设维护税   1 120

（7）结转该项工程结算成本380 000元。分录如下。

借：本年利润   380 000
    贷：主营业务成本   380 000

（8）结转该项工程结算收入490 000元。分录如下。

借：主营业务收入   490 000
    贷：本年利润   490 000

（9）收到客户转账支付的工程价款340 000元。分录如下。

借：银行存款   340 000

贷：应收账款——应收工程款 340 000

（10）用银行存款上交增值税16 000元和城市维护建设税1 220元。分录如下。

借：应交税费——应交增值税 16 000

——应交城市维护建设税 1 220

贷：银行存款 17 220

2.非竣工结算方式的核算

非竣工结算就是定期结算。按照这种结算办法的规定，建筑安装企业可以向客户预收工程备料款和工程进度款。

现举例说明非竣工结算方式的核算方法。

【例 11-7】 某市施工企业（一般纳税人），2016年8月承包一项工程，工期18个月，据施工图预算造价1 200 000元，工程合同规定按合同造价的30%预付备料款，工程款月中预支，月末按进度结算。

（1）收到客户按合同规定拨付的预收备料款360 000元。分录如下。

借：银行存款 360 000

贷：预支账款——预收备料款（某单位） 360 000

（2）本月月中开出"工程款预支账单"，向客户预支工程款60 000元，已存入银行。分录如下。

借：银行存款 60 000

贷：预支账款——预收工程款（某单位） 60 000

（3）月末开出"工程价款结算账单"，向客户办理工程价款结算，本月完工价款150 000元。分录如下。

借：应收账款——应收工程款 150 000

贷：工程结算 135 135

应交税费——应交增值税（销项税额） 14 865

（4）本月应扣还预收备料款50 000元，抵扣月中预收的工程款60 000元。分录如下。

借：预收账款——预收工程款 60 000

——预收备料款 50 000

贷：应收账款——应收工程款 110 000

（5）应另向发包单位收取临时设备费5 000元，劳动保险费1 000元。分录如下。

借：应收账款——应收工程款 6 000

贷：工程结算 5 405

应交税费——应交增值税（销项税额） 595

（6）结转本月办理结算已完工程的实际收入150 000元及成本96 000元。分录如下。

借：主营业务成本 96 000

工程施工——甲合同——合同毛利 54 000

贷：主营业务收入——甲合同 150 000

（7）若该企业可抵扣的进项税为10 780元，应交纳的城建税（15 460－10 780）×7%＝327.6元。分录如下。

借：税金及附加 327.6

贷：应交税费——应交城建税 327.6

（8）结转工程结算成本96 000元。分录如下。

借：本年利润 96 000

　　贷：主营业务成本 96 000

（9）结转本月工程结算收入150 000元。分录如下。

借：主营业务收入 150 000

　　贷：本年利润 150 000

（10）收到客户46 000元的支票一张。分录如下。

借：银行存款 46 000

　　贷：应收账款——应收工程款 46 000

最后工程全部完工，将"工程施工"和"工程结算"账户对冲。

3. 分包工程价款结算的核算

施工企业承包的工程，除了自行施工外，往往还要将其中的一部分工程分包给外单位施工，互相之间发生的工程价款结算的核算举例如下。

【例11-8】 某施工企业将一工程分包给一专业公司，其业务如下。

（1）用银行存款预付分包单位备料款25 000元。分录如下。

借：预付账款——预付分包单位款 25 000

　　贷：银行存款 25 000

（2）根据分包单位实际施工进度，预付工程进度款6 000元。分录如下。

借：预付账款——预付分包单位款 6 000

　　贷：银行存款 6 000

（3）本月末，根据分包单位提出的"工程价款结算账单"，应付已完工程价款30 000元，以及随同工程价款一并支付的临时设施费2 000元，劳动保险费2 500元。分录如下。

借：主营业务成本 34 500

　　贷：应付账款——应付工程款 34 500

（4）将本月应扣回的预收备料款5 000元和预付工程款6 000元结转。分录如下。

借：应付账款——应付分包单位款 11 000

　　贷：预付账款——预付分包单位款 11 000

（5）用银行存款支付本月应付给分包单位的工程价款9 000元，应付的临时设施费2 000元和劳动保险费2 500元。分录如下。

借：应付账款——应付分包单位款 13 500

　　贷：银行存款 13 500

第五节　其他业务收入的核算

一、其他业务收入的概念

其他业务收入是施工企业除建造工程合同收入以外的兼营活动中取得的各项收入，是对主营业务收入的一种补充。主要内容如下。

（1）产品销售收入，是指企业内部独立核算的生产单位销售产品取得的收入。如销售自制的各种建筑结构件、钢木门窗、砖、瓦、机械设备和机械配件等。

（2）机械作业收入，是指企业或其所属内部独立核算单位的机械或运输设备对外单位或内部其他独立核算单位提供机械作业、运输作业等取得的收入。

（3）材料销售收入，是指企业向其他企业（或内部独立核算单位）出售建筑材料或其他材料而获得的收入。

（4）无形资产转让收入，无形资产对外转让实现的收入。

（5）固定资产出租收入，企业对外单位出租机械设备等固定资产而取得的收入。

（6）对外承包工程收入，是指企业承包国外工程、国内外资工程和提供劳务获得的收入。

（7）多种经营收入，指施工企业开展多种经营业务（如饮食、服务、商业等）而获得的收入。

（8）其他兼营业务收入。

二、其他业务收入的确认

（1）商品销售收入的确认。销售商品的收入，应当在下列条件均能满足时予以确认。

① 企业已将商品所有权上的主要风险和报酬转移给购货方。

② 企业既没有保留通常与所有权相联系的继续管理权，也没有对已售出的商品实施控制。

③ 与交易相关的经济利益能够流入企业。

④ 相关的收入和成本能够可靠地计量。

销售商品的收入，应按企业与购货方签订的合同或协议金额或双方接受的金额确定。现金折扣在实际发生时作为当期费用；销售折扣在实际发生时冲减当期收入。

（2）劳务收入的确认。劳务收入的确认分年度确认；会计年度开始并完成的，在完成劳务时确认；会计年度开始，年度内未完成的，在提供劳务交易结果能够可靠估计的情况下，应按完成百分比法确认营业收入。

（3）机械作业、运输作业、固定资产出租收入的确认。以发生租赁结算账单确认营业收入。

（4）无形资产转让收入的确认。按转让合同约定的收款日期，确认营业收入。

（5）对外承包工程和提供劳务收入的确认。以承包的工程和提供的劳务全部或部分完成办理结算时，确认营业收入。

三、其他业务收入的核算方法

在"其他业务收入"账户下设置"产品销售收入""作业销售收入""材料销售收入"等二级账户，分别核算产品销售、作业销售、材料销售和其他销售的销售收入和销售成本、销售税金。

在"其他业务支出"账户下设置"产品销售支出""作业销售支出""材料销售支出"等二级账户分别进行核算。

1. 产品销售核算

施工企业附属工业企业销售产品实现的销售收入，发生的销售成本和销售税金支出，应分别在"其他业务收入——产品销售收入"和"其他业务支出——产品销售支出"账户核算。

【例 11-9】 某市兴华建筑公司所属门窗加工厂销售 600 平方米钢窗，每平方米售价 60 元，成本价为 50 元，增值税率为 11%，城市维护建设税为增值税的 7%，教育费附加为增值税的 2%。

收到货款时，做如下分录。

借：银行存款   36 000
    贷：其他业务收入——产品销售收入   32 040
        应交税费——应交增值税（销项税额）   3 960

结转成本时，做如下分录。

借：其他业务支出——产品销售支出   30 000
    贷：库存商品   30 000

结转应交增值税3 960元及教育费附加79.2元时，做如下分录。

借：其他业务支出——产品销售支出   4 316.4
    贷：应交税费——应交增值税（销项税额）   3 960
             ——应交城市建设维护税   277.2
        其他应交款——应交教育费附加   79.2

月份终了，应将"其他业务收入——产品销售收入""其他业务支出——产品销售支出"账户的余额，分别转入"本年利润"账户的贷方和借方时，做如下分录。

借：其他业务收入   32 040
    贷：本年利润   32 040
借：本年利润   34 316.4
    贷：其他业务支出   34 316.4

2. 作业销售的核算

施工企业为其他企业提供机械、运输作业所发生的销售收入和销售成本、销售税金，应分别在"其他业务收入——产品销售收入"和"其他业务支出——产品销售支出"账户核算。

【例 11-10】 兴华建筑公司将一台机械出租给其他施工企业施工，按规定台班收费标准应收价款8 000元，应交税金880元，应交教育费附加26.4元。

（1）收到作业收入8 000元时，做如下分录。

借：银行存款   8 000
    贷：其他业务收入——作业销售收入   7 120
        应交税费——应交增值税（销项税额）   880

（2）结转机械对外作业成本，做如下分录。

借：其他业务支出——作业销售支出   6 000
    贷：机械作业   6 000

（3）结转应交税费，做如下分录。

借：其他业务支出——作业销售支出   906.4
    贷：应交税费——应交增值税   880
        其他应交款   26.4

3. 材料销售的核算

施工企业对外销售材料所发生的收入，应记入"银行存款""应收账款"等账户的借方和"其他业务收入——材料销售收入"账户的贷方。结转销售材料的实际成本，记入"其他业务支出——材料销售支出"账户的借方和"原材料""材料成本差异"等账户的贷方；应交的税金和教育费附加，应记入"其他业务支出——材料销售支出"账户的借方和"应交税费""其他应交款——应交教育费附加"账户的贷方。

【例11-11】 兴华建筑公司一般纳税人销售给外单位一批木材，实际成本17 500元，售价19 000元。货款收到并存入开户银行。

（1）收到材料销售货款时，做如下分录。

借：银行存款　　　　　　　　　　　　　　　　　　　　　　　19 000
　　贷：其他业务收入——材料销售收入　　　　　　　　　　　　16 910
　　　　应交税费——应交增值税（销项税额）　　　　　　　　　 2 090

（2）结转材料实际成本，做如下分录。

借：其他业务支出——材料销售支出　　　　　　　　　　　　　17 500
　　贷：原材料——主要材料　　　　　　　　　　　　　　　　　17 500

（3）结转应交增值税2090元，城市维护建设税共计146.3元。应交教育费附加62.7元，做如下分录。

借：其他业务支出——材料销售支出　　　　　　　　　　　　　 2 299
　　贷：应交税费——增值税（未减进项）　　　　　　　　　　　 2 090.00
　　　　　　　　——城市维护建设税　　　　　　　　　　　　　　146.30
　　　　其他应交款——应交教育费附加　　　　　　　　　　　　　 62.7

4. 其他销售的核算

施工企业对其他企业提供技术服务、技术转让所发生的收入，应记入"银行存款"账户的借方和"其他业务收入——技术服务收入"和"其他业务收入——无形资产转让收入"账户的贷方。

提供技术服务和技术转让的成本，以及应交税金和教育费附加，应记入"其他业务支出——技术服务支出""其他业务支出——无形资产转让支出"账户的借方和"应交教育费附加"等账户的贷方。

施工企业对其他企业出租机械、设备所发生的收入，应记入"银行存款""应收账款"等账户的借方和"其他业务收入——机械设备出租收入"账户的贷方。出租机械、设备所发生的各项费用，应先记入"机械作业——机械出租"账户的借方，月终转出出租机械设备实际成本和应交税金、教育费附加时，应记入"其他业务支出——机械设备出租支出"账户的借方和"机械作业——机械出租""应交税费""其他应交款——应交教育费附加"等账户的贷方。

第六节　利润的核算

一、施工企业利润总额的组成

利润是施工企业一定期间的经营成果。获取最大限度的利润是施工企业生产经营的直接动机和目的之一。利润多少是衡量企业经济效益水平高低的主要标准，也是决定企业对社会贡献大小和企业进一步拓展业务的基本条件。

施工企业的利润，由营业利润、投资净收益、营业外收支净额三部分组成，其计算公式如下：

$$利润总额＝营业利润＋投资净收益＋营业外收支净额$$

在一个会计年度中，如发生以前年度损益调度事项，也要计入当年损益。因此，企业利润总额计算公式可以扩展为：

$$利润总额＝营业利润＋投资净收益＋营业外收支净额＋补贴收入$$

1. 营业利润

营业利润是施工企业工程结算收入减去工程结算成本、税金及附加，加上其他业务利润，减去管理费用和财务费用后的余额，它是施工企业利润总额的主要组成部分，是施工企业从事施工生产经营活动取得的财务成果。其计算公式如下：

$$营业利润＝工程结算利润＋其他业务利润－管理费用－财务费用$$

（1）工程结算利润。它指企业及其内部独立核算的施工单位已向工程客户办理工程价款结算而形成的利润：

$$工程结算利润＝工程结算收入－工程结算成本－工程结算税金及附件$$

税金及附加包括增值税、城市维护建设税和教育附加费。

（2）其他业务利润。它是指企业其他业务收入减去其他业务支出后的余额，包括产品销售利润、劳务、作业利润、材料销售利润、其他销售利润、对外承包工程利润、多种经营利润、机具设备租赁利润和其他利润。

① 产品销售利润是指企业内部独立核算的工业企业销售产品实现的利润。

$$产品销售利润＝产品销售收入－产品销售成本－产品销售税金及附件$$
$$产品销售净收入＝产品销售收入－销售退回及折让、折扣$$

② 劳务、作业利润是企业对外提供运输、搬运等劳务作业而实现的利润。

③ 材料销售利润是企业及其内部独立核算的材料供应部门销售材料所实现的利润。

④ 其他销售利润是除上述各种销售利润以外的其他销售利润，如企业内部非独立核算的辅助生产部门对外单位或企业内部其他独立核算单位提供产品和劳务所实现的利润。

对外承包工程利润是企业承包国外工程、国内外资工程和提供劳务所实现的利润。

多种经营利润是企业为了拓宽业务，增加效益，举办一些与工程无直接联系的其他行业的经营业务，如饮食、服务、服装加工、商品流通等业务，其营业收入减去营业成本、增值税等之后形成的利润。

机具设备租赁利润是企业对外单位或企业内部其他独立核算单位出租施工机具、生产设备的租金收入，减租赁成本、增值税等之后形成的利润。

其他利润是指除上述各项外实现的利润，包括无形资产转让利润、联合承包节省投资分成收入以及提前竣工投产利润分成收入。

（3）期间费用。它是指从属于一切的会计期间，应于发生的当期与同期收入相配比的费用，包括管理费用、财务费用以及销售费用。

2. 投资净收益

投资净收益是指对外投资所取得的收益减去投资损失后的余额（若后者大于前者则为投资损失）。

投资收益包括对外投资分得的利润、股利、债券利息，投资到期收回或中途转让取得款项高于账面价值的差额，以及按照权益法核算的股权投资在被投资单位减少的净资产中所分担的数额。

3. 营业外收支净额

营业外收支是指与企业生产经营活动没有直接关系的各项收入和支出，营业外收支净额是营业外收入扣除营业外支出后的差额。营业外收支虽与生产经营活动没有直接关系，但从企业主体来考虑，同样带来收入或给企业形成支出，对企业利润产生影响，是构成企业利润总额的一个要素。

4. 以前年度损益调整

以前年度损益调整是指年度财务报表经有关部门审批后，根据审批意见对以前年度损益进行调整；或在某些情况下，企业可能会在本年度发现上年度或前几年度财务报表中的差错而对以前年度损益进行调整。对以前年度会计事项的调整可分为两类：一类是不影响损益计算，不涉及补交或退还所得税的调整；另一类是影响损益的调整，需要在损益调整后据以补交或退还所得税。根据会计惯例和现行制度规定，对以前年度会计事项的调整，直接在本年度账簿上进行更改，对于影响损益的调整直接计入本年利润，调增以前年度损益的则作为本年度利润的增加，调减以前年度损益的则作为本年度利润减少。

以上四项构成企业利润总额，企业实现利润总额应按规定向国家交纳所得税，交纳所得税后的利润额为净利润，其计算公式为：

$$净利润＝利润总额－所得税$$

二、利润的核算方法

1. 账户设置

利润的核算涉及的账户比较多，这里主要说明以下三个账户。

(1)"本年利润"账户。为了核算本年度实现的利润（或亏损）总额，企业应设置"本年利润"账户。期末，应将各收入类账户的余额，转入本账户的贷方；将成本、费用、支出账户的余额，转入本账户的借方，做上述转账之后，本账户的余额如在贷方，反映本年度自年初开始累计实现的利润净额；账户的余额如在借方，反映本年度自年初开始累计发生的亏损净额。年终时，应将本账户的余额，全部转入"利润分配"账户，结转后本账户无余额。

(2)"营业外收入"账户。为核算企业发生的与生产经营活动无直接关系的各项收入而设置的账户。期末，将本账户余额结转至"本年利润"账户，结转后本账户无余额。本账户应按收入种类设置明细。

(3)"营业外支出"账户。为核算企业发生的与生产经营活动无直接关系的各项支出而设置的账户。期末，将本账户余额结转至"本年利润"账户，结转后本账户无余额。本账户应按收入种类设置明细。

2. 营业外收入的核算

营业外收入是指企业取得的与企业施工生产活动无直接关系的各项收入。主要包括以下内容。

(1)固定资产盘盈和处置固定资产净收益。即盘盈的固定资产按原价减去估计折旧的差额，以及转让、处置固定资产净收益也就是出售固定资产所取得的价款减去清理费用后的数额与固定资产账面净值的差额。

(2)处置无形资产净收益。企业出售无形资产，按实际取得的转让收入，扣除按该项无形资产以计提折旧的减值准备、无形资产的账面余额、应支付的相关税费后的余额为正数时，所取得的收入额。

（3）固定资产报废清理净收益。指固定资产报废的变价收入扣除清理费用后的差额。

（4）罚款收入。主要是企业取得的因对方违反国家有关行政管理法规，按规定收取的罚款。如供货单位或购货单位未按合同规定及时供货或支付货款的违约金、赔偿金等，以及治安管理、事故处理等过程中收取的各种罚款。

（5）教育费附加返还款。主要是指自办职工子弟学校的企业，在缴纳教育费附加后，教育部门返还所办学校经费补贴费。

（6）逾期未退包装物没收的、加收的押金，扣除应交的增值税、消费税等税费而取得的收入额。

为了核算企业发生的营业外收入，应设置"营业外收入"账户。该账户贷方反映本期实际发生的营业外收入，借方反映期末转入"本年利润"的营业外收入，结转后本账户应无余额。本账户应按收入项目设置明细账户进行明细核算。

现举例说明营业外收入的账务处理方法。

【例 11-12】 振华建筑公司某月有如下经济业务。

收到教育部门返还教育费附加2 000元，存入开户银行。根据有关会计凭证做如下分录。

借：银行存款 2 000

  贷：营业外收入——教育费附加返还款 2 000

长宁公司现有预期未退包装物押金4 000元，予以没收作营业外收入处理。做如下会计分录。

借：其他应付款——长宁公司 4 000

  贷：营业外收入——没收包装物押金 3 560

  应交税费——应交增值税（销项税额） 440

结转出售固定资产净收益1 200元。做如下会计分录。

借：固定资产清理 1 200

  贷：营业外收入——处理固定资产净收益 1 200

企业收到某购货单位因未按合同规定期限支付货款而交来的赔偿金600元，存入开户银行。做如下会计分录。

借：银行存款 600

  贷：营业外收入——罚款收入 600

期末，将发生的营业收入7 800元转入"本年利润"。做如下会计分录。

借：营业外收入 7 800

  贷：本年利润 7 800

3. 营业外支出的核算

营业外支出是指与企业生产经营没有直接关系，不属于生产经营费用，但按规定应从实现的利润中列支的各项支出。营业外支出主要包括以下几项内容。

（1）固定资产盘亏。它是指在财产清查中发现的固定资产实有数少于账面数的固定资产净值损失。

（2）处理固定资产净损失。它是指出售不需用固定资产取得的价款，减去清理支出后的余额小于固定资产净值的差额；清理报废固定资产的变价收入，减去清理费用后的余额小于固定资产净值的差额；毁损固定资产的原价扣除累计折旧、过失人及保险公司赔偿后的差额。

（3）处置无形资产净损失。企业出售无形资产，按实际取得的转让收入，扣除按该项无形资产以计提的减值准备、无形资产的账面余额、应支付的相关税费后的余额为负数时，所支付的支出额。

（4）债务重组损失。企业以债务重组方式收回的债权。

a. 在低于应收债权账面价值的现金收回的债权时，以应收债权的账面价值扣除企业实际收到的金额和按该项应收债权已计提的坏账准备，确认债务重组损失计入营业外支出。

b. 以非现金资产清偿债务的，债务人应按应付债务的账面价值小于清偿的非现金资产账面价值的差额部分，确认债务重组损失计入营业外支出。

c. 以修改其他条件进行债务重组的，未来应收金额小于应收债权账面价值的，首先冲减已计提的坏账准备，其余额确认债务重组损失计入营业外收入。

（5）营业外支出。企业按规定计提的固定资产减值准备、在建工程减值准备和无形资产减值准备均确认为营业外支出。

（6）非常损失。它是指用于自然灾害而造成的各项资产损失、扣除保险赔偿款及残值后的净损失，以及由此造成的停工损失和善后清理费用。

（7）非季节性停工和非大修理期间的停工损失。它是指相对于季节性大修理期间的停工损失而言，主要是由于意外原因而引起的停工损失。

（8）子弟学校经费和技工学校经费。自办职工子弟学校、技工学校经费是指按照国家规定自办子弟学校、技工学校的经费支出大于收入的差额。对于新建职工子弟学校校舍、设备支出，应列作资本性支出，不得列为营业外支出。

（9）公益救济性捐赠。它是指国内重大救灾或慈善事业的救济性捐赠支出。

（10）赔偿金、违约金。它是指履行经济合同、协议而向其他单位支付的赔偿金、违约金、罚息等罚款性支出。

为了核算企业发生的各种营业外支出，设置"营业外支出"账户。借方登记企业发生的各项营业外支出，贷方登记期末转入"本年利润"账户的营业外支出，借转后本账户应无余额。本账户应按支出项目设置明细账户进行明细核算。

【例11-13】 振华建筑公司有如下与企业无直接关系的业务，其分录如下。

（1）企业由于自然灾害蒙受资产损失，扣除残料价值和保险公司赔偿外净损失2 000元，经批准转为非常损失。做如下会计分录。

借：营业外收入——非常损失 2 000

　　贷：待处理财产损益 2 000

（2）企业向"希望工程"捐款5 000元，以银行存款支付。做如下会计分录。

借：营业外收入——公益救济性捐赠 5 000

　　贷：银行存款 5 000

（3）企业以银行存款拨付技工学校经费12 000元。做如下会计分录。

借：营业外支出——技工学校经费 12 000

　　贷：银行存款 12 000

（4）企业计提固定资产减值准备6 000元、无形资产减值准备4 000元。做如下会计分录。

借：固定资产减值准备 6 000

无形资产减值准备 4 000

贷：营业外支出 10 000

(5) 期末，将本期发生的营业外支出29 000元转入"本年利润"账户。做如下会计分录。

借：本年利润 29 000

贷：营业外支出 29 000

4. 本年利润的核算

企业在日常核算中，运用损益各个账户，对企业利润的各项构成内容进行了连续、系统的记录。为了全面反映每一会计期间企业利润的实现情况，应于月份、季度或年度结束时，根据各账户的记录，计算各期实现的营业利润和企业利润总额以及净利润。在实务中，对各期利润的计算，通常有"表结法"和"账结法"两种方法。

所谓表结法是通过编制利润表计算出本月利润总额和净利润的方法。采用表结法结账时，不需将损益类各账户的余额逐月结账到"本年利润"账户，只有到年度终了进行年度决算时才用账结法将损益账户的全年累计余额转入"本年利润"账户，以结出全年累计利润总额和净利润。平时直接在利润表结转，省去了转账环节，同时并不影响利润表的编制和有关损益指标的作用。到了年末再使用账结法结转整个年度的累计余额。具体结账方法是：每月月末结账时，分别结出各损益账户本年累计数额；将各损益账户的本年累计数逐项填入"损益表"中相应项目的"本年累计栏"计算出从年初至本月末止的累计利润及净利润；然后减去至上月份的累计利润及净利润，即可确定本月份的利润总额及净利润。

所谓账结法是通过编制记账凭证来完成损益结转工作的方法。即在账上每月进行损益类账户（包括期间费用）的结转，不论月份或年度，都应通过"本年利润"账户结出企业实现的利润总额和净利润。在账结法下，应于每月终了将损益类收入账户的余额转入"本年利润"账户的借方；将损益类支出账户的余额转入"本年利润"账户的贷方，通过"本年利润"账户结出本月份净利润或亏损总额以及本年累计损益。

账结法的优点是各月均可通过"本年利润"账户提供其当期利润额，记账业务程序完整。但从实用角度讲，采用账结法增加了编制结转损益分录的工作量。

为了核算企业本年度内实现的利润（或亏损）总额，企业应设置"本年利润"账户。贷方登记从损益类收入账户转入数，借方登记从损益类支出账户转入数，期末贷方余额表示企业实现的净利润，借方余额表示企业发生的净亏损。年度终了，应将本年度实现的净利润额或发生的净亏损额，全部转入"利润分配——未分配利润"账户，结转后，本账户应无余额。

现举例说明"账结法"下本年利润的结转方法。

【例 11-14】某施工企业2016年5月损益类账户发生额如表11-11所示。

表 11-11　5月损益类账户发生额　　　　　　　　　　　　单位：元

账户名称	借方发生额	贷方发生额	账户名称	借方发生额	贷方发生额
工程结算收入		1 600 000	财务费用	6 000	
工程结算成本	1 217 000		投资收益		80 000
税金及附加	64 000		营业外收入		12 000
其他业务成本		200 000	营业外支出	34 000	
其他业务支出	164 000		所得税	125 000	
管理费用	26 000				

根据损益类收入账户发生额做如下会计分录。

借：主营业务收入　　　　　　　　　　　　　　　　　　　　1 600 000

　　其他业务收入　　　　　　　　　　　　　　　　　　　　 200 000

　　投资收益　　　　　　　　　　　　　　　　　　　　　　　80 000

　　营业外收入　　　　　　　　　　　　　　　　　　　　　　12 000

　　贷：本年利润　　　　　　　　　　　　　　　　　　　　1 892 000

根据损益类费用账户发生额做如下会计分录。

借：本年利润　　　　　　　　　　　　　　　　　　　　　　1 610 000

　　贷：主营业务成本　　　　　　　　　　　　　　　　　　1 217 000

　　　　税金及附加　　　　　　　　　　　　　　　　　　　　64 000

　　　　其他业务支出　　　　　　　　　　　　　　　　　　 164 000

　　　　管理费用　　　　　　　　　　　　　　　　　　　　　26 000

　　　　财务费用　　　　　　　　　　　　　　　　　　　　　 6 000

　　　　营业外支出　　　　　　　　　　　　　　　　　　　　34 000

　　　　所得税　　　　　　　　　　　　　　　　　　　　　 125 000

企业如当年发现需要调整上年度损益的会计事项，或上年报经有关主管部门审核，需要调整上年度损益时，由于上年度账目已结算并已存档，应通过"以前年度损益调整"账户进行账目调整，并将调整的以前年度损益并入当年损益。

三、管理费用和财务费用的核算

按现行规定，管理费用、财务费用和其他费用组成建筑安装过程期间费用。

期间费用是指虽不直接由施工的工艺过程所引起，但却与工程的总体条件有关的、建筑安装企业为组织施工和进行经营管理以及间接为建筑安装生产服务的各项费用。

1. 管理费用

管理费用是指企业行政管理部门为管理和组织经营活动的各项费用。包括公司经费、工会经费、职工教育经费、劳动保险费、待业保险费、董事会费、咨询费、审计费、诉讼费、排污费、绿化费、税金、土地使用费（海域使用费）、土地损失补偿费、技术转让费、技术开发费、无形资产摊销、开办费摊销、业务招待费、坏账损失、存货盘亏、毁损和报废（减盘盈）以及其他管理费用。

（1）公司经费。它指公司机关管理人员工资、职工福利费、差旅费、办公费、折旧费、修理费、物料消耗、低值易耗品摊销以及其他公司经费。

（2）工会经费。它指按照职工工资总额 2% 计提拨交给工会的经费。

（3）职工教育经费。职工教育经费指企业为了提高职工文化素质和技术水平而支付的费用，按职工工资总额的 1.5% 计提。

（4）劳动保险费。它指企业支付离退休职工的退休金、价格补贴、医药费、长病假（6个月以上）人员工资、职工死亡丧葬补助费、抚恤费、按规定支付给离休人员的各项经费。

（5）待业保险费。它指企业按照国家规定交纳的待业保险基金。

（6）董事会费。它指企业最高权力机构（如董事会）及其成员为执行职能而发生的各项费用，包括差旅费、会议费等。

（7）咨询费。它指企业向有关咨询机构进行科学技术经营管理咨询所支付的费用，包括聘请经济技术顾问、法律顾问等支付的费用。

(8) 审计费。它指企业聘请中国注册会计师进行查账验资以及进行资产评估等发生的各项费用。

(9) 诉讼费。它指企业起诉或应诉而发生的各项费用。

(10) 排污费。它指企业按照规定交纳的排污费用。

(11) 绿化费。它指企业对驻地进行绿化而发生的零星绿化费用。

(12) 税金。它指企业按规定支付的房产税、车船使用税、土地使用税、印花税等。

(13) 坏账损失。它指企业无法收回的应收款项发生的损失。

(14) 土地损失补偿费。它指企业在生产经营过程中破坏的国家不征用的土地所支付的土地损失补偿费。

(15) 技术转让费。它指企业使用非专利技术而支付的费用。

(16) 研究开发费。它指企业为了获取并理解新的科学或技术知识，而进行的独创性的、有计划的调查分析活动和为了创造新的或有实物性改进的产品、材料、设备和工艺等，在开始商业生产使用之前所从事的将研究成果或其他知识付诸应用的一系列活动所发生的费用。包括以下几种。

① 从事研究和开发活动的所有人员的人工费。

② 在研究和开发活动中消耗的材料费。

③ 用于研究和开发活动的设备和设施的折旧费。

④ 应由研究和开发成本负担的间接费用。

⑤ 委托其他单位进行研究和开发所发生的费用。

⑥ 应由研究和开发活动负担的其他费用，如为研究和开发活动外购专利权的支出。

(17) 无形资产摊销。它指专利权、商标权、著作权、土地使用权、非专利技术等无形资产的费用。

(18) 业务招待费。它指企业为业务经营的合理需要而支付的费用，在国家规定的限额内据实列入管理费用。

2. 管理费用的核算

管理费用是一种期间费用，应直接计入当期损益。

为了核算管理费用，企业应设置"管理费用"账户，用以核算企业行政管理部门为组织和管理生产经营活动而发生的管理费用。其借方反映企业发生的各项管理费用，贷方反映期末转入"本年利润"账户的数额，结转之后，"管理费用"账户期末无余额。"管理费用"账户应按费用项目设置相应的明细账。管理费用的账务处理程序如以下分录所示。

(1) 对发生的各项管理费用

借：管理费用　　　　　　　　　　　　　　　　　　　　　×××

　　贷：工资、材料、银行存款的　　　　　　　　　　　　　×××

(2) 期末全数结转本月发生的各项管理费用

借：本年利润　　　　　　　　　　　　　　　　　　　　　×××

　　贷：管理费用　　　　　　　　　　　　　　　　　　　　×××

下面举例说明管理费用核算的账务处理。

【例 11-15】 某建筑公司 6 月份发生下列有关业务。

(1) 6 月 8 日购买办公用品共计 500 元。分录如下。

借：管理费用——公司经费 500

　　贷：银行存款 500

（2）6月15日发放工资，其中公司机关管理人员工资15 000元，并计提职工福利费2 100元，工会经费300元，职工教育经费225元。分录如下。

借：管理费用——有关项目 17 625

　　贷：应付职工薪酬——应付工资 15 000

　　　　　　　　　　——应付福利费 2 100

　　　其他应付款——工会经费 300

　　　其他应付款——职工教育经费 225

（3）6月20日支付法律顾问费300元，抚恤费600元，报销经理助理张建差旅费500元。分录如下。

借：管理费用——咨询费 300

　　　　　　——劳动保险费 600

　　　　　　——公司经费 500

　　贷：银行存款 1 400

（4）6月30日支付聘请中国注册会计师验资费3 000元，报销本月发生的业务招待费5 000元。分录如下。

借：管理费用——审计费 3 000

　　　　　　——业务招待费 5 000

　　贷：银行存款 8 000

（5）6月30日本月提取和摊销费用如下：摊销报刊杂志费2 000元，摊销无形资产1 000元，提取固定资产折旧7 500元，计算应交房产税、车船使用税等1 000元。分录如下。

借：管理费用——有关项目 11 500

　　贷：待摊费用 2 000

　　　无形资产 1 000

　　　累计折旧 7 500

　　　应交税费——房产税、车船使用税 1 000

（6）6月30日，将本月发生的全部管理费用转入"本年利润"账户。分录如下。

借：本年利润 18 245

　　贷：管理费用——公司经费 28 600

　　　　　　　　——工会经费 300

　　　　　　　　——职工教育经费 225

　　　　　　　　——咨询费 300

　　　　　　　　——审计费 3 000

　　　　　　　　——税金 1 000

　　　　　　　　——业务招待费 5 000

　　　　　　　　——劳动保险费 600

经过上述结转之后，"管理费用"及其明细账户都没有余额，上述处理过程登记在账簿上如表11-12所示。

表 11-12　管理费用明细账　　　　　　　　　　　　　　　　单位：元

2016年 月	日	摘要	公司经费	工会经费	教育经费	咨询费	劳动保险费	审计费	税金	业务招待费	合计
6	8	购办公用品	500								500
	15	发工资	15 000								3 000
	15	提福利费	2 100								420
	15	提工会经费		300							300
	15	提教育经费			225						225
	20	支付咨询费				1 500					1 500
	20	付抚恤费					600				600
	20	差旅费	500								500
	30	报刊杂志费	2 000								200
	30	验资费						3 000			3 000
	30	无形资产摊销	1 000								500
	30	计提折旧	7 500								1 500
	30	房产税等							1 000		1 000
	30	业务招待费								5 000	5 000
		合计	28 600	300	225	300	600	3 000	1 000	5 000	139 025
		结转费用	28 600	300	225	300	600	3 000	1 000	5 000	139 025

3. 财务费用

财务费用是指企业为筹集资金而发生的各项费用，包括企业生产经营期间发生的利息支出（减利息收入）、汇兑损失、调剂外汇手续费、金融机构手续费以及筹资而发生的其他财务费用等。

如前所述，财务费用也是一种期间费用，应当于期末时直接计入当期损益，由当期的工程结算收入和其他业务收入予以补偿。因此，正确核算财务费用也是正确计算企业利润的重要条件之一。

为了核算财务费用，企业应设置"财务费用"账户，用以核算企业为筹集生产经营所需资金等而发生的各种费用。为构建固定资产而筹集资金所发生的费用，在固定资产达到预定可使用状态之前发生的，应计入有关固定资产价值内，不包括在本账户内核算。"财务费用"账户，其借方反映企业发生的财务费用，贷方反映应冲减财务费用的利息收入、汇兑收益等，以及期末转入"本年利润"账户的数额，结转之后，"财务费用"账户期末没有余额。"财务费用"账户应按费用项目设置相应的明细账。

下面结合举例，说明财务费用的账务处理。

【例 11-16】　建强公司8月份发生下列有关财务费用业务。

（1）按规定预提本月借款利息1 600元。

（2）按协议支付给某金融机构代企业发行债券的手续费及印刷费64 000元。

（3）支付银行承兑汇票的手续费160元。

（4）收到银行通知，存款利息收入700元已入账。

（5）收到银行结汇账单，银行手续费账单（50元）及银行入账通知单，企业国外承包工程款2 000美元已收妥。当日汇率为1∶8.8。企业账面汇率为1∶8.75。增加银行存款17 550元（＝2 000×8.8－50），冲销应收账款17 500（＝2 000×8.75），汇兑收益100＝[(8.8－8.75)×2 000]。

（6）月末，将"财务费用"账户的余额结转"本年利润"账户。

分录如下。

（1）借：财务费用——利息支出　　　　　　　　　　　　　　　　　　　　1 600

　　　　　　贷：预提费用　　　　　　　　　　　　　　　　　　　　　　1 600
　　（2）借：财务费用——手续费　　　　　　　　　　　　　　　64 000
　　　　　　贷：银行存款　　　　　　　　　　　　　　　　　　　　　64 000
　　（3）借：财务费用——手续费　　　　　　　　　　　　　　　　　160
　　　　　　贷：银行存款　　　　　　　　　　　　　　　　　　　　　　160
　　（4）借：银行存款　　　　　　　　　　　　　　　　　　　　　　　700
　　　　　　贷：财务费用——利息支出　　　　　　　　　　　　　　　　700
　　（5）借：财务费用——手续费　　　　　　　　　　　　　　　　　　50
　　　　　　　　银行存款　　　　　　　　　　　　　　　　　　　　17 550
　　　　　　贷：应收账款　　　　　　　　　　　　　　　　　　　　17 500
　　　　　　　　财务费用——汇兑收益　　　　　　　　　　　　　　　　100
　　（6）借：本年利润　　　　　　　　　　　　　　　　　　　　　65 010
　　　　　　　　财务费用——汇兑收益　　　　　　　　　　　　　　　　100
　　　　　　贷：财务费用——手续费　　　　　　　　　　　　　　　64 210
　　　　　　　　财务费用——利息支出　　　　　　　　　　　　　　　　900

四、企业所得税的核算

　　所得税是对施工企业生产经营活动所得征收的一种税赋，它是企业的一项资产流出，属于一项费用，这更符合收入与费用配比原则，所得税是企业在为取得净利润所必须花费的代价，没有收入，就无须花费这项支出。

（一）企业所得税的纳税人和征税对象

　　在中华人民共和国境内按国家有关规定注册、登记并实行独立经济核算的企业或者组织，为企业所得税纳税义务人。具体包括：国有企业、集体企业、私有企业、联营企业、股份制企业以及有生产经营所得和其他所得的其他组织。所谓独立经济核算的企业或者组织，是指同时具备以下条件的企业或组织：在银行开设结算账户；独立建立账簿，编制财务会计报表；独立核算盈亏。所谓有生产经营所得和其他所得的其他组织，经国家有关部门批准，依法注册、登记的事业单位、社会团体等组织。

　　企业所得税的征税对象是纳税人取得的生产经营所得和其他所得。其中：生产经营所得是指从事物质生产、交通运输、商品流通、劳务服务以及经国务院财政部门确认的其他盈利事业取得的所得。其他所得是指股息、利息、租金、转让各类资产、特许权使用费以及营业外收益等所得。

　　企业生产经营所得和其他所得，包括来源于中国境内、境外的所得，如果境外所得已在有关国家纳税，可在向中国政府汇总时，按有关规定进行抵免。

（二）税前会计利润与应纳税所得额的区别

　　《税法》规定，企业应交纳的所得税是根据企业的应纳税所得额乘以试用税率来计算的，在税率既定的情况下，关键问题是正确确定应纳税所得额。通常情况下，应纳税所得额来自于企业财务会计记录的税前会计利润，即根据财务会计准则的规定，通过财务会计的程序确认的，在扣除当前所得税费用之前的利润总额。但由于会计准则和《税法》体现着不同的经济关系，服务于不同的目的。因此，按照财务会计方法计算的利润与按照《税法》规定计算的应纳税所得之间结果往往存在差异，不一定相同。

财务会计准则和税收法规的本质差别在于收入实现和费用扣减的时间，以及费用的可扣减性不同，从而导致两者产生的差异有以下类型。

1. 永久性差异

永久性差异是指企业一定时期的税前会计利润与纳税所得之间由于会计制度和《税法》在计算收入与费用或损失的项目口径不同所产生的差额，这种差额在某期发生，但不会在以后的会计期间转回。一般有以下几种情况。

第一，会计核算时作为收益计入税前会计利润，在计算应纳税所得时不作为收益处理。如企业购买国债的利息收入，依法免税，但会计核算作为投资收益交纳了所得税。

第二，会计核算时不作为收益处理，不计入税前会计利润，但在计算应纳税所得时作为收益征税处理。如企业以自己生产的产品用于工程项目，《税法》规定以该产品的售价与成本的差额计入应税所得征税等。

第三，会计核算时确认为费用或损失计入税前会计利润，在计算应纳税所得时《税法》不予确认，不允许扣减。这些项目主要有两种情况，一是口径范围不同，即会计上作为费用或损失项目处理《税法》税法上不作为扣除项目处理，如高于银行存款的利息、各项税收滞纳金和罚款等；二是标准不同，即会计上作为费用或损失项目处理，而《税法》上可作为扣除项目，但规定了计税开支的标准限额，如工资性支出、业务招待费、工会经费、职工福利费、职工教育经费、公益救济性捐助等。

第四，会计核算时不确认为费用或损失，不计入税前会计利润，但在计算应纳税所得时《税法》允许作扣减处理。如超过年限的亏损弥补、税前还贷等。

在计算应纳税所得额时，应将税前会计利润加减发生的永久性差异，将税前会计利润调整为应税所得。

2. 时间性差异

时间性差异是指企业一定时期的税前会计利润与纳税所得之间由于会计准则和《税法》在计算收入与费用的项目时间不一致所产生的差额，这种差额在某期发生，但在以后的一期或若干期内可以转回。根据时间性差异对税前会计利润与应税所得的影响，一般有以下两种情况。

（1）应纳税时间性差异。这种差异会使本期税前会计利润大于应纳税所得额，并在以后会计期间产生应纳税金额。具体包括以下内容。

企业发生的某项收益，会计核算时已于本期确认，计入税前会计利润，在计算应纳税所得时《税法》上规定应于以后期间确认征税处理。如长期股权投资采用权益法核算时，在被投资企业有盈利时，投资公司应按持股比例确认投资收益计入利润总额，但《税法》规定待实际收到股利时才予以确认征税。

企业发生的某项费用和损失，按《税法》规定以在本期应纳税所得额中扣除，而会计核算时应于以后会计期间确认处理，如固定资产折旧，纳税时采用加速折旧法，而会计上采用直线法，造成在固定资产使用的前期，计入应纳税所得中折旧费大于税前会计利润中扣减的折旧金额。

（2）可抵减的时间性差异。这种差异会使本期税前会计利润小于应纳税所得额，并在以后年度产生应纳税的扣除金额。具体包括以下内容。

企业发生的某项收益，按《税法》规定需计入当期的应纳税所得额中纳税，而会计核算时应于以后会计期间加以确认处理。

企业发生的某项费用或损失，会计核算时已于本期确认计入税前会计利润，在计算应纳税所得时《税法》规定应于以后期间作扣减处理。如预提工程质量保修费用等或有支出，会计上在销货时按权责发生制原则当期计提确认，但《税法》规定需等实际发生时才作为费用扣除抵减。

时间性差异是由于《税法》和会计准则对收益或费用和损失的确认时间不一致，而使本期税前会计利润与应纳税所得产生的暂时性差异，这种差异随时间的递延。所以，会计核算时要在其逐渐转回的各个会计期间进行摊配。

（三）应纳税所得额的确认

税前会计利润与应纳税所得既有区别又有联系，在会计实务中，应纳税所得通常是在税前会计利润的基础上，按《税法》规定进行调整的。其计算公式为：

应纳税所得额＝利润总额＋《税法》不允许列支的项目金额＋《税法》允许列支但超过标准的金额

　　　　　　　－本期未收现的营业利润－本期未收现或已税免税投资收益

　　　　　　　－税前还贷－依法弥补亏损

或

应纳税所得额＝纳税年度收入总额－《税法》准予扣除项目金额＋《税法》不准予扣除项目金额

应纳税所得额按纳税年度计算。上例公式中的收入总额、准予扣除项目、不准予扣除项目，在现行企业所得税基本规范《中华人民共和国企业所得税暂行条例》中均作了明确规定。

收入总额的范围包括：生产经营收入（含工程价款结算收入）、财产转入收入、利息收入、租赁收入、特许权使用费收入、股息收入和其他收入（包括合同变更索赔款、奖励性收入及营业外收入等）。

《税法》准予扣除项目金额包括：基本扣除金额（成本、费用、税金及损失）。

限定条件准予扣除的项目：银行同期存款利率计算的利息支出；纳税工资标准计算支付的职工工资；职工福利费、职工教育经费和工会会费按计税工资总额的规定比例提取的部分；用于公益、救济性的捐赠在年度应纳税所得额规定比例以内的部分；每一纳税年度发生的广告费支出不超过营业收入 2％的部分；规定限额内支付的业务招待费；规定限额内扣除的坏账准备金；按规定交纳的职工养老保险费，租入固定资产的租赁费等。

《税法》不准予扣除项目金额包括：构建固定资产和开发无形资产等资本性支出；违法经营的罚款和被没收的财物损失；各项税收的滞纳金、罚金和罚款损失；自然灾害或以外事故有赔偿的部分；超过国家规定允许扣除的公益救济性捐赠以及非公益救济性捐赠的部分；超过规定标准的工资、职工福利费、业务招待费的支出等；各种赞助支出、与取得收入无关的其他支出等。

企业在对收益、成本、费用、资产、损失等事项进行会计处理时，若与税务处理方法有抵触的，应根据《税法》的有关规定，确认应纳税所得额。

（四）企业所得税税率与税额

企业所得税额的计算：

　　　　　　　应纳税所得额＝税前会计利润±纳税调整数

　　　　　　　企业应交所得税额＝应纳税所得额×适用税率

由此，按《税法》计算确认企业应向国家交纳的所得税额。

（五）企业所得税的核算

根据新税制和财政部关于企业所得税会计处理的规定，为核算企业所得税的核算和上交情况，企业应设置"所得税"损益账户，借方登记按计税利润和适用税率计算的应交所得税，贷方登记转入"本年利润"账户的数额；期末结转后，本账户应无余额。

参照国际惯例，所得税的会计处理方法有应付税款法和纳税影响会计法两种。

1. 应付税款法

应付税款法是将本期税前会计利润与纳税所得之间的差异造成的影响纳税的金额，直接计入当期损益，而不再递延到以后各期的方法。采用这种方法，是按《税法》项目和标准将会计所得调整为纳税所得，再按适用税率计算应交所得税，直接计入当期损益，不再另行处理会计所得与纳税所得之间的差异对纳税的影响。

应付税款法，是我国所得税会计处理中所用的主要方法。永久性差异和时间性差异的营业收入、投资收益等项目，都可采用这种方法进行核算。

【例 11-17】 光明公司本月实现利润80 000元，购置新产品试制设备20 000元，超过规定标准发放职工工资10 000元，业务招待费超过规定限额多支出5 000元，按33%的税率计算本月应交所得税。

$$应纳税所得额＝税前会计利润±纳税调整数$$
$$＝80\ 000－20\ 000＋10\ 000＋5\ 000＝75\ 000(元)$$

$$企业应交所得税额＝应纳税所得额×适用税率$$
$$＝75\ 000×25\%＝18\ 750(元)$$

企业本月应交企业所得税如下。

借：所得税   18 750
   贷：应交税费——应交所得税   18 750

结转本月所得税额如下。

借：本年利润   18 750
   贷：所得税   18 750

2. 纳税影响会计法

纳税影响会计法，又称为递延所得税法，是将本期税前会计利润与纳税所得之间的时间差异造成的影响纳税的金额，递延和分配到以后各期的方法。采用这种方法，将按会计所得和适用税率计算应交所得税，与按纳税所得计算的所得税之间的差额，即由于时间差异而产生的影响纳税的金额，作为递延税款项目，保留到这一差异发生相反变化的以后各期予以转回。

企业采用纳税影响会计法时一般应按递延法进行账务处理，并设置"递延税款"账户，借方登记计税所得大于会计所得的税款差额，和本期转销已确认的时间性差异对纳税影响的贷方数额；贷方登记计税所得小于会计所得的税款差额，和本期转销已确认的时间性差异对纳税影响的借方数额；期末贷方余额或借方余额，表示尚未转销的时间性差异影响纳税的金额。

纳税影响会计法，主要适用于时间性差异的处理。时间性差异，一般在日后各期预计能够转回，如折旧、无形资产的摊销等项目。采用纳税影响会计法一般有以下几个步骤。

（1）企业按税前会计利润计算出所得税时，记入"所得税"和"应交税金——应交所得税"账户。

（2）按会计利润计算的所得税与按纳税所得计算的所得税之间的差额，作为递延税款，借或贷"递延税款"账户。

（3）转销前期发生的"递延税款"借方余额时，借记"所得税"账户，贷记"递延税款"账户。

（4）转销前期发生的"递延税款"贷方余额时，借记"递延税款"账户，贷记"所得税"账户。

实际上交所得税时，同上缴的其他税种的账务处理相同。

【例11-18】 山城公司对一台价值30 000元的电子设备进行折旧，《税法》规定应采用加速折旧法。该企业未经批准私自将折旧年限由5年改为3年。假如该公司这五年盈利水平相同，每年利润均为100 000元，采用纳税影响会计法处理时间性差异的影响。

按3年计算，该电子设备每年应提折旧10 000元。

按5年计算，该电子设备每年应提折旧6 000元。

前3年，山城公司每年比《税法》规定多提折旧4 000元，会计所得为100 000元，纳税所得为104 000元，后两年，山城公司每年比《税法》规定少提折旧6 000元，会计所得为100 000元，纳税所得为94 000元。

前3年每年按会计所得计算的所得税＝100 000×25％＝25 000（元）。

前3年每年按纳税所得计算的所得税＝104 000×25％＝26 000（元）。

应纳税所得大于会计所得影响纳税的差额＝26 000－25 000＝1 000（元）。

后两年每年按会计所得计算的所得税＝100 000×25％＝25 000（元）。

后两年每年按纳税所得计算的所得税＝94 000×25％＝23 500（元）。

应纳税所得小于会计所得影响纳税的差额＝23 500－26 000＝－2 500（元）。

复习思考题

11-1 思考题

1. 施工企业营业收入的内容有哪些？

2. 工程价款的含义是什么？由哪些内容组成？

3. 工程价款结算的方式有几种？其内容各是什么？

4. 建造合同收入与工程价款收入各自的确认依据有什么不同？

5. 什么是建造合同？什么是固定造价合同？什么是成本加成合同？

6. 什么是完工百分比法？在什么情况下采用完工百分比法？

7. 固定造价合同与成本加成合同各自需具备什么条件可认为是合同结果能够可靠估计？

8. 采用完工百分比法时，如何界定完工程度、合同收入和合同成本？

9. 什么是会计利润和计税利润的永久性差异和时间性差异？

10. 什么是应付税款法和纳税影响会计法？两种方法如何核算？

11-2 核算题

1. 目的：练习工程价款的核算。

资料：某施工企业于2016年度承建某项建筑工程，工期为2年，承包合同工程总造价254万元，主要材料由客户供应，在2016年某月发生了以下业务。

（1）从客户收入抵作备料款的主要材料10 000元，银行存款150 000元。

（2）本月中开出"工程款预支账单"，向客户预支工程款73 500元。

（3）某月应向客户结算工程价款253 000元。

（4）某月应向客户收取的临时设施费28 500元，劳动保险费5 500元。

（5）从客户收到的工程价款中抵扣预收的备料款24 500元。

（6）收到客户实付的工程价款、临时设施费和劳动保险费。

（7）本月办理工程价款结算的已完工程实际成本218 000元。

（8）月应交增值税32 355.86元、应交城市维护建设税2 264.91元和教育费附加970.68元。

（9）月末，将损益类账户结转到"本年利润"账户下。

要求：请为上述业务做会计分录。

2．目的：练习其他业务的核算。

资料：某施工企业所属的铝合金门窗加工厂销售600m² 的门窗，每平方米的售价60元，成本为50元，增值税率为11%，城市维护建设税为增值税的7%，教育费附加为增值税的2%。

某施工企业将一台机械支援其他企业施工，按规定台班收取价款8 000元，该机械共发生了各种费用6 600元，应交城市维护建设税508元，应交教育费附加14元。

某施工企业销售给外单位一批钢材，实际成本17 500元，售价19 000元，货款收到并存入银行。应交城市维护建设税1 207元和教育费附加25元。

要求：试为上述三种其他业务做会计分录。

3．目的：采用完工百分比法练习建造合同的会计处理。

资料：2016年2月1日，甲建筑公司与乙房地产开发商签订了一份住宅建造合同，合同总价款为12 000万元，建造期限2年，乙公司于开工时预付20%合同价款。甲公司于2016年3月1日开工建设，估计工程总成本为10 000万元。至2012年12月31日，甲公司实际发生成本5 000万元。由于建筑材料价格上涨，甲公司预计完成合同尚需发生成本7 500万元。2017年6月，乙公司决定将原规划的普通住宅升级为高档住宅，经与甲公司协商一致，增加合同价款2 000万元。2017年度，甲公司实际发生成本7 150万元，年底预计完成合同尚需发生成本1 350万元。2018年2月底，工程按时完工，甲公司累计实际发生工程成本13 550万元。

要求：计算甲公司2016年至2018年应确认的合同收入、合同费用，并编制甲公司与确认合同收入、合同费用以及与合同预计损失相关的会计分录。

4．目的：练习应付税款法。

资料：某企业2016年利润表上反映的税前会计利润为600 000元，所得税率25%。其中，本期取得的投资收益中包含国债利息收入50 000元；本期营业外支出包含非公益性捐赠支出25 000元；本期按会计选用的折旧年限计算的固定资产折旧费50 000元，按《税法》规定的折旧年限计算的固定资产折旧费为70 000元。

要求：计算2016年该企业应纳税的税额。

5．目的：练习纳税影响会计法。

资料：A企业于2016年12月6日购入某项设备，取得成本为1 000万元，会计上采用年限平均法计提折旧，使用年限为10年，净残值为零，因该资产长年处于强震动状态，计税时按双倍余额递减法计提折旧，使用年限及净残值与会计相同。A企业适用的所得税税率为25%。假定该企业不存在其他会计与税收处理差异。

要求：编制2017年12月31日和2018年12月31日与所得税有关的会计分录。

第十二章　财务报表

【本章学习目标】
了解会计报表种类及编制要求。

熟悉施工企业资产负债表、利润表和现金流量表的作用；熟悉所有者权益增减变动表的格式、内容和填列方法以及附注的文字描述及作用。

掌握施工企业资产负债表各项目的填列方法、利润表的编制方法、现金流量表的结构和编制方法。

第一节　财务报告概述

财务报告是指企业对外提供的反映企业某一特定日期的财务状况和某一会计期间的经营成果、现金流量等会计信息的文件。财务报告包括财务报表和其他应当在财务报告中披露的相关信息和资料。

一、编制财务报告的作用

企业编制财务报告除了有利于为企业经营者制定经营决策提供所必需的信息之外，还有利于投资者和债权人了解企业盈利水平、资产、负债构成的变化；有利于国家财政、税务部门掌握企业经营和财务状况的变化，检查企业盈利和税金的解缴情况；有利于工商行政管理和审计等国家监管机构检查、监督企业执行经济法规和财经纪律的情况。

财务报告除了有上述满足信息使用者的信息需求的作用外，还起着宣传企业的作用。因为，财务报告可以影响企业形象，影响投资者和债权人对企业的信心，影响到企业能否以最低的成本筹集到所需的资金，影响到企业的证券在资本市场的兑现能力和流通能力。

因此，通过财务报告真实、完整地对外提供高质量的财务会计信息对于树立良好的企业形象有着很重要的作用。

二、会计报告的概念及组成

财务报表是财务报告的主要组成部分。它是以日常的核算资料为依据，按照规定的报表格式，总括反映一定日期或一定时期的经济活动和财务收支情况及其结果的一种报告文件。

财务报表至少应当包括下列组成部分：①资产负债表；②利润表；③现金流量表；④所有者权益（或股东权益）变动表；⑤附注。小企业编制的财务报表可以不包括现金流量表，编制财务报表是施工企业会计核算的一种专门方法，也是施工企业会计核算的一项重要工作。

三、编制财务会计报告的基本要求

编制财务会计报告，是对会计核算工作的全面总结，也是及时提供合法、真实、准确、完整的会计信息的重要环节。编制财务会计报告要符合以下基本要求。

（1）报告应定期编制。财务报告可以分月度、季度、半年度、年度等编制，对外报送的财务报告的格式、编制要求、报送期限应当符合国家有关规定；单位内部自用的财务报告，其格式和要求由各单位自行确定。

（2）报告中报表应真实完整。合计报表应当根据登记完整、核对无误的会计账簿记录和其他有关科目编制，做到数字真实、计算准确、内容完整、说明清楚。任何人不得篡改或者授意、指使、强令他人篡改财务报告数字。

（3）报告中报表数据应相互一致。财务报表之间、财务报表各项目之间，凡有对应关系的数字，应当相互一致。本期财务报表与上期财务报表之间有关的数字应当相互衔接，如果在不同合计年度的财务报表中各项目的内容和核算方法有变更的，应当在年度财务报表中加以说明。

（4）报告格式应规范。对外报送的财务报告，应当依次编定页码，加具封面，装订成册，加盖公章。封面上应当注明单位名称、单位地址、财务报告所属年度、季度、月度、送出日期，并由单位主要领导人、总会计师、会计机构负责人、会计主管人员签名或者盖章。单位主要领导人对财务报告的合法性、真实性负法律责任。

（5）报告应经过审计。凡根据法律和国家的有关规定应当进行审计的财务报告，财务报告编制单位应先行委托注册会计师进行审计，并将注册会计师出具的审计报告随同财务报告按照规定的期限报送有关部门。

（6）报告应正确无误。如果发现对外报送的财务报告有错误，应当及时办理更正手续。除更正本单位留存的财务报告外，应同时通知接受财务报告的单位更正。错误较多的，应当重新编报。

第二节　资产负债表

一、资产负债表的作用

资产负债表是反映企业一定日期（月末、季末和年末）所拥有或控制的资源、所承担的债务责任和所有者拥有的权益等财务状况的静态报表。资产负债表的作用主要表现在以下几方面：①反映企业所拥有或控制的资源及其分布情况；②反映企业的权益结构；③反映企业资金的变现能力、偿债能力和财务状况。

二、资产负债表的内容与结构

资产负债表是反映企业在某一特定日期财务状况的财务报表。它反映企业在某一特定日期所拥有或控制的经济资源、所承担的现时义务和所有者对净资产的要求权。资产负债表可以反映如下内容：①某一日期资产的总额及其结构，表明企业拥有或控制的资源及其分布情况；②某一日期的负债总额及其结构，表明企业未来需要用多少资产或劳务清偿债务以及清偿时间；③某一日期所有者拥有的权益，据以判断资本保值、增值的情况以及对负债的保障程度。

资产负债表的基本结构是以会计恒等式"资产＝负债＋所有者权益"为理论基础，采用账户形式分左右两方排列。左方反映企业的资产及其分布结构，右方反映企业的负债和所有者权益及其分布结构，左右两方恒等。

三、资产负债表的编制方法

资产负债表是按月、季、年进行编制的。编制资产负债表包括：表首和基本部分。表首是报表的必要标志，按规定逐项填列企业名称、年、月、日等。基本部分是报表的主要内容，各项目应分"年初数"和"期末数"填列。

资产负债表中各项目"年初数"，应根据上年度该表有关项目"期末数"直接填列，各项目的"期末数"主要是根据各账户期末余额填制。由于资产负债表中有的项目与会计科目或账户的内容并不完全一致，表中一些项目就不能直接依据会计账簿编制，而需要一定的分析调整。具体方法如下。

（一）根据总账科目期末余额直接填列

1. 资产类有："应收票据""应收股利""应收利息""应收补贴款""预付账款""其他应收款""待摊费用""固定资产原价""累计折旧""固定资产减值准备""专项工程支出""临时设施""临时设施摊销""递延税款借项"等，根据相应总账科目借方余额填列。

2. 负债及所有者权益类有："短期借款""应付票据""其他应付款""应付工资（如为借方余额以'－'号填列）""应付福利费""应付股利""应交税费（如为借方余额以'－'号填列）""其他应交款（如为借方余额以'－'号填列）""预提费用""预计负债""长期借款""应付债券""专项应付款""递延税款贷项""实收资本""已归还投资""资本公积"等，根据相应总账科目贷方余额填列。

（二）根据几个总账科目期末余额合并计算填列

凡资产负债表中项目反映内容分散在几个总账科目核算的，可以根据这几个总账科目的期末余额之和或之差合并后填列。如"货币资金"项目，应根据"现金""银行存款""其他货币资金"科目的期末余额合计数填列；"存货"项目，应根据"物资采购""采购保管费""原材料""低值易耗品""周转材料""材料成本差异""委托加工物资""工程施工""工业生产""辅助生产"等科目的期末余额合计填列。

（三）根据总账科目余额扣除其备抵项目后的净额填列

凡设有备抵准备的项目，应根据总账科目余额扣除其备抵科目余额后的净额填列。如"短期投资"项目，根据本科目期末余额减去"短期投资跌价准备"科目余额后的净额填列；"应收账款"项目，根据本科目期末余额减去"坏账准备"科目余额的净值填列。

（四）根据结算科目的有关明细科目期末余额分析调整填列

结算类科目所属明细科目的期末余额的方向根据结算情况可能在借方也可能在贷方，应根据债权或债务的性质进行调整后再填列。如"应收账款"所属明细科目的期末余额为贷方时，转化为企业债务，应调整为"预收账款"科目的贷方余额，填入"预收账款"项目。

四、资产负债表编制实例

（一）资料

宏盛建筑施工企业2016年年初各会计账户的余额如表12-1所示，该施工企业2016年年度内发生如下经济业务（为了简化核算手续，假定只有一个施工单位，只承建一项甲工程项目，年度内不分月份，原材料按计划成本核算，材料成本差异率按综合差异率计算，周转材料和低值易耗品采用一次摊销法摊销，股票投资采用成本法核算，增值税进项税率17%，销项税率11%。）。

表 12-1 账户的期初余额、本期发生额和期末余额资料

2016年12月31日 单位：元

账户名称	期初余额		本期发生额		期末余额	
	借方	贷方	借方	贷方	借方	贷方
库存现金	10 000		280 600	280 000	10 600	
银行存款	1 620 000		2 626 280	2 480 291	1 765 989	
其他货币资金	70 000				70 000	
交易性金融资产			500 000	500 000		
应收账款——应收工程款	1 200 000		1 998 000	1 900 000	1 298 000	
坏账准备		6 050		490		6 540
其他应收款	10 000				10 000	
材料采购			685 000	685 000		
原材料	400 000		480 000	650 000	230 000	
周转材料——在库周转材料	150 000		200 000	300 000	50 000	
低值易耗品	80 000			55 000	25 000	
材料成本差异	26 000		13 000	32 120	6 880	
持有至到期投资	75 000			75 000		
固定资产	3 432 840		750 000	120 000	4 062 840	
固定资产清理			9 000	9 000		
累计折旧		1 028 790	112 000	60 000		976 790
临时设施	400 000				400 000	
临时设施摊销		80 000		20 000		100 000
在建工程			580 000	580 000		
长期待摊费用			20 000	15 000	5 000	
工程施工——合同成本——甲工程	972 000		1 406 560	2 378 560		
工程施工——合同毛利	28 000		393 440	421 440		
短期借款			100 000	100 000		
应付票据			419 030	419 030		
应付账款		150 000	400 000	551 520		301 520
其他应付款				9 800		9 800
应交税费——应交所得税		10 000	10 000	85 165		85 165
应交税费——应交增值税			199 800	199 800		
应交税费——应交城建税			5 500	5 500		
其他应交款——应交教育费附加			2 411	2 411		
应付股利（利润）				45 989		45 989
制造费用			69 000	69 000		
长期借款		760 000				760 000
实收资本		5 000 000				5 000 000
盈余公积——法定盈余公积		27 000		25 549		52 549
预收账款——预收备料款			660 000	660 000		
应付职工薪酬			280 000	280 000		
机械作业——承包工程			403 306	403 306		
主营业务成本			1 406 560	1 406 560		
税金及附加			7 857	7 857		
管理费用			83 160	83 160		
财务费用			1 800	1 800		
所得税费用			85 165	85 165		
营业外支出			8 400	8 400		
其他业务支出			54	54		
工程结算		1 000 000	2 800 000	1 800 000		
主营业务收入			1 800 000	1 800 000		
其他业务收入			30 000	30 000		
投资收益			18 980	18 980		
资产减值损失			490	490		
本年利润			1 848 980	1 848 980		
利润分配——提取法定盈余公积			25 549	25 549		
利润分配——应付普通股股利			45 989	45 989		
利润分配——未分配利润		412 000	71 538	255 494		595 956
合计	8 473 840	8 473 840	20 837 449	20 837 449	7 934 309	7 934 309

（1）购入施工机械一台，价款160 000元，对方单位代垫运杂费10 000元，向对方单位开具面额为170 000元的银行承兑汇票一张，该施工机械经验收已交付使用。

（2）购入需安装生产设备两台，用银行存款支付价款及运杂费共计500 000元，该设备已交付安装公司安装。

（3）用银行存款支付安装工程价款共计80 000元。

（4）用银行存款交纳欠缴的所得税费用10 000元。

（5）收到发包单位拨付备料款660 000元，已办妥进账手续，存入银行结算户。

（6）购入原材料一批，买价460 000元，运杂费12 000元，增值税进项为79 520元，原材料已验收入库，货款尚未支付，该批材料的计划成本为480 000元。

（7）购入周转材料一批，买价210 000元，运杂费3 000元，增值税进项为36 030元，该周转材料尚未运到，根据合同交付对方单位一张面额为249 030的银行承兑汇票。

（8）用银行存款支付到期的银行承兑汇票170 000元。

（9）向银行借入三个月短期借款100 000元，月利率0.6%，借款手续已办妥，存入银行结算户。

（10）前述购入的需要安装生产设备已安装完工，经验收交付生产使用，设备价值共计580 000元。

（11）前述购入的周转材料运到，经验收入库，计划成本为200 000元。

（12）以每股市价5元购入股票100 000股，交易费用500元，拟在短期内出售。

（13）用银行存款支付前欠应付账款400 000元，并支付到期银行承兑汇票249 030元。

（14）施工生产领用原材料一批，计划成本为500 000元；领用周转材料一批，计划成本220 000元；领用低值易耗品一批，计划成本30 000元。

（15）机械施工单位领用原材料一批，计划成本为150 000元；周转材料一批，计划成本80 000元；低值易耗品一批，计划成本10 000元。

（16）企业行政管理部门领用低值易耗品15 000元。

（17）计算并结转领用材料和低值易耗品应分摊的材料成本差异。

（18）将前述100 000股股票以每股5.2元的价格售出，交易费用为520元。

（19）应付职工工资总额为280 000元，其中：建筑安装工程施工人员工资120 000元，机械施工人员工资80 000元，施工单位管理人员工资50 000元，企业行政管理人员工资30 000元。

（20）按工资总额的2%计提工会经费，按工资总额的1.5%计提职工教育经费。

（21）从银行提取现金280 000元。

（22）用现金发放职工工资。

（23）计提固定资产折旧60 000元，其中：施工机械折旧50 000元，企业行政管理部门用固定资产折旧10 000元。

（24）施工机械大修理支出20 000元，用银行存款支付，分两年摊销。

（25）摊销本期施工机械大修理支出共计15 000元。

（26）摊销施工单位临时设施费20 000元。

（27）收到发包单位工程结算款1 200 000元，存入银行结算户。

（28）本期水电费共计22 800元，增值税进项3 876元，其中，施工生产共计8 200元，施工机械共计12 600元，企业行政管理部门共计2 000元，用银行存款支付。

（29）用银行存款支付施工单位租用机械的土方运费18 000元，施工单位的办公费及排污费19 000元，企业行政管理部门办公费16 000元。

（30）向发包单位开出结算账单，结算工程款1 800 000元，增值税销项税额198 000元。

（31）计算城市维护建设税5 500元，教育费附加2 357元，已通过"纳税存款专户"上缴当地税务部门。

（32）分配机械使用费和间接费用。

（33）企业购买的五年期国债到期，收到本金60 000元，利息15 000元，存入银行。

（34）收到发包单位拨付抵作备料款后的工程结算款40 000元，已办妥进账手续，存入银行结算户。

（35）甲工程年终竣工，确认工程合同收入和工程合同费用（甲工程施工合同总金额为2 800 000元，2009年7月份开工，资产负债表日确认收入1 000 000元）。

（36）将城市维护建设税5 500元，教育费附加2 357元转入税金及附加账户。

（37）前述短期借款到期，归还到期的本利和。

（38）结清"工程施工"和"工程结算"账户。

（39）一台施工机械报废清理，该机械原值120 000元，已提折旧112 000元，用银行存款支付清理费用1 000元，变卖废料获现金收入600元。

（40）为宏欣建筑公司提供维保技术服务获得收入30 000元，增值税销项税额1 800元，教育费附加54元，款项已存入银行。

（41）用银行存款54元支付上述教育费附加。

（42）本年度共计缴纳增值税80 374元，用银行存款支付。

（43）对"应收账款"和"其他应收款"账户按0.5%计提坏账准备。

（44）将各账户余额转至"本年利润"账户。

（45）计算并结转应交所得税费用，税率为25%（本年会计利润与应纳税所得额相同）。

（46）结转本年净利润。

（47）按净利润的10%提取法定盈余公积。

（48）按当期计提完盈余公积后净利润的20%向投资者分配利润。

（49）将"利润分配"各明细账户余额转入"利润分配——未分配利润"明细账户。

（二）根据上述资料编制会计分录并登记账户

编制会计分录如下。

（1）借：固定资产 170 000
  贷：应付票据 170 000

（2）借：在建工程 500 000
  贷：银行存款 500 000

（3）借：在建工程 80 000
  贷：银行存款 80 000

（4）借：应交税费——应交所得税 10 000
  贷：银行存款 10 000

（5）借：银行存款 660 000
  贷：预收账款——预收备料款 660 000

（6）① 采购材料。
 借：材料采购 472 000

　　应交税费——应交增值税（进项税额）　　79 520
　　　贷：应付账款　　551 520
②验收入库。
借：原材料　　480 000
　　贷：材料采购　　472 000
　　　材料成本差异　　8 000
（7）借：材料采购　　213 000
　　应交税费——应交增值税（进项税额）　　36 030
　　　贷：应付票据　　249 030
（8）借：应付票据　　170 000
　　　贷：银行存款　　170 000
（9）借：银行存款　　100 000
　　　贷：短期借款　　100 000
（10）借：固定资产　　580 000
　　　贷：在建工程　　580 000
（11）借：周转材料——在库周转材料　　200 000
　　材料成本差异　　13 000
　　　贷：材料采购　　213 000
（12）借：交易性金融资产——成本　　500 000
　　投资收益　　500
　　　贷：银行存款　　500 500
（13）借：应付账款　　400 000
　　应付票据　　249 030
　　　贷：银行存款　　649 030
（14）借：工程施工——合同成本——甲工程　　750 000
　　　贷：原材料　　500 000
　　周转材料——在库周转材料　　220 000
　　低值易耗品　　30 000
（15）借：机械作业——承包工程　　240 000
　　　贷：原材料　　150 000
　　周转材料——在库周转材料　　80 000
　　低值易耗品　　10 000
（16）借：管理费用　　15 000
　　　贷：低值易耗品　　15 000
（17）当期材料成本差异率：
（26 000＋13 000－8 000）/（400 000＋480 000＋150 000＋200 000＋80 000）＝2.4%
　　施工生产领用材料应分摊的材料成本差异＝750 000×2.4%＝18 000(元)
　　机械施工单位领用材料应分摊的材料成本差异＝240 000×2.4%＝5 760(元)
　　企业行政管理部门领用材料应分摊的材料成本差异＝15 000×2.4%＝360(元)
借：工程施工——合同成本——甲工程　　18 000

```
        机械作业——承包工程                                    5 760
        管理费用                                              360
        贷：材料成本差异                                     24 120
(18) 借：银行存款                                          519 480
        贷：交易性金融资产                                 500 000
            投资收益                                        19 480
(19) 借：工程施工——合同成本——甲工程                     120 000
        机械作业——承包工程                                80 000
        制造费用                                            50 000
        管理费用                                            30 000
        贷：应付职工薪酬                                   280 000
(20) 借：管理费用                                            9 800
        贷：其他应付款——应付工会经费                        5 600
                    ——应付职工教育经费                      4 200
(21) 借：库存现金                                          280 000
        贷：银行存款                                       280 000
(22) 借：应付职工薪酬                                      280 000
        贷：库存现金                                       280 000
(23) 借：机械作业——承包工程                                50 000
        管理费用                                            10 000
        贷：累计折旧                                        60 000
(24) 借：长期待摊费用                                       20 000
        贷：银行存款                                        20 000
(25) 借：机械作业——承包工程                                15 000
        贷：长期待摊费用                                    15 000
(26) 借：工程施工——合同成本——甲工程                      20 000
        贷：临时设施摊销                                    20 000
(27) 借：银行存款                                        1 200 000
        贷：应收账款——应收工程款                        1 200 000
(28) 借：工程施工——合同成本——甲工程                       8 200
        机械作业——承包工程                                12 600
        管理费用                                             2 000
        应交税费——应交增值税（进项税额）                    3 876
        贷：银行存款                                        26 676
(29) 借：工程施工——合同成本——甲工程                      18 000
        制造费用                                            19 000
        管理费用                                            16 000
        贷：银行存款                                        53 000
(30) 借：应收账款——应收工程款                           1 998 000
        贷：工程结算                                     1 800 000
```

应交税费——应交增值税（销项税额）　198 000

（31）借：应交税费——应交城建税　5 500

其他应交款——应交教育费附加　2 357

　　贷：银行存款　7 857

（32）① 分配机械使用费。

"机械作业——承包工程"账户本期借方发生额403 360元，全部是为甲工程提供服务，因此，应全额计入甲工程。

借：工程施工——合同成本——甲工程　403 360

　　贷：机械作业——承包工程　403 360

② "制造费用"账户本期借方发生额69 000元，全部是为甲工程服务发生的费用，因此，应全额计入甲工程。

借：工程施工——合同成本——甲工程　69 000

　　贷：制造费用　69 000

（33）借：银行存款　75 000

　　贷：持有至到期投资——成本　60 000

　　　　　　　　　　——应计利息　15 000

（34）借：银行存款　40 000

预收账款——预收备料款　660 000

　　贷：应收账款——应收工程款　700 000

（35）按规定确认工程合同收入＝2 800 000－1 000 000＝1 800 000（元）

确认工程合同成本＝1 406 560（元）

确认工程合同毛利＝1 800 000—1 406 560＝393 440（元）

借：主营业务成本　1 406 560

工程施工——合同毛利　393 440

　　贷：主营业务收入　1 800 000

（36）借：税金及附加　7 857

　　贷：应交税费——应交城市建设维护税　5 500

　　　　其他应交款——应交教育费附加　2 357

（37）利息＝100 000×0.6％×3＝1 800（元）

借：短期借款　100 000

财务费用　1 800

　　贷：银行存款　101 800

（38）借：工程结算　2 800 000

　　贷：工程施工——合同成本——甲工程　2 378 560

　　　　工程施工——合同毛利　421 440

（39）① 借：固定资产清理　8 000

累计折旧　112 000

　　贷：固定资产　120 000

② 借：固定资产清理　1 000

　　贷：银行存款　1 000

③ 借：库存现金 600

  贷：固定资产清理 600

④ 借：营业外支出 8 400

  贷：固定资产清理 8 400

（40）① 收到服务收入

借：银行存款 31 800

  贷：其他业务收入 30 000

   应交税费——应交增值税（销项税额） 1 800

② 确认应交的教育费附加

借：其他业务支出 54

  贷：其他应交款——应交教育费附加 54

（41）借：其他应交款——应交教育费附加 54

   贷：银行存款 54

（42）借：应交税费——应交增值税（已交税金） 80 374

   贷：银行存款 80 374

（43）实际应计提的坏账准备＝（1 298 000＋10 000）×0.5％－6 050＝490(元)

借：资产减值损失 490

  贷：坏账准备 490

（44）① 结转收益类账户。

借：主营业务收入 1 800 000

  其他业务收入 30 000

  投资收益 18 980

  贷：本年利润 1 848 980

② 结转成本费用类账户。

借：本年利润 1 508 321

  贷：主营业务成本 1 406 560

   税金及附加 7 857

   其他业务支出 54

   管理费用 83 160

   财务费用 1 800

   营业外支出 8 400

   资产减值损失 490

（45）① 计算应交所得税。

   所得税费用＝(1 848 980－1 508 321)×25％＝85 165(元)

借：所得税费用 85 165

  贷：应交税费——应交所得税 85 165

② 结转所得税费用。

借：本年利润 85 165

  贷：所得税费用 85 165

（46）净利润＝1 848 980－1 508 321－85 165＝255 494（元）

借：本年利润 255 494

贷：利润分配——未分配利润　　　　　　　　　　　　255 494

（47）借：利润分配——提取法定盈余公积　　　　25 549

　　　　　贷：盈余公积——法定盈余公积　　　　　　　　　　25 549

（48）向投资者分配的利润＝(255 494－25 549)×20％＝45 989（元）

借：利润分配——应付普通股股利　　　　　　　　45 989

　　贷：应付股利　　　　　　　　　　　　　　　　　　45 989

（49）借：利润分配——未分配利润　　　　　　　　71 529

　　　　贷：利润分配——提取法定盈余公积　　　　　　25 549

　　　　　　　　——应付普通股股利　　　　　　　　　45 989

（三）各账户本期发生额和期末余额

根据上述资料得出该企业2016年12月31日各账户的本期发生额和期末余额（见表12-1）。

（四）资产负债表

编制2016年12月31日"资产负债表"，如表12-2所示。

表12-2　资产负债表

资产负债表　　　　　　　　　　　　　　　　　　　会企01表

编制单位：宏盛建筑施工企业　　　　　　　2016年12月31　日　　　　　　　单位：元

资产	期初数	期末数	负债与所有者权益	期初数	期末数
流动资产：			流动负债：		
货币资金	1 700 000	1 846 589	短期借款		
交易性金融资产			交易性金融负债		
应收票据			应付票据		
应收账款	1 193 950	1 291 460	应付账款	150 000	301 520
预付款项			预收款项		
应收利息			应付职工薪酬		
应收股利			应交税费	10 000	85 165
其他应收款	10 000	10 000	应付利息		
存货	656 000	311 880	应付股利		45 989
其中：原材料	400 000	230 000	其他应付款		9 800
一年内到期的非流动资产			一年内到期的非流动负债		
其他流动资产			其他流动负债		
流动资产合计	3 559 950	3 459 929	流动负债合计	160 000	442 474
非流动资产：			非流动负债：		
可供出售金融资产			长期借款	760 000	760 000
持有至到期投资	75 000		应付债券		
长期应收款			长期应付款		
长期股权投资			专项应付款		
投资性房地产			预计负债		
固定资产	2 404 050	3 086 050	递延所得税负债		
在建工程			其他非流动负债		
工程物资			非流动负债合计	760 000	760 000
固定资产清理			负债合计	920 000	1 202 474
生产性生物资产			所有者权益（或股东权益）：		
油气资产			实收资本（或股本）	5 000 000	5 000 000
无形资产			资本公积		
开发支出			减：库存股		
商誉			盈余公积	27 000	52 549
长期待摊费用		5 000	未分配利润	412 000	595 956
递延所得税资产			所有者权益合计	5 439 000	5 648 505
其他非流动资产	320 000	300 000			
非流动资产合计	2 799 050	3 391 050			
资产总计	6 359 000	6 850 979	负债和所有者权益总计	6 359 000	6 850 979

第三节 利 润 表

一、利润表的作用

利润表也称损益表，是反映企业一定期间内经营成果（利润或亏损）的动态财务报表。在利润表中，反映了企业在一定期间内的所有收入（包括营业收入、投资收益和营业外收入等）与所有费用（包括营业成本、期间费用和营业外支出等），并按照收入与费用配比原则计算企业在该会计期间的利润或亏损。

利润表的作用主要表现在以下两个方面。

（1）利用利润表可以衡量企业的经营绩效。利润表反映了企业一定时期内的收入和费用，揭示了企业投入产出比例关系，确定了企业的盈亏，表明了企业经营成果和经济利益的大小，可以衡量企业的经营效果和经营者的经营业绩和效率。

（2）通过利润表可以了解利润构成因素，发现影响利润形成和变动的原因，通过连续几期各项利润数据的分析，可以测定企业利润发展趋势，预测未来获利能力。

二、利润表的内容和结构

利润表分为基本报表部分和补充资料，基本部分的结构是根据"收入－费用＝利润"的基本原理，按照利润的形成过程自上而下加减项目的多步报告式排列的。

施工企业净利润的计算过程如下，按此过程编制的利润表就形成多步报告式结构。

主营业务收入－主营业务成本－税金及附加＝主营业务利润

主营业务利润＋其他业务利润－管理费用－财务费用＝营业利润

营业利润＋投资收益＋补贴收入＋营业外收入－营业外支出＝利润总额

投资收益－投资损失－计提投资减值准备＝投资收益

利润总额－所得税费用＝净利润

三、利润表的编制方法

利润表是按月度和年度编报。由于利润表反映企业一定期间的经营成果，因此，表内各项目主要根据有关收入和费用科目的发生额编制的。利润表分为本月数和本年累计数两栏。

利润表的"本月数"栏反映各项目本月实际发生数，根据各有关总账和明细账科目的本月发生额填列；"本年累计数"栏反映各项目自年初起至本期末止的累计实际数，应根据各有关总账和明细账科目的本年累计发生额填列。

在编制中期报表和年度财务会计报告时应将本表"本月数"改为"上年数"反映上年同期实际累计数，在编制中填列上年同期累计实际发生数；在编制年度报表时，填列上年全年累计实际发生数。这样有利于比较分析不同时期的利润变动情况和趋势，所以，利润表也是一张比较报表。

利润表各项目的填列方法如下。

（1）"主营业务收入""主营业务成本""税金及附加"等项目，根据"主营业务收入（工程结算收入）""主营业务成本（工程结算成本）""税金及附加"等逐一根据对应科目的本期发生额直接填列。"管理费用""财务费用""投资收益""补贴收入""营业外收入""营业外支出""所得税费用"等项目根据相同的对应科目的本期发生额直接填列。

（2）"其他业务利润"项目根据"其他业务收入"和"其他业务支出"的发生额分析计算填列，若为亏损，以"－"号填列，"投资收益"若为损失，也以"－"号填列。

（3）"主营业务利润""营业利润""利润总额""净利润"根据表列公式计算填列，若为亏损，应以"－"号填列。

"补充资料"企业根据具体情况，据实填列。

四、利润表的编制实例

根据上节资产负债表编制的实例资料，编制利润表，见表12-3。

表 12-3　利润表

利　润　表

企业名称：宏盛建筑施工企业　　　　　　　　2016年度　　　　　　　　会企02表
　　　　　　　　　　　　　　　　　　　　　　　　　　　　　　　　单位：元

项　　目	本期金额	上期金额（略）
一、营业收入	1 830 000	
减：营业成本	1 406 560	
税金及附加	7 911	
销售费用		
管理费用	83 160	
财务费用	1 800	
资产减值损失	490	
加：公允价值变动收益（损失以"－"号填列）		
投资收益（损失以"－"号填列）	18 980	
其中：对联营企业和合营企业的投资收益		
二、营业利润（亏损以"－"号填列）	349 059	
加：营业外收入		
减：营业外支出	8 400	
其中：非流动资产处置损失		
三、利润总额（亏损总额以"－"号填列）	340 659	
减：所得税费用	85 165	
四、净利润（净亏损以"－"号填列）	255 494	
五、每股收益		
（一）基本每股收益		
（二）稀释每股收益		

五、利润分配表各项目数据的填列方法

利润分配表是反映企业一定会计期间对所实现的净利润以及以前年度未分配利润的分配或者亏损弥补情况的报表，是按利润分配的各个项目分类、分项列示。

利润分配表"本年实际"栏，根据"本年利润"及"利润分配"账户及其所属明细账户的记录分析填列；"上年实际"栏，根据上年"利润分配表"填列。

利润分配表各项目的内容及填列方法如下。

（1）"净利润"项目，反映企业实现的净利润，如为净亏损，以"－"号填列，本项目的数字应与利润表中"本年累计数"栏的"净利润"项目一致。

（2）"年初未分配利润"项目，反映企业年初未分配利润。如为未弥补的亏损，以"－"

号填列，本项目的数字应与上年利润分配表"本年累计数"栏的"未分配利润"项目一致。

（3）"其他转入"项目，反映企业按规定用盈余公积弥补亏损等转入的数额。本项目应根据"利润分配"账户所属的"其他转入"明细账户发生额分析填列。

（4）"提取法定盈余公积金""提取法定盈余公益金"项目，反映企业提取法定盈余公积金、提取法定盈余公益金。本项目应根据"利润分配"账户所属的"提取法定盈余公积金""提取法定盈余公益金"明细账户发生额分析填列。

（5）"提取任意盈余公积"项目，反映企业提取任意盈余公积。本项目应根据"利润分配"账户所属的"提取任意盈余公积金"明细账户发生额分析填列。

（6）"应付普通股股利"项目，反映企业应分配给普通股股东的现金股利。应分配给投资者的利润，也在本项目反映。本项目应根据"利润分配"账户所属的、"应付普通股股利"明细账户的记录分析填列。

（7）"转作资本（或股本）的普通股股利"项目，反映企业应分配给普通股股东的股票股利。企业以利润转增的资本，也在本项目反映。本项目应根据"利润分配"账户所属的、"转作资本（或股本）的普通股股利"明细账户的记录分析填列。

（8）"未分配利润"项目，反映企业年末尚未分配的利润。如为未弥补的亏损，以"—"号填列。

根据表 12-2、表 12-3 所示资料，编制"利润分配表"，见表 12-4 所示。

表 12-4　利润分配表

利润分配表 企会 02 附表

编制单位：宏盛建筑施工企业　　　　　2016年　　　　　　　　　　　　　　单位：元

项　　目	本年实际	上年实际
一、净利润（亏损以"—"填列）	255 494	
加：年初未分配利润	412 000	
其他转入		
二、可供分配的利润	667 494	
减：提取法定盈余公积	25 549	
三、可供投资者分配的利润	641 945	
减：应付优先股股利		
提取任意盈余公积		
应付普通股股利	45 989	
转作资本（或股本）的普通股股利		
四、未分配利润	595 956	

第四节　现金流量表

一、现金流量表的作用

现金流量表是反映企业在一定时期内经营活动、投资活动和筹资活动产生的现金和现金等价物流入与流出信息的动态报表。

现金流量表的作用主要表现在以下几方面。

（1）现金流量表以现金及现金等价物为主要反映内容，提供现金流入、流出的信息可以直接地反映企业资产的流动性、变现能力和财务弹性及产生净现金流量的能力。

（2）现金流量表分为经营活动、投资活动、筹资活动列示现金流量，可以更清晰地观察现金流量结构是否合理，经营活动是否正常，投资、筹资决策是否恰当。

（3）现金流量表以收付实现制为基础确认和计量现金流量，真实地反映企业当期实际收入的现金，实际支出的现金，现金流入、流出相抵后的净额，从而为正确评价企业经营成果和产生未来现金流量的能力提供依据。

二、现金流量表的内容和结构

根据《企业会计准则第 31 号——现金流量表》规定的格式，现金流量表分为基本报表和补充资料两大部分。

基本报表部分的基本结构是以"现金来源－现金运用＝现金净流量"这一公式为基础，采用多步骤方式，最终计算并填列本期现金净流量。其基本内容包括以下几点。

（1）经营活动产生的现金流量，即企业购货、销货以及提供劳务的各种交易和事项产生的现金流量。如销售商品、提供劳务、购买商品、支付工资、交纳税款等收入、支付的现金。

（2）投资活动产生的现金流量，即企业长期资产的购建和不包括在现金等价物范围内的投资及处置活动产生的现金流量。如企业取得和收回投资，购建和处置固定资产、在建工程、无形资产和其他长期资产等的现金流入、流出。

（3）筹资活动产生的现金流量，即导致企业资本及债务规模和构成发生变化的活动所产生的现金流量。例如企业吸收投资、发行股票、分配利润等与资本有关的活动，企业发行债券、向金融企业借入款项、偿还债务等与债务相关的活动所产生的现金流入、流出。

（4）汇率变动对现金的影响，是指企业的外币现金流量折算为人民币时由于采用的汇率在时间上的不一致所产生的差额。

（5）现金及现金等价物净增加额，即（1）～（3）项现金流量净额之和及汇率变动对现金影响的调整。

补充资料部分以利润表中净利润为起点，调整不涉及现金的收入、费用、营业外收支以及有关项目的增减变动，据此计算出经营活动的现金净流量。同时列示不涉及现金收支的投资、筹资活动，再以现金及现金等价物的期初、期末余额予以调整计算出现金净增加额。

三、现金流量表的编制方法

编制现金流量表时，列报经营活动现金流量的方法有直接法和间接法两种。直接法是以现金收入（流入）和支出（流出）的主要类别来反映企业经营活动产生的现金流量；间接法是以利润表中的净利润为起点，由下而上，调整不涉及现金的收入、费用、营业外收支，以及与经营活动有关的非现金流动资产和非筹资性流动负债的增减变动，来计算经营活动产生的现金流量。直接法下现金流量表主要项目的填列方法简介如下。

（一）经营活动所产生的现金流量

经营活动产生的现金流量指企业购货、销货以及提供劳务的各种交易和事项产生的现金流量。

（1）工程结算、提供劳务收到的现金。一般应包括当期工程结算、销售商品或提供劳务所收到的现金收入；当期收到前期工程结算、销售商品、提供劳务的应收账款或应收票据；当期收到的预收账款；当期因销货退回而支付的现金或收回前期核销的坏账损失。本项目可根据"现金""银行存款""应收账款"和"应收票据"等科目的记录直接计算填列，也可根据利润表的主营业务收入（商品销售收入）为基础调整计算填列。用公式表示为：

$$\frac{\text{销售商品}}{\text{收到现金}}=\frac{\text{销售}}{\text{收入}}\left(\begin{array}{c}+\text{应收账款减少数或}\\-\text{应收账款增加数}\end{array}\right)\left(\begin{array}{c}+\text{应收票据减少数或}\\-\text{应收票据增加数}\end{array}\right)$$

$$\left(\begin{array}{c}+\text{预收账款增加数或}\\-\text{预收账款减少数}\end{array}\right)-\frac{\text{销货退回}}{\text{支付现金}}+\frac{\text{收回前期核销}}{\text{坏账损失收回}}$$

（2）收到的税费返还。包括收到的增值税、消费税、营业税、所得税费用和教育费附加返还的现金。

（3）购买商品、接受劳务支付的现金。一般包括当期购买商品、接受劳务支付的现金，当期支付前期的购货应付账款或应付票据（均包括增值税款进项税额），当期预付账款，以及购货退回所收到的现金。本项目可根据"现金""银行存款""应付账款"和"应付票据"等科目的记录直接计算填列，也可根据存货、应付账款、应付票据和预付账款的增减变动数对利润表中的产品销售成本进行调整计算填列。用公式表示为：

$$\frac{\text{购买商品}}{\text{支付现金}}=\frac{\text{销售}}{\text{成本}}\left(\begin{array}{c}+\text{存货增加数或}\\-\text{存货减少数}\end{array}\right)\left(\begin{array}{c}+\text{应付账款、应付票据减少数或}\\-\text{应付账款、应付票据增加数}\end{array}\right)$$

$$\left(\begin{array}{c}+\text{预付账款增加数或}\\-\text{预付账款减少数}\end{array}\right)$$

（4）支付给职工以及为职工支付的现金。包括本期实际支付给职工的工资、奖金、各种津贴和补贴等；经营人员的养老金、保险金和其他各项支出。应根据"应付工资""现金"和"银行存款"等科目的记录分析计算填列。

（5）支付的各种税费。税费包括本期发生并支付的税费，以及本期支付以前各期发生的税费和预交的税金支付的现金。

（二）投资活动所产生的现金流量

企业无论从事何种投资活动都会直接或间接地影响企业的现金流量。对投资活动发生现金流量的确认，应以实体现金转移行为是否发生为标准，即以"现金""银行存款"和其他相关科目记录的实际收到或付出的现金确认填列。具体内容如下。

（1）收回投资所收到的现金。指企业出售转让或到期收回除现金等价物以外的短期投资、长期股权投资而收到的现金，以及收回长期债权投资本金而收到的现金。

（2）取得投资收益收到的现金。指企业因股权性投资和债权性投资而取得的现金股利、利息，以及从子公司、联营企业或合营企业分回利润而收到的现金。

（3）处置固定资产、无形资产和其他长期资产而收到的现金。填列企业为处置这些资产所取得的现金，扣除为处置它们而支付的有关费用的差额。

（4）收到的其他与投资活动有关的现金。

（5）购建固定资产、无形资产和其他长期资产所支付的现金。包括企业购买和建造固定资产，取得无形资产和其他长期资产所支付的现金，不包括为购建固定资产而发生的借款利息资本化的部分以及融资租赁租入固定资产所支付的租金和利息。

（6）投资所支付的现金。包括短期股票、短期债券投资、长期股权、债权投资所支付的现金及佣金、手续费等附加费。

（7）支付的其他与投资活动有关的现金。

（三）筹资活动所产生的现金流量

筹资活动对企业现金流量的影响包括现金的筹集和现金的偿还两方面。现金流量表中列示的筹资活动现金流量也是以是否引起实际的现金流量为标准来确认的，即以"现金""银行存款"和其他相关科目记录的实际收到成付出的现金确认填列。具体内容如下。

（1）吸收投资所收到的现金。填列企业发行股票、债券所实际收到的现金净额（发行收入扣除支付的佣金等发行费用后的净额）。

（2）借款收到的现金。填列企业举借各种短期、长期借款所实际收到的现金。

（3）收到的其他与筹资活动有关的现金。如接受捐赠的现金等。

（4）偿还债务所支付的现金。包括归还银行借款；偿付企业到期的债券等。

（5）分配股利或偿付利息所支付的现金。填列企业实际支付的现金股利和付给其他投资单位的利润以及支付的债券利息和借款利息等。

（6）支付其他与筹资活动有关的现金。如捐赠现金支出及融资租入固定资产所支付的租赁费等。

四、现金流量表的编制实例

在具体编制现金流量表时，可以采用工作底稿法或"T"型账户法编制，也可以直接根据有关账户记录、资产负债表和利润表有关数据分析计算填列。

根据前例提供的会计资料，直接根据有关账户记录、资产负债表和利润表有关数据分析计算填列，各项目计算如下，编制的现金流量表见表12-5。

（1）工程结算、提供劳务收到的现金＝营业收入＋增值税销项税额＋（应收账款年初余额－期末余额）＝1 830 000＋199 800＋（1 200 000－1 298 000）＝1 931 800（元）。

表 12-5 现金流量表

现金流量表

编制单位：宏盛建筑施工企业　　　　　　　2016年度　　　　　　　　　会企03表
　　　　　　　　　　　　　　　　　　　　　　　　　　　　　　　　单位：元

项　目	金　额
一、经营活动产生的现金流量	
工程结算、提供劳务收到的现金	1 931 800
收到的税费返还	
收到的其他与经营活动有关的现金	
现金流入小计	1 931 800
购买商品、接受劳务支付的现金	710 706
支付给职工以及为职工支付的现金	280 000
支付的各项税费	98 285
支付的其他与经营活动有关的现金	18 000
现金流出小计	1 106 991
经营活动产生的现金流量净额	824 809
二、投资活动产生的现金流量	
收回投资所收到的现金	560 000
取得投资收益所收到的现金	34 480
处置固定资产、无形资产和其他长期资产而收到的现金净额	600
收到的其他与投资活动有关的现金	595 080
现金流入小计	750 000
购建固定资产、无形资产和其他长期资产所支付的现金	500 500
投资所支付的现金	21 000
支付的其他与投资活动有关的现金	1 271 500

续表

项　目	金　额
现金流出小计	−676 420
投资活动产生的现金流量净额	
三、筹资活动产生的现金流量	
吸收投资所收到的现金	100 000
借款所收到的现金	
收到的其他与筹资活动有关的现金	100 000
现金流入小计	100 000
偿还债务所支付的现金	1 800
分配股利、利润或偿付利息所支付的现金	
支付的其他与筹资活动有关的现金	101 800
现金流出小计	−1 800
筹资活动产生的现金流量净额	
四、汇率变动对现金的影响	
五、现金及现金等价物净增加额	146 589

补充资料	金额
一、将净利润调整为经营活动现金流量	
净利润	255 494
加:计提的资产减值准备	490
固定资产折旧	60 000
无形资产摊销	
长期资产待摊费用摊销	15 000
临时设施摊销	20 000
待摊费用减少(减:增加)	
预提费用增加(减:增加)	
处置固定资产、无形资产和其他长期资产的损失	8 400
固定资产报废损失	
财务费用	1 800
投资损失(减:收益)	−18 980
递延税款贷项(减:借项)	
存货的减少(减:增加)	344 120
经营性应收项目的减少(减:增加)	−98 000
经营性应付项目的增加(减:减少)	236 485
其他	
经营活动产生的现金流量净额	824 809
二、涉及现金收支的投资和筹资活动	
债务转作资本	
一年内到期的可转换公司债券	
融资租入固定资产	
三、现金及现金等价物净增加情况	
现金的期末余额	1 846 589
减:现金的期初余额	1 700 000
加:现金等价物的期末余额	
减:现金等价物的期初余额	
现金及现金等价物增加额	146 589

　　(2) 购买商品、接受劳务支付的现金＝营业成本＋增值税进项税额＋(应付账款年初余额−期末余额)＋(存货的期末余额−期初余额＋管理耗用的存货)−长期待摊费用−记入成本的累计折旧−临时设施摊销−记入成本的应付职工薪酬＝1 406 560＋119 426＋(150 000−301 520)＋(311 880−656 000＋15 360)−15 000−50 000−20 000−250 000＝710 706 (元)。

　　(3) 支付给职工以及为职工支付的现金＝本期支付的职工工资＝280 000 (元)。

　　(4) 支付的各项税费＝增值税税金＋税金及附加＋其他业务支出中包括的税费＋交纳前期所得税费用＝80 374＋7 857＋54＋10 000＝98 285 (元)。

（5）支付的其他与经营活动有关的现金＝管理费用＋资产减值损失－管理耗用的存货－计提的坏账准备－管理耗用的累计折旧－记入管理费用的应付职工薪酬－记入管理费用的工会及职工教育经费＝83 160－500－15 360－（－500）－10 000－30 000－9 800＝18 000（元）。

（6）收回投资所收到的现金＝出售交易性金融资产＋收回持有至到期投资的本金＝500 000＋60 000＝560 000（元）。

（7）取得投资收益所收到的现金＝出售交易性金融资产纯收益＋收回持有至到期投资的利息＝19 480＋15 000＝34 480（元）。

（8）处置固定资产、无形资产和其他长期资产而收到的现金净额＝施工机械报废变卖废料收入＝600（元）。

（9）购建固定资产、无形资产和其他长期资产所支付的现金＝本期用现金购买的固定资产＝750 000（元）。

（10）投资所支付的现金＝购买交易性金融资产支付的现金＝500 500（元）。

（11）支付的其他与投资活动有关的现金＝施工机械大修理支出＋用现金支付的固定资产清理费用＝20 000＋1 000＝21 000（元）。

（12）借款所收到的现金＝借入短期借款＝100 000（元）。

（13）偿还债务所支付的现金＝偿还短期借款本金＝100 000（元）。

（14）分配股利、利润或偿付利息所支付的现金＝偿还短期借款利息＝1 800（元）。

第五节　所有者权益变动表

一、所有者权益变动表的作用

所有者权益变动表是指反映构成所有者权益各组成部分当期增减变动情况的报表。通过所有者权益变动表，既可以为报表使用者提供所有者权益总量增减变动的信息，也能为其提供所有者权益增减变动的结构性信息，特别是能够让报表使用者理解所有者权益增减变动的根源。

二、所有者权益变动表的内容和结构

所有者权益变动表是施工企业资产负债表的附表，用以反映构成所有者权益的各组成部分当期的增减变动情况，该表中，施工企业至少应当单独列示反映下列信息的项目：①净利润；②直接计入所有者权益（股东权益）的利得和损失项目及其总额；③会计政策变更和差错更正的累积影响金额；④所有者（股东）投入资本和向股东分配利润；⑤提取的盈余公积；⑥实收资本或股本、资本公积、盈余公积、未分配利润的期初和期末余额及其调节情况。

所有者权益变动表应当以矩阵的形式列示：一是列示导致所有者权益变动的交易或事项，从所有者权益变动的来源对一定时期所有者权益变动情况进行全面反映；二是按照所有者权益各组成部分（包括实收资本、资本公积、盈余公积、未分配利润和库存股）及其总额列示交易或事项对所有者权益的影响。

此外，企业还需要提供比较所有者权益变动表，所有者权益变动表各项目再分为"本年

金额"和"上年金额"两栏分别填列。

三、所有者权益变动表的编制方法

1. 上年年末余额

该项目反映施工企业上年资产负债表中实收资本（或股本）、资本公积、库存股、盈余公积、未分配利润的年末余额。

2. 会计处理变更与前期差错更正

这两个项目分别反映施工企业采用追溯调整法处理的会计政策变更的累积影响金额和采用追溯调整重述法处理的会计差错更正的累积影响金额。

3. 本年增减变动额

(1)"净利润"项目，反映施工企业当年实现的净利润金额。

(2)"直接计入所有者权益的利得和损失"项目，反映施工企业当年直接计入所有者权益的利得和损失金额。

"可供出售金融资产公允价值变动净额"项目，反映企业持有的可供出售金融资产当年公允价值变动的金额。

"权益法下被投资单位其他所有者权益变动的影响"项目，反映施工企业对按照权益法核算的长期股权投资，在被投资单位扣除当年实现的净损益以外其他所有者权益当年变动中应享有的份额。

"与计入所有者权益项目相关的所得税费用影响"项目，反映施工企业根据准则规定应计入所有者权益项目的当年所得税费用影响金额。

(3)"所有者投入和减少资本"项目，该项目反映施工企业当年所有者投入的资本和减少的资本。

"所有者投入资本"项目，反映施工企业接受投资者投入形成的实收资本（股本）和资本溢价或股本溢价。

"股份支付计入所有者权益的金额"项目，反映施工企业处于等待期中的权益结算的股份支付当年计入资本公积的金额。

(4)"利润分配"项目，该项目反映施工企业当年的利润分配金额。

"提取盈余公积"项目，反映施工企业按照规定提取的盈余公积。

"对所有者（或股东）的分配"项目，反映对所有者（或股东）分配的利润（或股利）的金额。

(5)"所有者权益内部结转"项目，该项目反映施工企业构成所有者权益的组成部分之间的增减变动情况。

"资本公积转增资本（或股本）"项目，反映施工企业以资本公积转增资本或股本的金额。

"盈余公积转增资本（或股本）"项目，反映施工企业以盈余公积转增资本或股本的金额。

"盈余公积弥补亏损"项目，反映施工企业以盈余公积弥补亏损的金额。

四、所有者权益变动表的编制实例

根据前例提供的会计资料，宏盛建筑施工企业编制2016年度所有者权益变动表见表12-6。

表 12-6 所有者权益变动表

所有者权益变动表

会企 04 表

编制单位：宏盛建筑施工企业 　　　　　　　　2016年度 　　　　　　　　单位：元

项目	本年金额						上年金额					
	实收资本	资本公积	减：库存额	盈余公积	未分配利润	所有者权益合计	实收资本	资本公积	减：库存额	盈余公积	未分配利润	所有者权益合计
一、上年年末余额	5 000 000	0	0	27 000	412 000	5 439 000						
加：会计政策变更前期差错更正												
二、本年年初余额	5 000 000	0	0	27 000	412 000	5 439 000						
三、本年增减变动金额（减少以"—"号填列）												
（一）净利润					255 494	255 494						
（二）直接计入所有者（股东）权益的利得或损失												
1. 可供出售金融资产公允价值变动净额												
2. 权益法下被投资单位其他股东权益变动的影响												
3. 与计入所有者权益项目相关的所得税费用影响												
4. 其他												
上述（一）和（二）小计												
（三）所有者投入和减少资本												
1. 所有者投入资本												
2. 股份支付计入所有者的金额												
3. 其他												
（四）利润分配												
1. 提取盈余公积				25 549	−25 549	0						
2. 对所有者或股东的分配					−45 989	−45 989						
3. 其他												
（五）所有者权益内部结转												
1. 资本公积转增资本												
2. 盈余公积转增资本												
3. 盈余公积弥补亏损												
4. 其他												
四、本年年末利润	5 000 000	0	0	52 549	595 956	5 648 505						

第六节　会计报表附注

　　会计报表附注是对资产负债表、利润表、现金流量表和所有者权益变动表等报表中列示项目的文字描述或明细资料，以及对未能在这些报表中列示项目的说明等。附注是财务报告的重要组成部分。附注应当按照如下顺序披露有关内容。

一、企业基本情况

(1) 企业注册地、组织形式和总部地址。
(2) 企业的业务性质和主要经营活动。
(3) 母公司以及集团最终母公司的名称。
(4) 财务报告的批准报出者和财务报告批准报出日。

二、财务报表的编制基础

(1) 会计年度。
(2) 记账本位币。
(3) 会计计量所运用的计量基础。
(4) 现金和现金等价物的构成。

三、遵循企业会计准则的声明

施工企业应当明确说明编制的财务报表符合企业会计准则体系的要求，真实、公允地反映企业的财务状况、经营成果和现金流量等有关信息。

四、重要会计政策和会计估计

重要会计政策的说明包括财务报表项目的计量基础和会计政策的确定依据等。会计估计的说明包括下一会计期间内很可能导致资产、负债账面价值重大调整的会计估计的确定依据等。

为使报表使用者正确评价企业的财务状况和经营成果，企业在编制财务报表时，对如下项目所采用的主要会计处理方法及其变更应加以说明。

(1) 交易性金融资产应说明其期末数的计价方法，成本计价还是按成本与市价孰低计价。

(2) 应收账款应说明其对坏账采用直接转销法，还是采用备抵法。采用备抵法，是采用应收账款余额百分比法，还是采用账龄分析法。

(3) 存货应说明其平时收发按计划价格计价，还是按实际成本计价。按实际成本计价，是采用先进先出法，还是采用移动平均法、全月一次加权平均法。

(4) 固定资产折旧应说明其采用折旧是采用平均年限折旧法（折旧率是采用个别折旧率，还是用分类折旧率），还是采用双倍余额递减折旧法、年数总和折旧法。

(5) 长期股权投资应说明其按成本法记账，还是按权益法记账，或哪些长期股权投资按成本法记账，哪些长期股权投资按权益法记账。

(6) 无形资产和长期待摊费用应说明其成本和摊销年限的确定依据。

(7) 对施工企业建造工程合同中规定的初始收入、因合同变更、索赔、奖励等形成的收入，应说明其确认原则。

(8) 所得税费用应说明以哪种方法作为核算当期所得税费用。

五、会计政策和会计估计变更以及差错更正的说明

企业应当按照《企业会计准则第 28 号——会计政策、会计估计变更和差错更正》及其

应用指南的规定，披露会计政策和会计估计变更以及差错更正的有关情况。

六、报表重要项目的说明

企业应当以文字和数字描述相结合、尽可能以列表形式披露重要报表项目的构成或当期增减变动情况，并与报表项目相互参照。在披露顺序上，一般应当按照资产负债表、利润表、现金流量表、所有者权益变动表的顺序及其报表项目列示的顺序。

七、或有事项

或有事项，是指过去的交易或者事项形成的，其结果须由某些未来事件的发生或不发生才能决定的不确定事项。对或有事项通常要在附注中进行披露。

1. 预计负债的披露

企业对预计负债，应在资产负债表中单列项目反映，并在附注中披露下列信息。

(1) 预计负债的种类、形成原因以及经济利益流出不确定性的说明。

(2) 各类预计负债的期初、期末余额和本期变动情况。

(3) 与预计负债有关的预期补偿金额和本期已确认的预期补偿金额。

2. 应披露的或有负债

(1) 或有负债是指过去的交易或事项形成的潜在义务，其存在须通过未来不确定事项的发生或不发生予以证实；或过去的交易或事项形成的现时义务，履行该义务不是很可能导致经济利益流出企业或该义务的金额不能可靠计量。

(2) 企业应在附注中披露或有负债（不包括极小可能导致经济利益流出企业的或有负债）的下列信息。

① 或有负债的种类及其形成原因，包括已贴现商业承兑汇票、未决诉讼、未决仲裁、对外提供担保等形成的或有负债。

② 经济利益流出不确定性的说明。

③ 或有负债预计产生的财务影响，以及获得补偿的可能性，无法预计的，应当说明原因。

3. 应披露的或有资产

(1) 或有资产指过去的交易或者事项形成的潜在资产，其存在须通过未来不确定事项的发生或不发生予以证实。

(2) 企业通常不披露或有资产。但或有资产很可能会给企业带来经济利益的，应当在附注中披露其形成的原因、预计产生的财务影响等。

4. 或有事项披露的豁免

在涉及未决诉讼、未决仲裁的情况下，如果披露与该或有事项有关的全部或部分信息预期会对企业造成重大不利影响的，企业无须披露这些信息，但应当披露该未决诉讼、未决仲裁的性质，以及没有披露这些信息的事实和原因。

八、资产负债表日后调整事项

资产负债表日后事项又称期后事项，它是指自年度资产负债表日后至财务报表报出日之间所发生的事项，按其是否调整财务报表分为调整事项和非调整事项。

调整事项是指在资产负债表日后发生的，所提供的新的证据有助于对资产负债表日存在情况的有关项目金额做出新的确认，从而需要对财务报表作调整的事项。包括：已证实资产发生了减值；已确定获得或支付的赔偿；发现在资产负债表日或之前发生的舞弊和会计差错；发现在资产负债表日之前不符合企业会计准则做出的会计处理；由于税率变动，改变了资产负债表日及之前的税金和利润等。

非调整事项是指在资产负债表日后发生的，并不影响资产负债表日存在情况，不需要对财务报表做出调整的事项，对企业以后财务状况和经营成果将会产生重大影响的事项。如对其他企业进行控股投资、发生重大筹资行为、资产遭受重大自然灾害损失、发生重大经营亏损、与本企业有债务关系的企业不再持续经营、达成协议的债务重组事项以及资产重组事项等，都应在财务报表的附注中加以披露。

复习思考题

12-1 思考题

1. 企业财务报告的主要组成部分是什么？财务报告的作用是什么？

2. 编制财务报告的基本要求是什么？

3. 试说明资产负债表的结构和内容，有何作用？结构上有哪些特点？

4. 试说明利润表的结构和内容，利润表能为报表使用者提供哪些会计信息？

5. 试说明现金流量表的结构和内容，现金流量表有何作用？

6. 分别说明所有者权益变动表的内容和作用是什么？

7. 会计报表附注应当按顺序披露哪些内容？

12-2 核算题

1. 目的：练习资产负债表的编制。

（1）资料

胜华公司2016年12月末各账户余额如表12-7所示。

表 12-7　胜华公司2016年12月末账户余额　　　　　　　　　　单位:元

账户名称	借方余额	贷方余额
库存现金	500	
银行存款	15 370	
应收账款	38 700	
预付账款	5 400	
原材料	28 000	
材料采购	5 200	
库存商品	30 000	
待摊费用	6 230	
工程施工——合同成本	6 500	
固定资产	325 000	
无形资产	8 000	
短期借款		8 000
应付账款		32 400
预收账款		21 600
应交税费		6 500
坏账准备		700
长期借款		87 500

账户名称	借方余额	贷方余额
实收资本		190 600
盈余公积		41 600
本年利润		25 700
利润分配	25 700	
累计折旧		80 000

（2）要求

根据以上资料编制 2016 年 12 月 31 日的资产负债表（期初数省略）。

2. 目的：练习编制利润表。

（1）资料

顺发建筑公司2016年损益类账户净发生额如表 12-8 所示。

表 12-8 损益类账户净发生额 单位：元

账户名称	12 月金额	1~11 月金额
主营业务收入	1 238 000	10 232 000
其他业务收入	17 000	188 000
主营业务成本	1 068 900	8 842 900
其他业务成本	11 900	131 700
税金及附加	41 415	343 860
管理费用	51 400	561 300
财务费用	3 240	34 860
资产减值损失	3 325	9 590
公允价值变动损益（贷方）	410	1 440
投资收益	5 180	9 260
营业外收入	2 850	6 150
营业外支出	4 060	6 840
所得税费用	18 650	126 450

（2）要求

根据以上材料编制利润表。

3. 目的：练习编制利润分配表。

（1）资料

顺发建筑公司有关资料如下。

① 利润分配明细分类账户净发生额如表 12-9 所示。

表 12-9 利润分配明细分类账户净发生额 单位：元

账户名称	本年金额	上年金额
提取法定盈余公积	43 990	40 800
提取任意盈余公积	35 192	32 640
应付现金股利或利润	316 728	293 760

② 上年净利润为408 000元，上年初未分配利润为51 200元。

（2）根据"第 2 题"的利润表及以上资料编制顺发建筑公司利润分配表。

4. 目的：练习现金流量表中项目的计算。

（1）资料

① 富华有限公司 2016 年有关资料如下：利润表中的"主营业务收入"项目金额为200 000元；资产负债表中的"应收账款"项目年初余额为60 000元，年末余额为20 000元。该年度发生坏账2 000元，已予以核销；该年度债务人企业用存货抵偿应收账款12 000元，该年度收到以前年度核销的坏账16 000元。

施工企业会计

② 陆陆发股份有限公司 2016 年有关资料如下：利润表中"主营业务成本"项目金额为120 000元；资产负债表中的"应付账款"项目年初余额为6 000元、年末余额为4 000元，"预付账款"项目年初余额为 0 元、年末余额为1 000元，"存货"项目年初余额为140 000元、年末余额为180 000元，当年接受投资人投入存货16 000元。

（2）要求

根据以上资料，计算富华有限公司现金流量表中"销售商品、提供劳务收到的现金"项目的金额；计算陆陆发股份有限公司现金流量表中"购买商品、接受劳务支付的现金"项目的金额。

参 考 文 献

［1］ 中华人民共和国财政部.图解企业会计制度. 北京：经济科学出版社，2005.

［2］ 中华人民共和国财政部. 企业会计准则. 北京：经济科学出版社，2016.

［3］ 李世钰，曹锡锐，李志远. 施工企业会计核算办法讲解. 北京：中国财政经济出版社，2004.

［4］ 周游. 施工企业理税顾问. 北京：中国时代经济出版社，2002.

［5］ 企业会计制度研究组. 企业会计制度讲解. 大连：东北财经大学出版社，2001.

［6］ 全国一级建造师执业资格考试用书编写委员会. 建设工程经济. 北京：中国建筑工业出版社，2011.

［7］ 安玉华. 施工项目成本管理. 北京：化学工业出版社，2012.

［8］ 刘元方. 施工企业会计. 北京：中国财政经济出版社，2009.

［9］ 杨中和. 施工企业会计. 大连：东北财经大学出版社，2015.

［10］ 俞文青. 施工企业会计. 第4版. 上海：立信会计出版社，2007.

［11］ 王俊媛. 施工企业会计教程. 北京：化学工业出版社，2009.

［12］ 辛艳红. 施工企业会计. 北京：北京大学出版社，2009.

［13］ 周龙腾. 施工企业会计. 北京：中国宇航出版社，2010.

［14］ 蔡安辉，李学强. 工程总承包财务会计实务. 北京：经济科学出版社，2010.

［15］ 李百兴. 建筑企业会计. 北京：中国财政经济出版社，2015.

［16］ 朱宾梅. 施工企业会计. 北京：冶金工业出版社，2011.